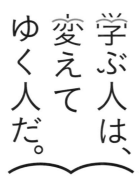

学ぶ人は、
変えて
ゆく人だ。

目の前にある問題はもちろん、

人生の問いや、

社会の課題を自ら見つけ、

挑み続けるために、人は学ぶ。

「学び」で、

少しずつ世界は変えてゆける。

いつでも、どこでも、誰でも、

学ぶことができる世の中へ。

旺文社

はじめに

　本書は，英単語をより効果的に覚えることを狙いとする，読解型の単語集です。つまり，フレーズや短い文だけでなく，まとまった文章を通して英単語を覚えていくタイプの英単語集です。ネイティブスピーカーが書き下ろしたオリジナル英文を80本収録し，各英文には『英単語ターゲット1200〔改訂版〕』の見出し語が15個ずつ入っています。各見出し語は文章の中で赤字で示され，文章の中でどのように使われているかを確認することができます。知らない見出し語でも，英文の意味が大体つかめれば，文脈からその見出し語の意味が推測できるようになります。また，見出し語のリストには，各単語の主要な意味と代表的な用例が示されているので，これを覚えることで語の概念をつかむこともできます。

　「英単語を覚える」とは「日本語の訳語を覚える」ことではありません。その単語の「意味」「ニュアンス」「使い方」を習得することです。それには，単語の「語義」だけではなく，用例と一緒に，そしてできれば，まとまった文脈・状況の中でその単語がどう使われているかを理解することが不可欠です。本書では，その単語の意味・使い方が文脈から推測できるようになっています。「『訳語を暗記する』のではなく，『文脈で意味・使い方を覚える』」ことで，高校必修の重要語が少しずつ「使える」語になっていき，本当の英語力UPにつながります。

　繰り返し学習することで，1200の見出し語を自分のものにしてください。英文の精読に加え，旺文社のホームページから無料でダウンロードできる英語の音声を聴き，真似して音読することも記憶の定着に効果的です。本書をフルに活用し，使える単語力・英文の読解力を伸ばしていくことを願っています。

もくじ

協力者一覧

装丁デザイン：内津 剛 (及川真咲デザイン事務所)

paper sculpture制作：AJIN　　　　本文デザイン：伊藤 幸恵

英文校閲：Kosta Philipopolous　　編集協力：有限会社アリエッタ

組版：岩岡印刷株式会社　　　　　　録音：株式会社巧芸創作

ナレーター：Josh Keller, Julia Yermakov, 原田 桃子

編集担当：嶋田 諭示

本書の構成 ● [英文・和訳・解説ページ]

Unit番号・英文タイトル

Unit番号は1〜80まで連番になっており、英文レベルの易しいものから順番に並べています。

読解ポイント(♀)

英文を読む際に読み取ってほしいポイントを記載しています。

英文中の赤字は、
このUnitの見出し語です。

青の下線は『英単語ターゲット1200〔改訂版〕』に掲載の熟語です。

語法・構文・表現

英文中のつまずきやすい箇所を解説しています。丸つき数字は、英文の番号と一致しています。青字は英文中の青下線の熟語です。
英文を読み進める途中でわからないところがあったら、まずはここを確認してください。

1 A Fun Way to Study

♀ 筆者が考えた楽しく英語を勉強する方法とは？

① When I taught in high school, I wanted to give every student good grades. ② If I had a quiz, I tried to make it easy and fun. ③ I also tried to make every lecture as interesting as possible. ④ However, there was no way to make homework fun. ⑤ Most students hate doing homework. ⑥ None of my students enjoyed studying at home.

⑦ To learn English, you must review your vocabulary words every day. ⑧ Reading and writing essays in English is also very important. ⑨ Reading fiction can be a fun way to study a foreign language. ⑩ If these essays are boring, feel free to blame me. ⑪ I hope I've managed to make them a little interesting. ⑫ I decided to write them because I want to help students learn English vocabulary. ⑬ When you have finished reading this, hopefully you will know a few more English words. ⑭ Is a good grade the best reward for studying? ⑮ Or would you prefer cash for every English word you learn?

◎語法・構文・表現

②**make it easy and fun**「それ(=小テスト)を簡単で楽しいものにする」▶〈make *O C*〉で「*O*を*C*(の状態)にする」

③**as 〜 as possible**「できるだけ〜」

④**there is no way to *do***「…する方法がない」

⑥**at home**「自宅で、在宅して」

⑨**a fun way to *do***「…する楽しい方法」

12

6

本書の1 Unitは，[英文・和訳・解説ページ]と[単語ページ]の
計4ページで構成されています。

楽しい勉強方法

英文レベル ☆ **162 words**

🗀 文化〔教育・学校・学問〕

① 高校で教えていた時，私は生徒全員によい<u>成績</u>をつけたかった。
② <u>小テスト</u>であれば，簡単で楽しいものになるよう心がけた。③ また，
<u>授業</u>はどれもできるだけ面白くしようと努力した。④ だが，<u>宿題</u>を楽し
くする方法はなかった。⑤ たいていの生徒は宿題をするのが<u>嫌いだ</u>。
⑥ 家での勉強が楽しかった者は，私の生徒の中には<u>誰もいなかった</u>。
⑦ 英語を学ぶには，毎日単語を<u>復習</u>しなければならない。⑧ 英語で<u>エ
ッセイ</u>を読んだり書いたりすることもとても大切だ。⑨ <u>小説</u>を読むこと
も，外国語を学ぶ楽しい方法になり得る。⑩ もしこれらのエッセイが退
屈だったら，遠慮なく私を<u>責めて</u>ほしい。⑪ 少しでも面白いものにでき
ていればと思っている。⑫ 私は生徒たちが英単語を学ぶのを<u>手助け</u>した
いと思って，これを書くことに<u>決めた</u>。⑬ これを読み<u>終え</u>たら，知って
いる英単語がきっと少しは増えていることだろう。⑭ よい成績が勉強に
対する最高の<u>ご褒美</u>だろうか？ ⑮ あるいは，英単語を1つ<u>覚える</u>ごとに
<u>現金</u>をもらう方がいいだろうか？

〰〰〰〰〰〰〰〰〰〰〰〰〰〰〰〰〰〰〰〰〰〰〰〰〰〰〰〰〰〰〰〰〰〰〰〰〰

⑩ **boring**「つまらない，退屈な」
　feel free to *do*「自由に〔遠慮なく〕…する」
⑫ **help ~** *do*「~が…するのを手助けする」

⑮ **would prefer ~**「(どちらかと言うと)~の方を好む」
　for every English word you learn「あなたが覚える英単語1つごとに対して」
　▶ you learn の前に関係代名詞 that が省略。

13

タイトル和訳・
英文レベル・英文語数

英文レベルは，

★ 　…基礎レベル
★★ 　…共通テストレベル
★★★…入試標準レベル

を表しています。

テーマ（🗀）

「日常生活」「社会」「文化」
「自然」「産業」「科学・技術」
の6つのテーマに大きく分
類し，それにさらに細かい
小テーマを設けています。

和 訳

和訳全体が自然な日本語に
なるように，直訳ではなく
意訳をしています。（自然
な日本語に意訳しているた
め，「語法・構文・表現」
の訳語や「単語ページ」の
訳語と必ずしも一致しない
場合があります。）

和訳中の赤字は，見出し語
の英文中での意味です。そ
の他の意味は単語ページで
確認しましょう。

本書の構成 ● [単語ページ]

見出し語・発音記号

英文で使用されている英単語を掲載しています。単語は、『英単語ターゲット 1200 [改訂版]』の Part 2～5 掲載の高校必修語です。

**発音 (発)
アクセント (アク)**

発音・アクセントを注意すべき語に、それぞれのアイコンをつけています。

チェックボックス

○や✔などをつけ、自分の理解度をチェックしましょう。覚えるまで繰り返しチェックすることが大切です。

▶は重要な熟語表現や定型表現、▶は見出し語の補足説明や関連情報です。また、反意語・類義語などの関連語も豊富に掲載しています。

---

1 A Fun Way to Study

🔖 単語の意味を確認しよう。

1 grade
[greɪd]

图 成績、評点；学年；等級
get a good [bad] grade (on ～)「(～で) よい [悪い] 成績をとる」

2 quiz
発 [kwɪz]

图 小テスト；(テレビなどの) クイズ
a pop quiz「抜き打ちテスト」

3 lecture
[léktʃər]

图 講義；説教
go to [attend] a lecture「講義に出席する」
▶ give a lecture (on ～)「(～に関する) 講義をする」

4 homework
[hóumwə̀:rk]

图 宿題
do (one's) homework「宿題をする」
▶ a homework assignment「課題、宿題」

5 hate
[heɪt]

動 をひどく嫌う、憎む
hate to do [doing]「…するのは嫌だ」
▶ dislike (→789) よりも強い嫌悪感情を表す。
▶ hate ～ to do [doing]「～に…してほしくない」
▶ I hate to do (,) but ～.「…したくはありませんが、～」(言いにくいことを切り出す決まり文句)
图 憎しみ、憎悪
▶ hate speech「ヘイトスピーチ」(憎悪に基づいた演説)
□ hatred [héɪtrəd] 图 憎しみ、憎悪

6 none
発 [nʌn]

代 どれ [誰] も…ない
none of ～「～の (うち) どれ [誰] も…ない」
▶ "～" は代名詞や、the, this, my などがついた複数形の名詞または不可算名詞。この表現が主語で "～" が単数形のとき、動詞は単数 (原則) または複数 (略式) で受ける。

7 review
アク [rɪvjú:]

動 (を) 復習する；を論評する
review (A) for B「(A を) B に備えて復習する」
图 復習；論評

14

●品詞の表示

動 動詞　　图 名詞　　形 形容詞　　副 副詞　　前 前置詞　　接 接続詞　　代 代名詞　　間 間投詞

●関連情報の表示

⇔ 反意語　　≒ 同意語・類義語・代替語　　＝ 言い換え表現　　(米) アメリカ式英語
(英) イギリス式英語　　〔～s〕複数形　　〔the ～〕定冠詞 the を伴う　　〔a ～〕不定冠詞 a [an] を伴う

8

ID番号（ 1 ）

本書の見出し語の番号です。

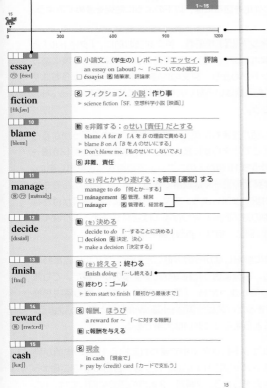

<table>
<tr><td></td><td colspan="4">1~15</td></tr>
<tr><td>0</td><td>300</td><td>600</td><td>900</td><td>1200</td></tr>
</table>

到達語数ゲージ

英単語をどこまで覚えたかが一目でわかります。

8
essay
⑦ [éseɪ]

图 小論文，(学生の) レポート；エッセイ，評論
an essay on [about] ~ 「~についての小論文」
□ éssayist 图 随筆家, 評論家

赤字は，その単語の代表的な語義です。英文中で使われている語義には下線が引かれています。

9
fiction
[fíkʃən]

图 フィクション，小説，作り事
▶ science fiction「SF, 空想科学小説 [映画]」

10
blame
[bleɪm]

動 を非難する；のせい [責任] だとする
blame A for B 「A を B の理由で責める」
▶ blame B on A 「B を A のせいにする」
▶ Don't blame me.「私のせいにしないでよ」
图 非難，責任

11
manage
発 ⑦ [mǽnɪdʒ]

動 (を) 何とかやり遂げる；を管理 [運営] する
manage to do 「何とか~する」
□ mánagement 图 管理, 経営
□ mánager 图 管理者, 経営者

□ はその見出し語の派生語・関連語です。また，関連のある別の見出し語の参照先も示しています。
➡の後についている数字は，見出し語のID番号です。

12
decide
[dɪsáɪd]

動 (を) 決める
decide to do 「…することに決める」
□ decísion 图 決定, 決心
▶ make a decision「決定する」

13
finish
[fínɪʃ]

動 (を) 終える；終わる
finish doing 「…し終える」
图 終わり；ゴール
▶ from start to finish「最初から最後まで」

14
reward
発 [rɪwɔ́ːrd]

图 報酬，ほうび
a reward for ~ 「~に対する報酬」
動 に報酬を与える

青字は，その見出し語を含む重要な熟語・イディオムです。見出し語の英文中での意味が単語リストのどの語義にも当てはまらない（=どの語義にも下線が引かれていない）場合は，ここも確認してください。

15
cash
[kæʃ]

图 現金
in cash 「現金で」
▶ pay by (credit) card「カードで支払う」

15

●語句表示

[ ] … 言い換え可能	( ) … 省略可能	〔 〕… 補足説明
be … be動詞	*do* … 原形動詞	to *do* … 不定詞
doing … 動名詞・現在分詞	*done* … 過去分詞	*one's, oneself* … 主語と同じ人を表す
；(セミコロン) … 意味の中でさらに区分する場合の大きな区分		
，(コンマ) … 意味の中でさらに区分する場合の比較的小さな区分		

本書の勉強法について

本書は80のユニットから成り，各ユニットは「見出し単語の用例を示す英文とその対訳，語法・構文・表現解説」と「見出し単語リスト」で構成される。この構成を活用し，英語力の強化を図るには，以下のように勉強を進めてみよう。

1 タイトルと読解ポイント（♀）を読む。英文を読む前に，「タイトル」とその下にある「読解ポイント」（♀）に目を通そう。英文を読む際に読み取ってほしいポイントがわかり，英文の内容へのイメージが膨らむはずだ。英文を読むのに先入観はいらないという人はこの段階をスキップし，直接英文に取り組もう。

2 英文を読む。見出し語が含まれた英文を通読する。途中で引っかかるところがあっても，そこで止まらずに読み進もう。英文の語数は140語〜180語前後で，そのうち15個がそのユニットで習得すべき見出し語だ。3回ほど通読すれば英文のテーマは理解できると思う。何度読んでもわからないところは対訳を参照しよう。英文にも対訳にも文番号が付されているので，対訳中の対応箇所を見つけるのは容易なはず。より深く文構造を知りたければ『語法・構文・表現』欄を参照しよう。

3 英文を1文1文正確に解釈しながら読み進むというスタイルにこだわる人はそうしてみよう。自分に合った読みかたをするのが一番だ。でも難解な文に引っかかってしまったら，『語法・構文・表現』欄の解説を参照しよう。そしてできるだけスピーディーに読み進むことを心がけよう。英文の内容を大きくとらえるのに勢いは大事である。

4 単語を覚える。各ユニットには英文中で使われている15個の単語が見出し単語としてリストアップされている。まずは，各語の最初に掲げられた語義を覚える努力をしよう。2番目，3番目の語義に関しては，「この語にはこんな意味もあるのか」と確認するだけでOK。たいていの語には派生語や同意語・反意語が記されているが，これは見出し単語の意味を覚えやすくするためのもの。最初からそこまで覚え込もうとする必要はない。この段階では，語の意味をしっかり覚え込むのではなく，「大体覚えた」程度にとどめておこう。

⑤ 1日に1～2ユニットをこなし、80まで行ったら、もう一度ユニット1からやり直そう。**単語は適当な時間を置きながら反復して覚える**努力をすると、確実に自分の使える語になる。また同時に英文を読み進めるスピードも格段に速くなるのだ。

⑥ 中には難しくて読めないと感じる英文もあるかもしれないが、その主たる原因は英文のテーマ（話題）に対する不慣れであるから、「読解ポイント」（♀）や対訳に頼って**テーマをつかみ、通読する**という姿勢を崩さないほうがよい。**何度も通読すれば、英文の言わんとすることが自然とわかってくる**ものだ。

⑦ **音声を活用する。**単語を覚えるとき、目と手だけに頼るのではなく、耳も使うと効果は大きい。単語の発音を聞き、音声のポーズの間に**まねて発音**し、**意味を想起**する。次に日本語（＝語義）の音声を聞いて意味を確認する。これを数度繰り返してみよう。英文の朗読は聞いて意味を取る練習に役立つだけでなく、自分が英文を音読するときの模範となる。②で述べた通読の際、黙読でなく**音読を行うと耳からの理解が加わって英文の内容をつかむことが容易になる**。ぜひ試してみよう。

♪ 無料音声ダウンロード

https://www.obunsha.co.jp/tokuten/target/ へアクセス！

パスワード（すべて半角英数字）：**tgr1200**

本書に掲載されている英文および1200の単語の音声は、すべて無料でダウンロードできます（音声はストリーミング再生も可能です。詳しくは専用サイトをご覧ください）。単語リストは「英語➡ポーズ➡日本語」の順番で読み上げています。

音声ファイルはZIP形式にまとめられた形でダウンロードされますので、解凍後、デジタルオーディオプレイヤーなどでご活用ください。

※デジタルオーディオプレイヤーへの音声ファイルの転送方法は、各製品の取扱説明書やヘルプをご参照ください。

⚠ ・スマートフォンやタブレットでは音声をダウンロードできません。
　・音声ファイルはMP3形式となっています。音声の再生にはMP3ファイルを再生できる機器などが別途必要です。
　・ご使用機器、音声再生ソフト等に関する技術的なご質問は、ハードメーカーもしくはソフトメーカーにお願いいたします。
　・本サービスは予告なく終了されることがあります。

1 A Fun Way to Study

🔑 筆者が考えた楽しく英語を勉強する方法とは？

① When I taught in high school, I wanted to give every student good **grades**. ② If I had a **quiz**, I tried to make it easy and fun. ③ I also tried to make every <u>**lecture**</u> as <u>interesting as possible</u>. ④ However, there was no way to make **homework** fun. ⑤ Most students **hate** doing homework. ⑥ **None** of my students enjoyed studying <u>at home</u>.

⑦ To learn English, you must **review** your vocabulary words every day. ⑧ Reading and writing **essays** in English is also very important. ⑨ Reading **fiction** can be a fun way to study a foreign language. ⑩ If these essays are boring, <u>feel free to</u> **blame** me. ⑪ I hope I've **managed** to make them a little interesting. ⑫ I **decided** to write them because I want to help students learn English vocabulary. ⑬ When you have **finished** reading this, hopefully you will know a few more English words. ⑭ Is a good grade the best **reward** for studying? ⑮ Or would you prefer **cash** for every English word you learn?

◎ 語法・構文・表現 ～～～～～～～～～～～～～～～～～～～～～～～～～

② **make it easy and fun**「それ（＝小テスト）を簡単で楽しいものにする」▶〈make *O C*〉で「*O* を *C*（の状態）にする」

③ **as ～ as possible**「できるだけ～」

④ **there is no way to *do***「…する方法がない」

⑥ **at home**「自宅で，在宅して」

⑨ **a fun way to *do***「…する楽しい方法」

12

📁 文化 [教育・学校・学問]

① 高校で教えていた時，私は生徒全員によい<u>成績</u>をつけたかった。
② <u>小テスト</u>であれば，簡単で楽しいものになるよう心がけた。③ また，<u>授業</u>はどれもできるだけ面白くしようと努力した。④ だが，<u>宿題</u>を楽しくする方法はなかった。⑤ たいていの生徒は宿題をするのが<u>嫌いだ</u>。⑥ 家での勉強が楽しかった者は，私の生徒の中には<u>誰もいな</u>かった。

⑦ 英語を学ぶには，毎日単語を<u>復習し</u>なければならない。⑧ 英語で<u>エッセイ</u>を読んだり書いたりすることもとても大切だ。⑨ <u>小説</u>を読むことも，外国語を学ぶ楽しい方法になり得る。⑩ もしこれらのエッセイが退屈だったら，遠慮なく私を<u>責め</u>てほしい。⑪ 少しでも面白いものに<u>でき</u>ていればと思っている。⑫ 私は生徒たちが英単語を学ぶのを手助けしたいと思って，これを書くことに<u>決め</u>た。⑬ これを読み<u>終え</u>たら，知っている英単語がきっと少しは増えていることだろう。⑭ よい成績が勉強に対する最高の<u>ご褒美</u>だろうか？ ⑮ あるいは，英単語を１つ覚えるごとに<u>現金</u>をもらう方がいいだろうか？

~~~~~~

⑩ **boring**「つまらない，退屈な」
feel free to *do*「自由に [遠慮なく] …する」

⑫ **help ～** *do*「～が…するのを手助けする」

⑮ **would prefer ～**「（どちらかと言うと）～の方を好む」
for every English word you learn「あなたが覚える英単語１つごとに対して」
▶ you learn の前に関係代名詞 that が省略。

13

1 A Fun Way to Study

■ 単語の意味を確認しよう。

1 **grade** [greɪd]	**名 成績，評点；学年；等級** get a good [bad] grade (on ~)「(~で) よい [悪い] 成績をとる」
2 **quiz** 発 [kwɪz]	**名 小テスト；(テレビなどの) クイズ** a pop quiz「抜き打ちテスト」
3 **lecture** [léktʃər]	**名 講義；説教** go to [attend] a lecture「講義に出席する」 ▶ give a lecture (on ~)「(~に関する) 講義をする」
4 **homework** [hóʊmwə̀ːrk]	**名 宿題** do (one's) homework「宿題をする」 ▶ a homework assignment「課題，宿題」
5 **hate** [heɪt]	**動 をひどく嫌う，憎む** hate to do [doing]「…するのは嫌だ」 ▶ dislike (➡789) よりも強い嫌悪感情を表す。 ▶ hate ~ to do [doing]「~に…してほしくない」 ▶ I hate to do (,) but ~ .「…したくはありませんが，~」(言いにくいことを切り出す決まり文句) **名 憎しみ，憎悪** ▶ hate speech「ヘイトスピーチ」(憎悪に基づいた演説) □ hatred [héɪtrɪd] **名** 憎しみ，憎悪
6 **none** 発 [nʌn]	**代 どれ [誰] も…ない** none of ~「~の (うち) どれ [誰] も…ない」 ▶ "~" は代名詞や，the, this, my などがついた複数形の名詞または不可算名詞。この表現が主語で "~" が複数形のとき，動詞は単数 (原則) または複数 (略式) で受ける。
7 **review** アク [rɪvjúː]	**動 (を) 復習する；を論評する** review (A) for B「(A を) B に備えて復習する」 **名 復習；論評**

14

8 **essay** ⑦ [ései]	名 小論文，(学生の) レポート；<u>エッセイ</u>，評論 **an essay on [about] ～** 「～についての小論文」 □ éssayist 名 随筆家，評論家
9 **fiction** [fíkʃən]	名 フィクション，<u>小説</u>；作り事 ▶ science fiction 「SF，空想科学小説 [映画]」
10 **blame** [bleɪm]	動 を非難する；<u>のせい [責任] だとする</u> **blame A for B** 「A を B の理由で責める」 ▶ blame B on A 「B を A のせいにする」 ▶ Don't blame me. 「私のせいにしないでよ」 名 非難，責任
11 **manage** ⑨⑦ [mǽnɪdʒ]	動 (を) 何とかやり遂げる；を管理 [運営] する **manage to do** 「何とか…する」 □ mánagement 名 管理，経営 □ mánager 名 管理者，経営者
12 **decide** [dɪsáɪd]	動 (を) 決める **decide to do** 「…することに決める」 □ decísion 名 決定，決心 ▶ make a decision 「決定する」
13 **finish** [fínɪʃ]	動 (を) 終える；終わる **finish doing** 「…し終える」 名 終わり；ゴール ▶ from start to finish 「最初から最後まで」
14 **reward** ⑨ [rɪwɔ́:rd]	名 報酬，ほうび **a reward for ～** 「～に対する報酬」 動 に報酬を与える
15 **cash** [kæʃ]	名 現金 **in cash** 「現金で」 ▶ pay by (credit) card 「カードで支払う」

♀ 外見を気にし過ぎる10代の若者に贈る筆者からのアドバイスとは？

①Are you worried about your physical condition? ②Do you need to lose weight? ③Do you feel fat? ④Do you want to be thinner? ⑤If you are not slim, that does not mean you are ugly. ⑥Teenagers worry too much about how they look. ⑦Try not to waste your youth feeling bad about your appearance. ⑧After we are dead, nobody will care how much we weighed. ⑨They will remember our smiles. ⑩If I can give you any advice, it is to love yourself. ⑪You have beauty inside. ⑫The idea that looks are the most important thing is wrong. ⑬The fact is, we are all worth loving.

◉語法・構文・表現

① be worried about ～「～のことを心配している」

② need to do「…する必要がある」

⑤ that does not mean ...「それは…ということではない」

⑥ how they look「自分たち（＝10代の若者たち）がどう見えるか」

⑦ try not to do「…しないようにする」▶ not は to 不定詞の前に来ることに注意。
waste ～ doing「…して～を無駄にする」

📁 日常生活［健康・医療］

① あなたは身体の 調子が心配ですか？ ② 体重を減らす必要がありますか？ ③ 太った感じがしますか？ ④ もっと痩せたいですか？ ⑤ スリムでないからといって，不格好だということではない。⑥ 10代の若者は，自分の外見を気にし過ぎる。⑦ 自分の外見について嫌な気持ちのまま青春を無駄にしないようにしなさい。⑧ 死んだ後は，誰も私たちがどれだけ体重があったかなど気にしないものだ。⑨ 私たちの笑顔を思い出すことだろう。⑩ 私に何かアドバイスができるとすれば，それは自分自身を愛することだ。⑪ あなたは内面に美しさを秘めている。⑫ 外見が一番重要だという考えは間違っている。⑬ 実際，私たちはみな愛する価値があるのだから。

---

one's appearance「自分の外見」

⑧ nobody will care ...「誰も…を気にしないものだ」
　how much we weighed「私たちの体重がどれくらいだったか」

⑫ the idea that ... is wrong「…という考えは間違いだ」

⑬ *be* worth *doing*「…する価値がある」

2 Cheer Up

📖 単語の意味を確認しよう。

16 **physical** [fízɪkəl]	形 <u>身体の</u>，肉体の；物質の，物理的な；物理学の (*one's*) physical condition 「体調」 □ phýsically 副 身体的に；物理的に
17 **condition** [kəndíʃən]	名 <u>状態</u>，体調；〔~s〕状況，環境 *be* in good [bad] condition 「調子がよい [悪い]」 ▶ living conditions「生活環境」
18 **weight** (発) [weɪt]	名 <u>体重</u>；重さ lose (some [a lot of]) weight 「体重が (いくらか [大幅に]) 減る」(⇔gain [put on] weight 「体重が増える」) (gain➡752) ▶ *one's* は付けないことに注意。 □ weigh [weɪ] 動 の重さを量る；重さが~だ
19 **fat** [fæt]	形 <u>太った</u>；脂肪の多い get fat 「太る」 ▶ 婉曲的に overweight. large. heavy. big なども使われる。 名 脂肪
20 **thin** [θɪn]	形 <u>やせた</u>；細い；薄い look thin 「やせて見える」 ▶ 「不健康にやせて」という否定的な意味合いも含む。
21 **slim** [slɪm]	形 <u>ほっそりした</u>，スリムな；わずかな stay slim 「ほっそりしたままだ」 ▶ 好ましい意味合いで，魅力的であることも表す。 動 英 (努力して) やせる
22 **ugly** [ʌ́gli]	形 醜い，<u>不格好な</u> ▶ an ugly building 「見た目の悪い建物」

0	300	600	900	1200

23

teenager
[tíːnèɪdʒər]

名 ティーンエイジャー，10代の若者

as a teenager 「10代の頃に」
▶ 語尾が -teen の13歳から19歳までの若者を指す。

24

youth
(発) [juːθ]

名 青年時代；若さ

in *one's* **youth** 「若い頃に」
□ **yóuthful** 形 若者らしい；若々しい

25

dead
[ded]

形 死んでいる；枯れた；(機器が) 機能しない

be **dead** 「亡くなっている」
▶ the dead「死 (亡) 者」
□ **déadly** 形 致命的な

26

remember
[rɪmémbər]

動 (を) 覚えている；(を) 思い出す

① **remember to** *do*
　「忘れずに…する，…するのを覚えておく」
② **remember** *doing* 「…したことを覚えている」
□ **remémbrance** 名 回想；記憶

27

advice
(ア) [ədváɪs]

名 助言，忠告

advice on [about] 〜 「〜についての助言 [忠告]」
▶ a piece [word] of advice「助言 [忠告] を1つ」
□ **advíse** 動 (人) に忠告 [助言] する
▶ advise 〜 to *do*「〜 (人) に…するよう助言 [忠告] する」

28

beauty
[bjúːti]

名 美，美しさ；〔可算名詞〕美女

natural beauty 「自然の美しさ」
□ **béautiful** 形 美しい

29

idea
(発)(ア) [aɪdíːə]

名 考え，アイデア；理解

the idea that ... 「…という考え」
▶ the idea of *doing*「…するという考え」
▶ I have no *idea*.「見当も付きません」

30

fact
[fækt]

名 事実，現実

the fact that ... 「…という事実 [現実]」
▶ The fact is (that) ....「実は…」
▶ in fact「実際に (は)」

19

若い頃，釣りが好きだった筆者が抱く望みは何だろうか？

① When I was younger, I **dug** for worms. ② They were easy to find, if the ground was not **frozen**. ③ I **wrapped** the worms in newspaper. ④ Some people do not like to **handle** worms, but I didn't mind it. ⑤ After I had a **dozen** worms, I went fishing. ⑥ With good **luck**, I could catch a large **quantity** of fish. ⑦ I could catch a fish in a **second**. ⑧ The fish were at a **depth** of about 10 meters. ⑨ They lived by the **edge** of the lake. ⑩ I looked **forward** to fishing all week. ⑪ Nowadays, I live in a city and never go fishing. ⑫ My **ambition** is to take my son fishing someday. ⑬ Maybe when I **retire**, we will have the time to fish together. ⑭ The **thought** of sitting **beside** my son and fishing makes me smile.

語法・構文・表現

③ **worm**「ミミズ」

④ **mind**「～を嫌がる，気にする」

⑤ **go** *doing*「…しに行く」

⑥ **with good luck**「運がよければ」

⑦ **in a second**「一瞬で，あっという間に」

⑩ **look forward to ～**「～を楽しみにする」▶to は前置詞なので，直後には名詞また

魚釣りに行く

📁 日常生活［趣味・娯楽］

① 若かった頃，私はミミズを<u>掘り出</u>した。② 地面が<u>凍って</u>いなければ，簡単に見つかった。③ ミミズは新聞紙に<u>包ん</u>だ。④ ミミズを<u>扱う</u>のが苦手な人もいるが，私は気にしなかった。⑤ <u>12</u> 匹ほど捕まえた後，釣りに行った。⑥ <u>運</u>がよければ，たくさんの<u>数</u>の魚が釣れた。⑦ <u>一瞬</u>で魚が釣れた。⑧ 魚は 10 メートルほどの<u>深さ</u>にいた。⑨ 湖の<u>ほとり</u>に生息していた。⑩ 私は 1 週間ずっと釣りを<u>楽しみに</u>していた。⑪ 最近は都会に住んでいて，まったく釣りには行かない。⑫ 私の<u>願望</u>は，いつか息子を釣りに連れて行くことだ。⑬ たぶん私が<u>退職し</u>たら，一緒に釣りをする時間ができるかもしれない。⑭ 息子の<u>そば</u>に座って釣りをすることを<u>考える</u>と，私は笑顔になる。

は動名詞がくる。

⑪ **nowadays**「最近」

⑬ **have the time to** *do*「…する時間がある」

⑭ **the thought of ～ makes me smile**「～という考えが私を微笑ませる」▶無生物主語の構文。of は sitting ... と fishing の両方にかかる。make ～ *do* は「～に…させる」という使役の意味。

3 Going Fishing

■ 単語の意味を確認しよう。

31

dig
[dɪg]

動 (を) 掘る；を掘り出す
- ▶ dig carrots「ニンジンを掘り出す」
- ▶ dig for ~「～を求めて掘る」
- ▶ 活用：dig - dug [dʌg] - dug

32

freeze
[friːz]

動 凍る；を凍らせる
- ▶ 活用：freeze - froze [frouz] - frozen [fróuzən]
- □ fréezing **形** 凍るような，凍えそうな **名** 氷点
- □ frózen **形** 凍った，冷凍した

33

wrap
(発) [ræp]

動 を包む；を巻く
  wrap A in B「A を B で包む」
- ▶ wrap up ~ / wrap ~ up「～（会議・仕事など）を終える」

名 包み；ラップ；ショール

34

handle
[hǽndl]

動 を扱う，処理する；に手を触れる
- ▶ Handle with care.「取り扱い注意」（表示などで）

名 取っ手

35

dozen
(発) [dʌ́zən]

名 1ダース，12；〔~s〕たくさん
  by the dozen「ダース単位で」
- ▶ two [several / half a] dozen eggs「2ダース [数ダース／半ダース] の卵」
- ▶ dozens of ~「たくさんの～」

36

luck
[lʌk]

名 運；幸運
  have good [bad] luck「運がよい [悪い]」
- ▶ by luck「運よく」
- ▶ for luck「縁起をかついで」
- ▶ Good *luck*!「幸運を祈ります；頑張って！」
- □ lúcky **形** 幸運な

37

quantity
[kwá(ː)ntəti]

名 分量，数量；量（⇔quality→345）；多量，多数
  a large [small] quantity of ~「大量 [少量] の～」
- ▶ in both quantity and quality「量的にも質的にも」
- ▶ in quantity / in large quantities「多量に，多数で」

45				
0	300	600	900	1200

---

second
38
⑦ [sékənd]

名 <u>少しの間</u>；秒
in a second 「すぐに」(=in seconds)
▶ Just a *second*.「少しお待ちください」
形 第2の，2番目の 副 第2に

---

depth
39
[depθ]

名 <u>深さ</u>；奥行き
to [at] a depth of ～ 「～の深さまで [深さに]」
□ deep 形 副 →568

---

edge
40
[edʒ]

名 <u>端，縁</u>；刃
on [at] the edge of ～ 「～の端 [縁] に」
▶ a sharp edge「鋭い刃」

---

forward
41
[fɔ́:rwərd]

副 <u>前へ，先に</u>
look forward to ～ 「～を楽しみに待つ，期待する」
▶ move forward「前進する」
▶ look forward「将来を考える」
▶ báckward 副 後ろへ；(過去に) さかのぼって

---

ambition
42
[æmbíʃən]

名 (強い) <u>願望</u>；野心
one's ambition is to *do* 「念願は…することだ」
(≒ have an ambition to *do* [of *doing*] 「…したいという願望がある」)
□ ambítious 形 熱望して，熱心のある

---

retire
43
[rɪtáɪər]

動 <u>退職する，引退する</u>
retire from ～ 「～を退職する」
□ retírement 名 退職，引退

---

thought
44
⑦ [θɔ:t]

名 <u>考え，思いつき</u>；〔*one's* ～s〕意見，の考え；
考えること
the thought of *doing* 「…する (という) 考え」
▶ have a thought「思いつく」
▶ on second thought(s)「考え直して (みると)」
□ thóughtful 形 思いやりのある

---

beside
45
[bɪsáɪd]

前 <u>～のそばに</u>
▶ right beside ～「～のすぐそばに」
▶ besídes →464

23

4 How to Keep the Peace

人里離れた湖で筆者夫婦を襲ったアクシデントとは？

① Before we were married, my wife, Noriko, and I took a trip to a remote lake in Canada. ② Our canoe struck a rock. ③ The canoe rolled over and we fell into the water. ④ I examined the canoe and saw that it was too damaged to use. ⑤ The canoe was bent into an L-shape, and the bottom of the canoe was broken. ⑥ Because I was raised in the countryside, I knew what to do. ⑦ We hiked through the woods in the direction of a town. ⑧ I was a bit scared of getting lost. ⑨ I had no problem in the woods, but there was a limit to my skills. ⑩ Soon I found myself in a terrible situation. ⑪ We were too far away to get help in an emergency. ⑫ That sort of situation can become very dangerous. ⑬ We were tired, cold, and wet. ⑭ Rather than arguing, my wife and I stayed quiet while we walked.

語法・構文・表現

① be married「結婚している」 ▶「結婚する」は get married。
take a trip to ～「～へ旅行に行く」

③ fall into ～「～の中に落ちる」

④ see that ...「…ということが分かる」
be too damaged to do「あまりにも損傷がひどくて…できない」

⑤ be bent into ～「～（の形）に折れ曲がる」

⑥ be raised in ～「～で育つ」

24

平和を保つ方法

英文レベル ☆ **152 words**

📁 日常生活〔旅行〕

① 結婚する前に，妻のノリコと私はカナダの<u>人里離れた</u>湖へ旅行した。② 我々のカヌーは<u>岩</u>に<u>ぶつかって</u>しまった。③ カヌーは<u>転覆</u>して，私たちは湖に落ちてしまった。④ 私はカヌーを<u>調べ</u>てみたが，破損がひどくて使い物にならないことが分かった。⑤ カヌーはＬ字型に曲がっており，カヌーの<u>底部</u>が破損していた。⑥ 私は<u>田舎</u>で育ったので，どうしたらいいか分かっていた。⑦ 私たちは森の中を，町の<u>方</u>へ向かって歩いた。⑧ 私は道に迷ってしまうのが<u>少し</u>怖かった。⑨ 森の中は問題なかったが，私の能力には<u>限界</u>があった。⑩ やがて，ひどい状況にあることに気付いた。⑪ <u>緊急</u>の助けを得るには我々の居場所は遠すぎた。⑫ この<u>よう</u>な状況は非常に危険なこともある。⑬ 私たちは疲れていて，寒くて，また<u>ずぶ濡れ</u>だった。⑭ 妻と私は，口論するよりも，<u>黙って</u>歩き続けた。

---

know what to do「どうしたらいいか分かる」

⑧ **be scared of** *doing*「…することを恐れる」
  get lost「道に迷う」

⑩ **find** *oneself* **in a terrible situation**「自分がひどい状況にあることが分かる」

⑪ **be too far away to** *do*「遠すぎて…できない」

⑭ **rather than** *doing*「…するよりも，…するのではなく」

単語の意味を確認しよう。

---

46 **remote** [rɪmóut]	形 (距離的・時間的に)(遠く)離れた；かけ離れた ▶ in the remote past [future] 「遠い過去 [未来] に」 ▶ remote from ～ 「～とかけ離れた」 名 リモコン ▶ remote control 「遠隔操作；〔a ～〕リモコン装置」
47 **strike** [straɪk]	動 を強く打つ，ぶつける；当たる；(を)(突然)襲う **strike A on [against] B** 「A を B にぶつける」 ▶ 活用：strike - struck [strʌk] - struck 名 ストライキ；打つこと
48 **rock** [rɑ(:)k]	名 岩，岩石；ロック音楽 **fallen [falling] rocks** 「落石」 ▶ Falling *Rocks*! 「落石注意」(標識など) 動 を揺り動かす
49 **roll** [roʊl]	動 転がる，を転がす；を巻く **roll under [into] ～** 「～の下に [中に] 転がる」 ▶ roll down ～ 「～を転がり [流れ] 落ちる」 名 巻いた物；回転 ▶ a roll of ～ 「1 巻きの～」
50 **examine** (発) [ɪgzǽmɪn]	動 を調べる；を検査する □ examinátion 名 試験；検査 ▶ 日常的には exam が使われる。
51 **shape** [ʃeɪp]	名 形；状態；体調 **in the shape of ～** 「～の形で」 ▶ in (good) shape 「体調がよくて」 ▶ out of shape 「体調が悪くて」 動 を形作る
52 **bottom** [bá(:)təm]	名 下部，底 (⇔top→663) **at the bottom of ～** 「～の下 [底] に」

60

| 0 | 300 | 600 | 900 | 1200 |

53

countryside
[kʌ́ntrisàid]

名 田舎
　in the countryside 「田舎で」
　▶ cóuntry 「国」

54

direction
[dərékʃən]

名 方向；方針；〔~s〕指示，説明書
　in the direction of ~ 「~の方向に」
　▶ in all directions / in every direction「四方八方に」

55

bit
[bɪt]

名 少し，少量
　a (little) bit of ~ 「少しの~」
　▶ a bit「少し」(＝a little / a little bit)
　▶ quite a bit of ~「かなりの~」

56

limit
[límət]

名 限度，限界；制限
　there is a [no] limit to ~ 「~には限りがある [ない]」
　▶ a time [speed / an age] limit「時間 [速度／年齢] 制限」
　▶ within limits「ある程度，適度な範囲で」

動 を制限する
　□ limitátion 名 制限；〔~s〕限界

57

emergency
[ɪmə́ːrdʒənsi]

名 緊急（事態）
　in an emergency 「緊急時に」
　▶ for emergencies「非常時に備えて」
　▶ an emergency exit「非常口」

58

sort
[sɔːrt]

名 種類
　this sort of ~ / ~ of this sort 「この種の~」
　▶ all sorts of ~ / ~ of all sorts「あらゆる種類の~」
　▶ sort of「いくぶん」(副詞的に)

59

wet
[wet]

形 濡れた，湿った (⇔dry→1072)；雨降りの
　get wet 「濡れる」
　▶ wet weather「雨天」

動 を濡らす

60

quiet
[kwáɪət]

形 静かな；平穏な，人気のない
　▶ a quiet street「人気のない通り」
　□ quíetly 副 静かに

---

5 Kazu's T-shirt Business

🔍 息子のTシャツビジネスに口を出す父親に対する息子の反応は？

① Some stories of this book are based on the life of my son, Kazu. ② He's a 16-year-old boy who loves to create designs for T-shirts. ③ I think Kazu could make a lot of money by selling his T-shirts. ④ The designs would suit anyone who wore them. ⑤ But he's afraid that he would fail to sell any if he tried. ⑥ Like any father, I do not accept his excuses. ⑦ I challenge him to work hard and do his best. ⑧ Now he hides his designs from me. ⑨ I will have to treat him more gently to repair our relationship. ⑩ I'm hoping that he'll share them with me again. ⑪ I asked him what he'll design next, but he hasn't replied. ⑫ He just sits there and shakes his head. ⑬ One day, he'll forgive me and accept my apology. ⑭ Until then, I will control myself, and not ask him any more questions. ⑮ But if I ask him just one more time about his T-shirts, do you think that he will respond?

◎語法・構文・表現 ∞∞∞∞∞∞∞∞∞∞∞∞∞∞∞∞∞∞∞∞∞∞∞∞∞∞∞∞∞∞∞∞

② **a 16-year-old boy**「16歳の少年」 ▶be 16 year<u>s</u> old「16歳である」

③ **make a lot of money by** *doing*「…して大金を稼ぐ」

④ **anyone who ...**「…する人は誰でも」

⑤ *be* **afraid that ...**「…ではないかと心配する」

⑥ **like any 〜**「どんな〜とも同じように」

⑦ **do** *one's* **best**「最善 [全力] を尽くす」

28

📁 日常生活［家庭・家族］

　① この本の何話かは，私の息子，カズの生活に基づいている。② 彼はTシャツのデザインを作るのが大好きな16歳の少年だ。③ 自分のTシャツを売ってたくさんお金を稼げると思う。④ 彼のデザインは着る人誰にでも似合うだろう。⑤ でも彼は売ろうとしても上手く行かないのではないかと心配している。⑥ 他の父親と同じように，私は彼の言い訳を受け入れない。⑦ 努力して最善を尽くすように私は彼にけしかける。⑧ それで彼は自分のデザインを隠して，もう私には見せてくれない。⑨ 私たちの関係を修復するために，彼をもっと優しく扱わなければならないだろう。⑩ 彼がまた私にデザインをシェアして（＝見せて）くれることを願っている。⑪ 次はどんなデザインにするか彼に尋ねてみたが，彼はまだ返事をしてくれない。⑫ ただじっと座って首を横に振るだけだ。⑬ いつの日か，私を許して私のお詫びを受け入れてくれるだろう。⑭ それまでは我慢して，もう質問はしないようにしよう。⑮ でも，もう1回だけTシャツのことを聞いたら，彼は答えてくれるだろうか？

---

⑨ **gently**「優しく」
⑩ *be* **hoping that ...**「…ということを望んで［願って］いる」
⑬ **apology**「謝罪」
⑭ **until then**「その時まで」
⑮ **just one more time**「あともう1回だけ」

📖 単語の意味を確認しよう。

61 **base** [beɪs]	**動** の基礎を置く *be* based on 〜 「〜に基づいている」 **名** 土台, 基底；基礎 □ **básic** **形** 基本の, 重要な；基礎的な
62 **create** 発 [kri(:)éɪt]	**動** を創造する □ **creátor** **名** 創作者 □ **creátive** **形** 独創 [創造] 的な
63 **suit** 発 [suːt]	**動** に最適 [好都合] である；(人) に似合う ▶ That *suits* me fine. 「それで結構です」(承諾して) **名** スーツ；〜着 □ **súited** **形** 〔叙述〕適した ▶ *be* suited to [for] 〜 「〜に適している」 □ **súitable** **形** (特定の目的に) 適した ▶ a suitable place for camping 「キャンプに適した場所」
64 **fail** [feɪl]	**動** 失敗する；(に) 不合格になる fail to *do* 「…できない, …し損なう」 ▶ never fail to *do* 「必ず…する」 **名** 不合格 ▶ without fail 「いつも；(相手に対して) 必ず (…するように)」 □ **fáilure** **名** 失敗, …できないこと
65 **accept** [əksépt]	**動** を受け入れる (⇔refuse➡583) □ **accéptance** **名** 受けること, 承諾
66 **challenge** ア [tʃǽlɪndʒ]	**動** に挑戦する；(人) の挑戦意欲をかき立てる challenge A to B 「A (人) に B を挑む」 **名** (挑むべき) 課題, 難題；挑戦 □ **chállenging** **形** やりがいのある
67 **hide** [haɪd]	**動** を隠す；隠れる hide A in [from] B 「A を B の中に [から] 隠す」 ▶ 活用：hide - hid [hɪd] - hidden [hídən]

75

| 0 | 300 | 600 | 900 | 1200 |

68
treat
発 [tri:t]

動 を扱う；を治療する
　treat A like [as] B 「A を B のように [B として]扱う」
► treat A with B 「A を B をもって取り扱う」

名 もてなし，楽しみ；〔one's ～〕おごり
□ tréatment 名 治療；取り扱い

69
repair
[rɪpéər]

動 を修理 [修復] する

名 修理，修復

70
share
[ʃeər]

動 を分かち合う；を共有する，シェアする
　share A with B 「A を B と共有する」
► share a house with three people 「家を3人で共同で使う」

名 株；分担；市場占有率

71
reply
ア [rɪpláɪ]

動 返事をする；応じる；と答える
　reply to ～ 「～に返事をする」

名 返事，応答

72
shake
[ʃeɪk]

動 を振る；揺れる
　shake one's head 「首を横に振る」
► shake hands with ～ 「～と握手をする」
► 活用：shake - shook [ʃʊk] - shaken [ʃéɪkən]

73
forgive
[fərɡív]

動 を許す
　forgive A for B 「A (人) の B を許す」
► 活用：forgive - forgave [fərɡéɪv] - forgiven [fərɡívən]

74
control
発 ア [kəntróʊl]

動 を抑制する，制御する；を支配する，管理する
　control oneself 「自制する」

名 抑制；支配
► under control 「抑制 [制御] されて」
► out of control 「制御不能で」

75
respond
[rɪspá(:)nd]

動 返答する；反応する；だと応答する
　respond to ～ 「～に返答 [反応] する」
□ respónse 名 返答；反応

6 A Crazy Concert

パンクロックコンサートでの筆者の経験に対して，従兄弟たちは…？

① Many years ago, I saw a punk rock concert in a music **hall** in San Francisco. ② The club was a **shrine** to underground music, with many strange people there. ③ The club was on a hill, and before the show, we lined up on the **slope** of the hill. ④ Once we got inside, my friends and I went **upstairs** to find our seats just **below** the ceiling. ⑤ The singer had a skin-head and bright red **cheeks**. ⑥ Instead of clothing, he was wrapped in toilet **paper**. ⑦ When he sang, he **kicked** over the drums, and he kicked people in the audience, too! ⑧ As the crowd ran away from him, I was pushed down the **stairs**. ⑨ I lay down on my stomach and people surfed down the stairs by standing on my back. ⑩ At the bottom, I didn't have a **clue** where my glasses or my shoes went. ⑪ I was afraid that I had broken a **bone** in my foot. ⑫ The **staff** who worked at the club all ran out the **exits** before I did. ⑬ When I told my **cousins** about the show, they were jealous. ⑭ The biggest concert they had ever seen was in a high school **gym**.

語法・構文・表現

③ **line up**「列に並ぶ」

④ **once ...**「いったん…すると，…するとすぐに」

⑥ **instead of ～**「～の代わりに」
  be wrapped in ～「～で包まれている」

⑦ **kick over ～**「～を蹴り倒す」

⑧ **run away from ～**「～から逃げる」

⑨ **lie down on** *one's* **stomach**「うつ伏せに横たわる」

32

常軌を逸したコンサート

📁 文化 [音楽・芸術・文学]

① 何年も前，私はサンフランシスコの音楽ホールでパンクロックのコンサートを見た。② そのクラブはアングラ音楽の聖地で，多くの変わった人たちがいた。③ クラブは丘の上にあり，コンサートの前に私たちは丘の坂に並んだ。④ 中に入るとすぐに，友達と私は上の階に行って，天井のすぐ下の自分たちの席を見つけた。⑤ 歌手はスキンヘッドで，真っ赤な頬をしていた。⑥ 彼は服の代わりに，トイレットペーパーを全身に巻いていた。⑦ 歌うときに，彼はドラムを蹴り倒し，観客たちまで蹴飛ばした！⑧ 観客たちが逃げ出すと同時に，私は階段から押し倒された。⑨ 私はうつ伏せになって，人々は私の背中の上を走って階段を駆け下りた。⑩ その下で，私は自分のメガネや靴がどこに行ったのか，まったく見当が付かなかった。⑪ 足の骨を折ったのではないかと不安になった。⑫ クラブで働いていたスタッフはみな，私より先に出口から逃げてしまった。⑬ 私が従兄弟たちにそのコンサートのことを話したら，彼らは嫉妬した。⑭ 彼らがそれまでに見た中で最大のコンサートは，高校の体育館で行われたものだったから。

---

surf down the stairs by *doing* 「…しながら階段をすべり降りる」

⑩ **not have a clue where ...** 「どこに…まったく見当がつかない」
where my glasses or my shoes went 「自分のメガネや靴がどこに行ったか」

⑪ *be* **afraid that ...** 「…ということを恐れる」

⑬ **jealous** 「嫉妬して」

⑭ **the biggest concert they had ever seen** 「彼らがそれまでに見たことがあった最大のコンサート」

単語の意味を確認しよう。

	76	
hall [hɔ:l]	图 会館，<u>ホール</u>；玄関（の広間）；廊下 **a city hall** 「市役所，市庁舎」 ▶ a concert [public] hall 「コンサートホール [公会堂]」

	77	
shrine [ʃraɪn]	图 聖堂，神社；<u>聖地</u> **visit a shrine** 「神社に参拝する」 ▶ a Shinto shrine 「（日本の）神社」 ▶ a shrine for the fans 「ファンにとっての聖地」

	78	
slope [sloup]	图 <u>坂</u>

	79	
upstairs ⑦ [ʌ̀pstéərz]	副 <u>上の階に [で]</u>（⇔downstairs「下の階に [で]」） **go upstairs** 「上の階 [2階] に上がる」

	80	
below [bɪlóu]	前 <u>～より下に</u> **below freezing** 「氷点下で」 副 下に；下記 [以下] に

	81	
cheek [tʃi:k]	图 <u>頬</u> **kiss ～ on the cheek** 「～の頬にキスをする」 ▶ dance cheek to cheek 「頬を寄せ合って踊る」

	82	
paper [péɪpər]	图 <u>紙</u>；〔可算名詞〕新聞；〔～s〕書類；（学生の）レポート **recycled paper** 「再生紙，リサイクル紙」 ▶ a piece [sheet] of paper 「1枚の紙」 ▶ a paper bag 「紙袋」

	83	
kick [kɪk]	動 <u>を蹴る</u> **kick A back (to B)** 「A を (B に) 蹴り返す」 ▶ kick off (～) 「始まる，～を始める」 图 蹴ること；キック

90

84 **stair** 発 [steər]	名〔〜s〕階段 at the bottom [top] of the stairs 「階段の下 [上] のところに」
85 **clue** [klu:]	名 手がかり；ヒント a clue to [about] 〜 「〜の手がかり」
86 **bone** [boʊn]	名 骨 break a bone 「骨を折る」 ▶ have a broken bone 「骨折をしている」 ▶ with good [fine] bone structure 「顔立ちの整った」
87 **staff** [stæf]	名 スタッフ，職員 a staff member / a member of staff 「スタッフの1人」 ▶ 困 は単数，図 は複数扱い。 ▶ a staff of three 「3人のスタッフ，スタッフ3人」
88 **exit** 発 アク [égzət]	名 出口；（プログラムの）終了 through an exit 「出口を通って」 ▶ the east exit of the station 「駅の東口」
89 **cousin** 発 [kʌ́zən]	名 いとこ
90 **gym** [dʒɪm]	名 体育館，ジム；体育 in [at] the gym 「体育館で」 ▶ go to the gym 「ジムに通う」

国際結婚をした筆者がニューヨークに住む理由の１つは？

① One of the reasons we live in New York City is because we have a high population of children from mixed marriages. ② I wanted my son to come into contact with other kids like him. ③ I never wanted him to be attacked because of the way he looks. ④ There were no other kids like him in my hometown of Kalamazoo, Michigan. ⑤ If you do a search, you will find many half-Japanese, half-white kids in New York. ⑥ The kids in my son's school come from many different backgrounds. ⑦ It has been a fantastic place for him to grow up.

⑧ That said, my son also spent a lovely three years in Japan. ⑨ We lived in Gifu Prefecture, in the middle of Japan. ⑩ The principal of his elementary school was great. ⑪ He learned to be a responsible, caring person in Japan. ⑫ The truth is, both New York and Japan were great places to live. ⑬ The two cultures make a perfect combination. ⑭ While my son understands Japanese, his native language is English. ⑮ He can only read basic *kanji*.

語法・構文・表現

① **one of the reasons ...** 「…である理由の１つ」 ▶reasons の後に関係副詞 why が省略。

mixed marriage 「国際結婚，異民族［宗教］間の結婚」

② **come into contact with 〜** 「〜と触れ合う，〜と出会う」

other kids like him 「彼のような他の子供」 ▶kid は口語で「子供」の意味。

③ **because of the way he looks** 「彼がどう見えるかという理由で」⇒「彼の外見のせ

2つの世界の間で

📁 文化 [言語・コミュニケーション]

①私たちがニューヨーク市に住んでいる理由の1つは，国際結婚の子供の<u>人口</u>が多いからだ。②私は息子に，彼のような他の子供たちと<u>接し</u>てほしかった。③外見のせいで彼が<u>攻撃</u>されるのは嫌だったのだ。④私の故郷のミシガン州カラマズーには，彼のような子供は1人もいなかった。⑤ニューヨークには，ちょっと<u>検索</u>してみれば，日本人と白人のハーフの子供がたくさんいるのが分かる。⑥息子の学校にはさまざまな<u>生い立ち</u>の子供がいる。⑦そこは彼が成長するには<u>素晴らしい</u>場所だ。

⑧とはいえ，息子は日本でも<u>素敵な</u>3年間を過ごした。⑨私たちは日本の<u>真ん中</u>にある岐阜県に住んでいた。⑩彼の小学校の<u>校長先生</u>は立派な人だった。⑪息子は日本で<u>責任感のある</u>思いやりのある人間になることを学んだ。⑫<u>実</u>のところ，ニューヨークも日本も住むのに素晴らしい場所だった。⑬2つの文化は見事に<u>融合</u>している。⑭息子は日本語は分かる<u>が</u>，<u>母</u>語は英語だ。⑮<u>基本的な</u>漢字しか読めない。

いで」

⑥ come from ～「～の出身である」

⑧ that said「とは言え，そうは言っても」（＝having said that）

⑪ learn to *do* [be ～]「…できるようになる [～になることを学ぶ]」
caring「面倒見のいい，気遣いのできる」

単語の意味を確認しよう。

91 **population** [pɑ̀(ː)pjuléɪʃən]	名 <u>人口</u> the population of 〜 「〜の人口」 ▶ a large [small] population「多い [少ない] 人口」
92 **contact** ⑦ [kɑ́(ː)ntækt]	名 連絡；<u>接触</u> keep [stay] in contact (with 〜)「(〜と) 連絡を保つ」 ▶ make [lose] contact with 〜「〜と連絡を取る [連絡が途絶える]」 動 と連絡を取る
93 **attack** [ətǽk]	動 <u>を襲う</u>；<u>を攻撃する</u> 名 攻撃；発作 ▶ a heart attack「心臓発作」
94 **search** ⑨ [sə́ːrtʃ]	名 <u>捜索</u>；<u>(データの) 検索</u> in search of 〜「〜を探して，求めて」 ▶ do a search on the Internet「インターネットで検索する」 動 (を) 捜す；を検索する
95 **background** ⑦ [bǽkɡràund]	名 <u>経歴，生い立ち</u>；背景事情；背景 different backgrounds「さまざまな経歴 [生い立ち]」 ▶ one's social background「社会的背景」 ▶ background information「背景情報，予備知識」
96 **fantastic** [fæntǽstɪk]	形 <u>とてもすばらしい</u>；空想的な ▶ a fantastic story「空想上の物語」 ▶ Fantastic!「すばらしい！」
97 **lovely** [lʌ́vli]	形 <u>すてきな，すばらしい</u>；美しい ▶ look lovely in 〜「〜 (服装など) が似合う」
98 **middle** [mídl]	名 〔the 〜〕<u>真ん中，中央</u>；中間，最中 in the middle of 〜「〜の真ん中に；〜の最中に」 ▶ in the middle of the night「真夜中に」 ▶ in the middle of dinner「夕食の最中に」 形 真ん中の；中間の

0	300	600	900	1200

99

principal
[prínsəpəl]

名 校長

形 主要な
▶ *one's* principal source of food 「主要な食糧源」

100

responsible
[rɪspá(:)nsəbl]

形 責任のある；責任感のある
be responsible for ～ 「～に対して責任がある」
□ responsibílity 名 責任

101

truth
[tru:θ]

名 真実，本当のこと
to tell (you) the truth 「実を言うと」
▶ The truth is (that) ... 「実は…ということだ」
□ true ➡280

102

combination
[kà(:)mbɪnéɪʃən]

名 組み合わせ；結合
a combination of *A* (and *B*) 「*A* (と *B*) の組み合わせ」
▶ in combination (with ～)「(～と) 組み合わせて」
□ combíne 動 を組み合わせる

103

while
[hwaɪl]

接 …している間；…である一方
▶ while 節の主語が主節の主語と同じとき，while 節の主語と be 動詞は省略できる。
I called her *while waiting* for the train. 「私は列車を待っている間に彼女に電話した」

名 しばらくの間
▶ for a while 「しばらくの間」

104

native
[néɪtɪv]

形 出生地の，母国の；その土地固有の
one's native language 「母 (国) 語」
▶ *one's* native land [country] 「母国」
▶ the native plants of Japan 「日本固有 [原産] の植物」

105

basic
[béɪsɪk]

形 基本的な，初歩的な；重要な，基礎となる
▶ basic idea [information] 「基礎となる考え [基本情報]」

名 〔～s〕基本，初歩

Nature in Gujo

📍 郡上八幡はどんな場所だろうか？

① The small town of Gujo Hachiman in Gifu Prefecture sits in a narrow valley. ② The clean air there is free of pollution. ③ The Nagara River is home to a mysterious creature. ④ The giant salamander is an endangered species. ⑤ Wild boars are also part of the wildlife there. ⑥ Some people hunt the boars in the woods. ⑦ Dogs bark at the boars to help the hunters find them. ⑧ The boars dig for roots and bamboo shoots. ⑨ Wild monkeys also live in the mountains near Gujo. ⑩ Stink bugs in Gujo are smelly insects that fly around in the early spring. ⑪ Later in spring, the bloom of cherry trees in the parks and in front of the local high school is lovely. ⑫ In Atago Park, a very old cherry tree has many large branches. ⑬ About 70,000 people live in Gujo. ⑭ Many families have lived there for several generations.

◎ 語法・構文・表現 ∞∞∞∞∞∞∞∞∞∞∞∞∞∞∞∞∞∞∞∞∞∞∞∞∞∞∞∞∞∞

① sit in 〜「〜にある [位置している]」

② be free of 〜「〜がない」

③ be home to 〜「〜（動植物）にとっての生息地」（＝be the home of 〜）

④ salamander「サンショウウオ」
　 endangered「絶滅の危機に瀕した」

⑤ boar「イノシシ」

郡上の自然

英文レベル ☆
144 words

📁 自然［自然・環境］

　①岐阜県の郡上八幡という小さな町は，狭い谷間にある。②そこのきれいな空気は汚染とは無縁だ。③長良川は不思議な生物が生息している場所だ。④オオサンショウウオは絶滅危惧種である。⑤イノシシもそこの野生生物の一部である。⑥森でイノシシを狩る者たちがいる。⑦犬がイノシシにほえて，猟師がイノシシを見つけるのを助ける。⑧イノシシは根やタケノコを探して地面を掘る。⑨郡上の近くの山には，野生のサルも住んでいる。⑩郡上のカメムシは，春先に飛び回る臭い虫である。⑪春の終わり頃には，公園や地元の高校前の桜の花が美しい。⑫愛宕公園では，とても古い桜の木に大きな枝がたくさん生えている。⑬郡上には約7万人が住んでいる。⑭そこには何世代にもわたって，多くの家族が住んでいる。

---

be part of ～「～の一部で」
⑦ help ～ *do*「～が…するのを手助けする」
⑧ dig for ～「～を求めて地面を掘る」
　bamboo shoots「タケノコ」
⑩ stink bug「カメムシ」

📗 単語の意味を確認しよう。

106

valley
[væli]

名 谷，盆地

through the valley 「谷間を通って」

107

pollution
[pəlú:ʃən]

名 汚染，公害

air [water] pollution 「大気 [水質] 汚染」
□ pollúte 動 を汚染する

108

creature
(発) [krí:tʃər]

名 生き物，動物

▶ 実在・想像上いずれの生き物も指すが，植物は含まない。
▶ all living creatures 「生きとし生けるもの，全生物」

109

species
(発) [spí:ʃi:z]

名 種

this species of ～ 「この種の～」
▶ 複 species（単複同形）
▶ a non-native species 「外来種」

110

wildlife
(ア) [wáɪldlàɪf]

名 野生生物

native wildlife 「(その土地) 固有の野生生物」
▶ 集合名詞。動物・植物の両方を指す。

111

hunt
[hʌnt]

動 狩りをする；を狩る；を探し求める

hunt in groups 「群れで狩りをする」
□ húnting 名 狩猟；～探し
▶ job hunting 「職探し」
□ húnter 名 ハンター，猟師

112

wood
(発) [wʊd]

名 森；林；木材

in the wood(s) 「森の中で」
▶ woods とも表す。forest よりも小さい森を指す。
▶ a table made of wood 「木製のテーブル」
□ wóoden 形 木製の

113

bark
[bɑ:rk]

動 ほえる

▶ bark at ～ 「～にほえる」

名 ほえ声

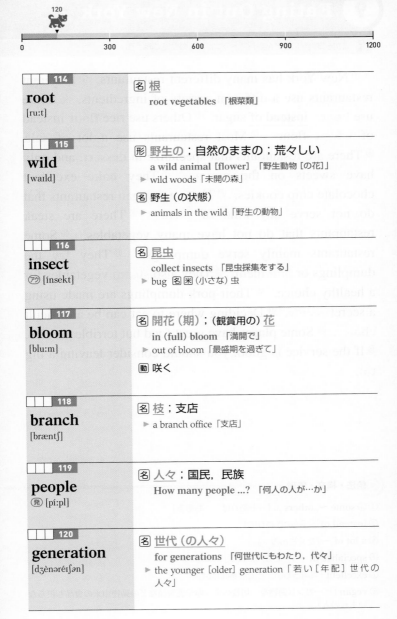

120

0 300 600 900 1200

| 114 **root** [ru:t] | 名 根 |
| | root vegetables 「根菜類」 |

115 **wild** [waɪld]	形 野生の；自然のままの；荒々しい
	a wild animal [flower] 「野生動物 [の花]」
	► wild woods 「未開の森」
	名 野生 (の状態)
	► animals in the wild 「野生の動物」

116 **insect** ⑦ [ínsekt]	名 昆虫
	collect insects 「昆虫採集をする」
	► bug 名 困 (小さな) 虫

117 **bloom** [blu:m]	名 開花 (期)；(観賞用の) 花
	in (full) bloom 「満開で」
	► out of bloom 「最盛期を過ぎて」
	動 咲く

| 118 **branch** [bræntʃ] | 名 枝；支店 |
| | ► a branch office 「支店」 |

| 119 **people** 発 [pí:pl] | 名 人々；国民，民族 |
| | How many people ...? 「何人の人が…か」 |

120 **generation** [dʒènəréɪʃən]	名 世代 (の人々)
	for generations 「何世代にもわたり，代々」
	► the younger [older] generation 「若い [年配] 世代の 人々」

43

9 Eating Out in New York

🔑 ニューヨークにはどんなレストランがあるのか見てみよう。

① New York has many different restaurants. ② Different restaurants use a different variety of ingredients. ③ Some use honey instead of sugar. ④ Others use rice flour instead of wheat flour. ⑤ Most restaurants use a lot of salt. ⑥ There are restaurants that specialize in dessert, and only have sweets on the menu. ⑦ They bake excellent chocolate chip cookies. ⑧ There are vegan restaurants that do not serve any kind of meat. ⑨ There are steak restaurants that do not have many vegetables. ⑩ Some restaurants mainly serve dumplings. ⑪ They fry the dumplings or boil them. ⑫ They also steam vegetables for a healthy choice. ⑬ Their pork dumplings are made using a secret recipe. ⑭ Deciding where to eat can be a difficult choice. ⑮ Some places have great food but terrible service. ⑯ If the service is good, you should consider leaving a big tip.

◎ 語法・構文・表現 ∞∞∞∞∞∞∞∞∞∞∞∞∞∞∞∞∞∞∞∞∞∞∞∞∞∞∞∞∞∞∞∞∞∞∞∞∞

③④ some ~, others ... 「～もあれば，…もある」

③ instead of ~ 「～の代わりに」

⑤ a lot of ~ 「たくさんの～」

⑥ specialize in ~ 「～を専門に扱う」

⑦ excellent 「素晴らしい，とても美味しい」

⑧ vegan 「ビーガン」(動物を一切食べず，卵や乳製品などの動物由来の食品も摂らない主義の人)

📁 日常生活［料理・食事］

　①ニューヨークにはさまざまなレストランがたくさんある。②レストランによって，さまざまな異なる食材を使っている。③砂糖の代わりにハチミツを使う店もある。④また，小麦粉の代わりに米粉を使う店もある。⑤たいていのレストランは塩をたくさん使う。⑥デザートを専門にしていて，メニューにスイーツしかないレストランもある。⑦そうした店ではとても美味しいチョコチップクッキーを焼いている。⑧肉を一切出さないビーガン向けのレストランもある。⑨野菜が少ないステーキレストランもある。⑩団子［餃子］をメインに出す店もある。⑪団子は焼いたり，茹でたりする。⑫また，ヘルシーに野菜を蒸すこともある。⑬豚肉の団子は秘密のレシピで作られている。⑭どこで食べるかを決めるのは難しい選択となることもある。⑮料理は美味しいがサービスがひどいところもある。⑯サービスがよければ，チップをたくさん置いていくことも考えるとよい。

⑩ serve「～を提供する」
　dumpling「団子，餃子」
⑫ for a healthy choice「健康によい選択として」
⑬ be made using ～「～を使って作られる」
⑭ deciding where to ... can be ～「どこで…すべきかを決めるのは～なこともある」
⑮ terrible「ひどく悪い，とても不快な」
⑯ consider doing「…することを考える［検討する］」

■ 単語の意味を確認しよう。

121	
honey 発 [hʌ́ni]	名 ハチミツ

122	
flour 発 [fláuər]	名 小麦粉；粉 a cup of flour 「1カップの小麦粉」

123	
wheat [hwiːt]	名 小麦

124	
salt 発 [sɔ(ː)lt]	名 塩 pass the salt 「塩を(手)渡す」 ▶ a pinch of salt 「ひとつまみの塩」

125	
dessert 発 アク [dɪzə́ːrt]	名 デザート for dessert 「デザートに」

126	
menu [ménjuː]	名 メニュー on the menu 「メニューに(載って)」 ▶ What's on the *menu* today? 「今日のメニューは何ですか」

127	
bake [beɪk]	動 (パンなど)を焼く bake A for B 「A を B に焼いてあげる」(≒ bake B A) ▶ 主にオーブンなどで焼く調理を指す。

128	
meat [miːt]	名 肉 ▶ a piece [slice] of meat 「肉一切れ」

	129	
fry [fraɪ]	動 (油で)を炒める，揚げる；(油をひいて) 焼く ▶ deep-frý 動 (たっぷりの油で) を揚げる 名 〔fries〕フライドポテト (≒ French fries)	

	130	
boil [bɔɪl]	動 をゆでる，煮る；を沸かす；沸く ▶ boil water「湯を沸かす」	

	131	
steam [stiːm]	動 を蒸す ▶ steamed vegetables「蒸し野菜」 名 蒸気；湯気	

	132	
recipe 発 [résəpi]	名 調理法，レシピ；秘訣 a recipe for ～「～のレシピ」 ▶ a recipe for success「成功の秘訣」	

	133	
choice 発 [tʃɔɪs]	名 選択 (の幅・種類) have a good choice of ～「～の種類が豊富だ」 ▶ make a choice「選択をする」 ☐ choose ➡450	

	134	
service 発 [sə́ːrvəs]	名 サービス，応対；公益事業；(運行) 便 good [bad / slow] service「よい [悪い／遅い] 接客，サービス」 ▶ a free bus service「無料のバス運行便」 ☐ serve ➡715	

	135	
tip [tɪp]	名 チップ；秘訣 leave (～) a tip「(人に) チップを置いてくる」 ▶ give ～ a tip「～にチップを渡す」	

🧍 ユニクロを通して考える，日本の輸出品に対する筆者の意見とは？

① Uniqlo is a great place to shop for people with average income. ② I don't have a big clothing budget, so Uniqlo is great for me. ③ A pair of socks is \$5.00, plus tax. ④ I like to buy cheap socks because I always lose them. ⑤ The prices on shirts are also very reasonable. ⑥ Every year, I buy a few items on sale. ⑦ I first saw an advertisement for Uniqlo about eight years ago.

⑧ Japan is famous for exporting cars to the U.S., but now clothing is another big export. ⑨ Japanese factories are famous for being very efficient. ⑩ Japan doesn't export as much agriculture. ⑪ That's surprising, because Japan produces a lot of high quality food. ⑫ Trade between the U.S. and Japan is a big business. ⑬ Anime exports to the U.S. have been another commercial success. ⑭ There's a community of anime fans that was born in the U.S. and has been accepted in society. ⑮ It is difficult to imagine how much wealth has been created by Japanese illustrators, clothing makers, and auto manufacturers.

🎯 語法・構文・表現 〰〰〰〰〰〰〰〰〰〰〰〰〰〰〰〰〰〰〰〰〰〰〰〰〰〰〰〰〰〰〰〰〰

① **with average income**「平均的所得の」
③ **have a big clothing budget**「服を買う予算がたくさんある」
⑥ **on sale**「特売で」
⑧ **be famous for ～**「～で有名な」
⑨ **efficient**「効率的な」

ユニクロとアメリカでの日本からの輸出品

📁 産業［商業・貿易・商取引］

① ユニクロは平均的な所得者の買い物にはもってこいの場所だ。② 私は服のための予算があまりないので，ユニクロは最高だ。③ 靴下は 1 足 5 ドル＋税だ。④ 私はいつも靴下をなくしてしまうので，安い靴下を買うのが好きだ。⑤ シャツの値段もとても手頃だ。⑥ 毎年，私はセールで何点か買う。⑦ ユニクロの広告を初めて見たのは 8 年ほど前だ。

⑧ 日本はアメリカへの自動車輸出で有名だが，今では衣料品もまた大きな輸出品になっている。⑨ 日本の工場は非常に効率がよいことで有名である。⑩ 日本は農産物はそれほど輸出していない。⑪ 日本は質の高い食料をたくさん生産しているので，これは意外である。⑫ 日米間の貿易は大きな事業だ。⑬ アニメの米国への輸出も商業的な成功を収めている。⑭ アメリカではアニメファンのコミュニティーが生まれ，社会に受け入れられている。⑮ 日本のイラストレーターや衣料メーカー，自動車メーカーがどれだけの富を築いてきたか，想像しがたい。

⑬ commercial success「商業上の成功：ビジネスが上手くいっていること」

⑭ be accepted in society「社会に受け入れられる」

⑮ it is difficult to imagine ～「～を想像するのは難しい」
how much wealth has been created「どれだけ多くの富が築かれてきたか」
auto manufacturer「自動車メーカー」

📖 単語の意味を確認しよう。

---

136 **income** ⑦ [ínkʌm]	名 (定期的な) 収入；所得 **on a high [low] income** 「高 [低] 収入で」 ▶ have [receive] an income 「収入がある」
137 **budget** [bʌ́dʒət]	名 予算；経費 **on a tight [limited] budget** 「限られた予算で」 ▶ on [within] budget 「予算内で」
138 **tax** [tæks]	名 税金 **a tax on ~** 「~に課す税金」 ▶ a tax increase [cut] 「増税 [減税]」 動 に税金を課す
139 **cheap** [tʃíːp]	形 (想定よりも) 安い；安っぽい ▶ 「(手頃に) 安い，低価格で」は inexpensive や reasonable (→140) などを用いる。 □ chéaply 副 安く；安っぽく
140 **reasonable** [ríːzənəbl]	形 (価格などが) 手頃な；(人が) 道理をわきまえた；(言動などが) 筋の通った **at a reasonable price** 「手頃な価格で」 ▶ It is reasonable to *do.* 「…するのは賢明だ」
141 **sale** [seɪl]	名 特売；販売；〔~s〕売上 (高) **have a sale** 「セールを行う」 ▶ for sale 「売り物で」 ▶ make a sale 「販売する」
142 **advertisement** [ædvərtáɪzmənt]	名 広告；宣伝 (=ad) **an advertisement for ~** 「~の広告」 □ ádvertise 動 (を) 宣伝する；(を) 広告する
143 **export** ⑦ [ɪkspɔ́ːrt]	動 を輸出する **export A to B** 「A を B に輸出する」 名 [ékspɔːrt] 輸出 (品)

150
🐱

| 0 | 300 | 600 | 900 | 1200 |

144

factory
[fæktəri]

名 工場
work in a factory 「工場で働く」

145

agriculture
㋒ [ǽgrɪkʌ̀ltʃər]

名 農業
□ agricúltural 形 農業の

146

trade
[treɪd]

名 貿易，取引；交換
trade between A (and B) 「A (と B)の間での貿易 [取引]」

動 貿易 [取引] する；を交換する
□ tráding 名 売買，取引

147

commercial
[kəmə́ːrʃəl]

形 営利 [商業] 的な；商業 (上)の
(a) commercial success 「商業的成功」

名 (テレビ・ラジオの) コマーシャル

148

community
㋒ [kəmjúːnəti]

名 地域社会 (の住民)；共同体
the whole community 「地域社会全体」
▶ the local community 「地域社会の人々」

149

society
[səsáɪəti]

名 社会；協会；社交界
in (a [one's]) society 「社会において」
□ sócial 形 社会の；社交の

150

wealth
㋲ [welθ]

名 富，財産
build [create] wealth 「富を築く」
□ wéalthy 形 裕福な

(11) Work as a Writer

① I have a job in a giant office building in Manhattan.
② My office is on the 26th floor. ③ Every morning I sit at
my desk and do my work. ④ I was hired to write
advertising copy. ⑤ When people ask me what I do, I tell
them that my occupation is a writer. ⑥ At my job
interview, I said that I was excited about working. ⑦ I was
also very polite to the secretary. ⑧ I believe that's why I
got the job.

⑨ My career has changed many times in my life.
⑩ When I was a kid, I dreamed I would be a movie
director, but now I think being a writer is better than being
a movie director or an actor. ⑪ I once wrote a script for a
movie, but the studios rejected it. ⑫ I will keep trying
anyway. ⑬ As a famous basketball player said, "You miss
one hundred percent of the shots you don't take."

◎語法・構文・表現 ∽∽∽∽∽∽∽∽∽∽∽∽∽∽∽∽∽∽∽∽∽∽∽∽∽∽∽

① **giant**「巨大な」

④ **advertising copy**「広告コピー」

⑤ **what I do**「私が（仕事として）何をしているか」 *cf.* what do you do?「お仕事は何
ですか？」

⑥ ***be* excited about ～**「～をとても楽しみに［わくわく］している」

⑦ ***be* polite to ～**「～に（対して）礼儀正しい，丁寧な」

産業 [職業・労働]

① 私は，マンハッタンの大きなオフィスビルで<u>仕事</u>をしている。② 私のオフィスは 26 <u>階</u>にある。③ 毎朝，机に向かって<u>仕事</u>をする。④ 私は広告コピーを書くために<u>雇わ</u>れた。⑤ 仕事は何をしているか人に聞かれた時には，私の<u>職業</u>はライターだと言っている。⑥ 就職の<u>面接</u>で，私は仕事をするのがとても楽しみだと言った。⑦ また，<u>秘書</u>にとても礼儀正しくした。⑧ それでこの仕事が得られたのだと<u>思う</u>。

⑨ 私の職業は人生で何度も変わった。⑩ <u>子供</u>の頃は，映画<u>監督</u>になるのが夢だったが，今は映画監督や<u>俳優</u>よりも作家の方がいいと思っている。⑪ かつて映画の脚本を書いたこともあるが，映画会社に<u>断ら</u>れた。⑫ でも，<u>とにかく</u>やり続けようと思う。⑬ 有名なバスケットボール選手が言ったように，「シュートしなければ，100 <u>パーセント</u>入ることはない」のだ。

⑧ **that's why ...**「だから [そういうわけで] …」

⑪ **script**「脚本，台本」

⑫ **keep** *doing*「…し続ける」

⑬ **You miss one hundred percent of the shots you don't take.**「打たないシュートは 100％外れる」⇒「シュートしなければ 100％入ることはない」(＝何事も挑戦しなければ成功することはない)　▶shots の後に関係代名詞 that が省略。

⓫ Work as a Writer

151 **job** [dʒɑ(:)b]	名 <u>仕事</u> **get a job (as ~)** 「(~の) 仕事に就く」 ▶ a job in music business 「音楽業界の仕事」 ▶ a job interview 「就職の面接」
152 **floor** [flɔːr]	名 <u>床</u>；<u>階</u> **on the floor** 「床 (の上) に」 ▶ on the 3rd floor 「困 3 階に，奥 4 階に」
153 **work** 発 [wəːrk]	名 <u>仕事</u>；職場；勉強；作品 **have a lot of [much] work** 「大量の仕事がある」 ▶ find work 「仕事を見つける」，out of work 「失業して」 ▶ at work 「仕事中で；職場で」 動 働く；勤めている；勉強する；機能する
154 **hire** [háɪər]	動 を (一時的に) <u>雇う</u>；奥 を賃借りする **hire A as B** 「A を B として雇う」
155 **occupation** [à(:)kjupéɪʃən]	名 <u>職業</u> ▶ 公式的に用いられる堅い語。
156 **interview** アク [íntərvjùː]	名 <u>面接</u>；<u>インタビュー</u> **have an interview for ~** 「~の面接がある」 動 と面接をする；にインタビューする □ ínterviewer 名 面接官 □ interviewée 名 面接を受ける人
157 **secretary** 発 [sékrətèri]	名 <u>秘書</u>
158 **believe** [bɪlíːv]	動 (を) <u>信じる</u>，<u>信用する</u>；<u>だと思う</u> **believe (that) ...** 「…だと信じる [思う]」 ▶ It is believed (that) .... 「…だと信じられている」 ▶ believe in ~ 「~の存在を信じる」 □ belíef 名 信じること，信念，確信

54

165

| 0 | 300 | 600 | 900 | 1200 |

159
career
発 ア [kəríər]

名 職業；経歴

a career in ~ 「~の職業」
▶ 特定領域の, 生涯にわたるような職業のこと。
▶ a teaching career 「教職」
▶ build a [*one's*] career 「キャリアを築く」

160
kid
[kɪd]

名 子供；若者

like a kid 「子供のように」
▶ child よりもくだけた言い方。

動 (を) からかう, (に) 冗談を言う
▶ I was just *kidding*. 「ほんの冗談だったんだよ」

161
director
[dəréktər]

名 監督；管理者

□ diréct → 770

162
actor
[ǽktər]

名 俳優

▶ この意味で男女ともに使われる。特に女性を指す場合は actress「女優」。

163
reject
ア [rɪdʒékt]

動 を拒絶する (⇔accept → 65)

□ rejéction 名 拒絶

164
anyway
[éniwèi]

副 いずれにしても (≒ in any case [event])；(それは) ともかく；さて, では

▶ *Anyway*, I must leave now. 「では, おいとまします」

165
percent
[pərsént]

名 パーセント

X percent of ~ 「~の X パーセント」
▶ 単複同形。記号は %。
▶ 主語が X percent of ~ の場合, 動詞は原則として "~" の数に呼応させる。
Twenty *percent* of them are from Brazil. 「彼らのうちの20パーセントはブラジル出身だ」

形 ~パーセントの

副 ~パーセント (だけ)

□ percéntage 名 百分率

🔑 筆者は「愛」について，どのように考えているだろうか？

① Most people hope that they'll meet someone who really understands them. ② However, a healthy relationship should make daily life easier, not more difficult. ③ It is better to be alone than with someone who doesn't respect you. ④ Don't just fall in love with anyone. ⑤ Make sure you wait for the right person. ⑥ It's tempting to go out with the first person you meet because you're tired of waiting. ⑦ That kind of love is not likely to last.

⑧ When I met my wife, I didn't know if I was ready to get married. ⑨ I was so foolish; I tried to break up with her. ⑩ Back then it was hard for me to understand that she was the right person for me. ⑪ After 21 years of marriage, things are still going very well between us. ⑫ We have a pretty good marriage. ⑬ I only wish we had more money. ⑭ When we argue, she's usually right, unless we argue about English.

語法・構文・表現

② make ~ easier, not more difficult 「~をより困難にではなく，より楽にする」

③ it is better to be ~ than ... 「~である方が…よりもよい」

④ Don't just ... 「ただ［簡単に，よく考えずに］…してはいけない」
　 fall in love with ~ 「~と恋に落ちる」

⑤ make sure (that) ... 「確実に［必ず］…するようにする」

⑥ it's tempting to *do* 「…してみたくなるものだ」

📁 日常生活［婚姻・交友・人間関係］

① ほとんどの人は，自分を本当に<u>理解して</u>くれる<u>誰か</u>に出会いたいと思っている。② <u>しかし</u>，健全な関係は<u>日常</u>生活をより楽にするものであり，より困難にするものではない。③ 自分に敬意を払わない人と一緒にいるよりも，<u>一人</u>でいる方がいい。④ <u>誰とでも</u> すぐに恋に落ちてはいけない。⑤ <u>ちゃんとした人</u>を待つようにしなさい。⑥ 待ち<u>くたびれて</u>，最初に出会う人と付き合ってみたくなるものだ。⑦ そのような愛は長続き<u>しそう</u>にない。

⑧ 私が妻に出会ったとき，自分が結婚する<u>準備ができて</u>いるかどうか分からなかった。⑨ 私はとても<u>愚かで</u>，彼女と別れようとした。⑩ 当時は彼女が私にふさわしい人だとは理解できなかったのだ。⑪ 結婚して21年たった今でも，2人の関係はとても上手くいっている。⑫ とてもよい結婚生活を送っている。⑬ <u>ただ</u>，もっとお金があればいいのにとは思うが，⑭ 私たちが口論するときは，<u>たいてい</u>彼女の方が正しい。英語について口論する<u>場合を除けば</u>だが。

⑦ **last**「続く，存続する」

⑧ **I didn't know if ...**「…かどうか分からなかった」

⑨ **break up with ～**「～と破局する」

⑩ **back then**「当時は，そのときは」

⑬ **I wish**〈that〉**...**「…であればいいのに」　▶that 節内には仮定法が続く。

⑭ **argue**「口論［議論］する」

12 Finding the Right Person

単語の意味を確認しよう。

166

someone
[sʌ́mwʌ̀n]

代 誰か，ある人（≒somebody）

someone like ~ 「誰か~のような人」
▶ 疑問文での使用は，相手の肯定的な反応を期待。
Will *someone* please decide?「誰か決めてもらえませんか」
（ほぼ依頼に近いニュアンス）

167

understand
⑦ [ʌ̀ndərstǽnd]

動 (を) 理解する，(が) わかる

understand what ... 「…する [である] ことがわかる」
▶ make *oneself* understood「自分の考えが相手に伝わる」
▶ 活用：understand - understood [ʌ̀ndərstʊ́d] - understood
□ understánding 图 理解，知識

168

however
⑦ [hauévər]

副 しかしながら；どんなに…でも

169

daily
[déili]

形 毎日の，日々の

(*one's*) daily life 「日常生活」

副 毎日，日ごとに

170

alone
[əlóun]

形 ただ1人で；自分 (たち) だけで；~だけで；
孤独で

be alone 「1人でいる」
▶ 「自分 (たち) の他には誰も一緒にいない」という状況。その結果生じる「寂しい」気持ちは，ふつう lonely (→327) を使う。
▶ Leave me *alone*.「放っておいてくれ；1人にしてくれ」

副 1人で
▶ live alone 「1人で暮らす」

171

just
[dʒʌst]

副 たった今，ちょうど (~したばかり)；ちょ
うど；単に

▶ 現在完了形のほか，過去形でも用いられる。
▶ just now 「たった今」(過去形または現在形で)

172

anyone
[éniwʌ̀n]

代 〔疑問文で〕誰か；〔否定文で〕誰も (~ない)；〔肯
定文で〕誰でも（≒anybody）

▶ *Anyone* is welcome. 「どなたでも大歓迎です」(肯定文)

| 0 | 300 | 600 | 900 | 1200 |

---

173 **right** [raɪt]	形 ①右の；正しい，適切な on the right side 「右側に」 ②(判断・行動などについて) 正しい；正確な *be* right about ~ 「~について正しい」 副 すぐに；ちょうど；右に　名 権利；右
174 **tired** [táɪərd]	形 飽きて，うんざりして；疲れて *be* tired of ~ 「~に飽きて [うんざりして] いる」 ▶ *be* tired from ~ 「~で疲れている」 ▶ get tired 「疲れる」 □ tíre 動 をうんざりさせる；を疲れさせる
175 **likely** [láɪkli]	形 ありそうな (⇔unlikely 「ありそうもない」) *be* likely to *do* 「…しそうである」 ▶ It is likely (that) .... 「…である可能性が高い」
176 **ready** 発 [rédi]	形 準備 [用意] のできた *be* ready to *do* 「…する準備ができている；進んで…する」 ▶ You're always *ready* to help me. 「あなたはいつも進んで私を手助けしてくれる」 ▶ *be* ready for ~ 「~の用意ができている」
177 **foolish** [fú:lɪʃ]	形 愚かな，ばかげた It is foolish (of ~) to *do*. 「…するとは (~は) 愚かだ」 □ fóol 名 愚か者 動 をだます
178 **only** 発 [óunli]	副 だけ，しか (~ない)；たった，ほんの (~にすぎない) ▶ Staff Only 「職員専用」(掲示など) 形 [the [*one's*] ~] 唯一の
179 **usually** [jú:ʒuəli]	副 たいてい，ふつうは ▶ 位置は通例，一般動詞の前，be 動詞や助動詞の後だが，文頭や文末でもよい。
180 **unless** ア [ənlés]	接 …でない限り，もし…でなければ ▶ unless 節内は，未来の内容でも現在形で示すことに注意。

(13) Education

アメリカにおける教育について，筆者が懸念していることとは？

① Many Americans want their children to receive a good education. ② We want our children to have a wide range of knowledge. ③ We also want children to discover where they have talent. ④ We want kids to understand several important subjects. ⑤ One of these subjects is mathematics. ⑥ In Japan, math is taught very well in elementary school. ⑦ Japanese students can solve math problems at an earlier age than American students.

⑧ Each school in the U.S. uses different textbooks. ⑨ In southern states, the subject of biology is taught differently. ⑩ Students can graduate without understanding theory of evolution. ⑪ Some of their teachers believe in religion rather than in science. ⑫ It is hard for some to see the logic in that type of education.

⑬ Most people agree that students should master reading and writing at least. ⑭ However, if students do not understand basic science, they will not be prepared to enter a university. ⑮ Even if a student does not want to go to college, they should still be able to read a newspaper.

◎ 語法・構文・表現

② **a wide range of ~**「幅広い~」

③ **discover where they have talent**「自分の才能がどこにあるかを発見する」

⑦ **at an earlier age than ~**「~よりも早い年齢で」

⑩ **theory of evolution**「進化論」

⑪ **believe in ~**「~（の正当性）を信じる，~を正しいと思う」

📁 文化 [教育・学校・学問]

① 多くのアメリカ人は，自分の子供たちによい<u>教育</u>を受けさせたいと思っている。② 私たちは，自分の子供たちに幅広い<u>知識</u>を持ってほしい。③ また，子供たちにも自分の<u>才能</u>がどこにあるのかを見つけてほしいと思っている。④ 子供たちにいくつかの重要な<u>科目</u>を理解してほしい。⑤ これらの科目の１つが<u>数学</u>である。⑥ 日本では，数学は<u>小学</u>校でとても上手く教えられる。⑦ 日本の生徒はアメリカの生徒よりも早い年齢で，数学の問題を<u>解く</u>ことができる。

⑧ アメリカでは学校によって<u>教科書</u>が異なる。⑨ 南部の州では，<u>生物</u>の科目は異なった方法で教えられている。⑩ 生徒は進化論を理解せずに<u>卒業する</u>ことができるのだ。⑪ 教員の中には，科学よりもむしろ宗教の方が正しいと信じている人もいる。⑫ その種の教育では，<u>論理</u>を理解するのが難しい教員もいる。

⑬ ほとんどの人は，生徒は少なくとも読み書きを<u>習得す</u>べきだということで意見が一致している。⑭ しかし，基礎科学を理解していなければ，<u>大学</u>に入る準備はできない。⑮ たとえ<u>大学</u>に行きたくなくても，<u>新聞</u>ぐらいは読めるようにしておくべきだ。

～ rather than ...「…よりもむしろ～」

⑬ **at least**「少なくとも，最低でも」

⑭ *be* **prepared to** *do*「…する準備ができている」

⑮ **even if ...**「たとえ…であっても」
　should still be able to *do*「それでも…できるようにすべきだ」

⓫ Education

181

education
[èdʒəkéɪʃən]

名 教育
get [receive] an education 「教育を受ける」
▶ moral education 「道徳 (教育)」
□ éducate 動 を教育する

182

knowledge
(発)(アク) [ná(:)lɪdʒ]

名 知識
have some [a good] knowledge of ~ 「~の知識がいくらか [たくさん] ある」
□ know → 242

183

talent
(アク) [tǽlənt]

名 才能；才能のある人々
have a talent for ~ 「~の才能がある」
▶ show a talent for ~ 「~の才能を発揮する」
▶ 日本語の「(テレビ) タレント」は a TV performer [personality / star] など。
□ tálented 形 (生まれつき) 才能のある

184

subject
[sʌ́bdʒekt]

名 科目；主題, 話題；主語
one's favorite subject 「一番好きな科目」

185

mathematics
(発) [mæ̀θəmǽtɪks]

名 数学 (=math)；計算
▶ calculátion 名 計算

186

elementary
[èlɪméntəri]

形 初等の；初歩の
elementary school 「小学校」
▶ elementary education 「初等教育」

187

solve
[sɑ(:)lv]

動 を解く, 解答する；を解決する
solve the problem 「問題を解く [解決する]」
▶ solve a puzzle 「パズルを解く」
□ solútion 名 解答, 解くこと；解決策

188

textbook
[tékstbʊ̀k]

名 教科書 (=text → 723)

☐☐☐ **189** **biology** ⑦ [baɪá(:)lədʒi]	名 <u>生物学</u> ☐ biológical 形 生物学 (上) の
☐☐☐ **190** **graduate** [grǽdʒuèɪt]	動 <u>卒業する</u> graduate from ~ 「~ (学校) を卒業する」 ☐ graduátion 名 卒業
☐☐☐ **191** **logic** [lá(:)dʒɪk]	名 <u>論理；論法；論理学</u> (the) logic behind [of] ~ 「~にある論理」 ☐ lógical 形 論理的な
☐☐☐ **192** **master** [mǽstər]	動 <u>を習得する</u> 名 達人；修士 形 最重要な；元になる ▶ a master key 「マスターキー」
☐☐☐ **193** **university** ⑦ [jùːnɪvə́ːrsəti]	名 <u>(総合) 大学</u> at (the) university 「大学で，大学に在学して」
☐☐☐ **194** **college** [ká(:)lɪdʒ]	名 <u>(単科) 大学；専門学校</u> in [at] college 「大学で，大学に在学して」
☐☐☐ **195** **newspaper** [njúːzpèɪpər]	名 <u>新聞</u> (＝paper →82) read [see] ~ in the newspaper 「~を新聞で読む [見る]」 ▶ a national [local] newspaper 「全国 [地方] 紙」

① My wife and I love to cook together, whether we are making a **quick** meal or something bigger. ② Sometimes I cook and she washes the **dirty** dishes. ③ We write **each other notes** with ideas for meals. ④ She likes the **contrast** of sweet and sour foods. ⑤ We both like **raw** fish, like *sushi* and *sashimi*. ⑥ In New York, *sushi* costs **double** what it costs in Japan. ⑦ Sometimes we talk while we cook, and other times we are **silent** while we work. ⑧ I love ingredients that are **rich** in flavor, like sour plums or anchovies. ⑨ We both agree that *shabu shabu* is a **perfect** meal. ⑩ She fills the pot **full** of vegetables, while I add meat. ⑪ Neither of us like **weak** coffee or tea, and we both agree that putting corn on pizza is an **awful** idea.

⑫ Years ago, we watched chefs **battle** each other on a TV show called *Iron Chef*. ⑬ Each episode was a **contest** between cooks. ⑭ We tried to **copy** their meals, but without recipes we could only make a **rough** guess.

◎ 語法・構文・表現 ◇◇

① **whether ～ or ...**「～であっても…であっても」
　something bigger「もっと本格的な［手の込んだ］もの（＝料理）」

③ **write each other ～**「お互いに～を書き合う」

⑥ **cost double what it costs in Japan**「日本の2倍の値段がする」

⑦ **sometimes ～, and other times ...**「～こともあれば…こともある」
　while we work「私たちが料理をしている間」

2人で料理

英文レベル ☆ **173 words**

📁 日常生活［料理・食事］

① 妻と私は一緒に料理をするのが大好きだ。手っ取り早い料理でも，もっと手の込んだ料理でもだ。② 私が料理をして，彼女が汚れた皿を洗うこともある。③ 私たちはお互いに，料理のアイデアをメモに書き合っている。④ 妻は甘味と酸味の対比が好きだ。⑤ 私たちはどちらも寿司や刺身のような生魚が好きだ。⑥ ニューヨークでは，寿司は日本の2倍の値段がする。⑦ 私たちは料理をしながら話すこともあれば，黙って料理をすることもある。⑧ 私は，梅干しやアンチョビのような風味豊かな食材が大好きだ。⑨ 私たちは，しゃぶしゃぶは完璧な食事だということで意見は同じだ。⑩ 彼女は鍋いっぱいに野菜を入れ，私はそこに肉を入れる。⑪ 私たちはどちらも薄いコーヒーや紅茶が好きではなく，また，ピザにコーンを乗せるのはひどい考えだと思っている。

⑫ 何年も前，私たちは「料理の鉄人」というテレビ番組で，料理人たちが互いに競い合うのを見た。⑬ 各回のエピソードは料理人同士の対決だった。⑭ 私たちは料理人たちの料理を真似しようとしたが，レシピなしでは大まかな推測しかできなかった。

---

⑧ **ingredient**「食材」
⑩ **fill the pot full of ～**「鍋を～でいっぱいに満たす」
⑪ **neither of us ...**「私たちのどちらも…ない」
⑭ **copy**「～を真似る」
  make a rough guess「大まかに推測する」

14 Cooking Together

📖 単語の意味を確認しよう。

196 **quick** ⦿ [kwík]	形 <u>短時間の</u>；素早い；即時の ▶ a quick answer [decision]「即答 [即決]」 □ **quíckly** 副 急いで；すぐに
197 **dirty** [dɔ́:rti]	形 <u>汚れた</u> (⇔clean「きれいな」)；不正な **get dirty**「汚れる」 ▶ a dirty player「汚い手を使う選手」 □ **dirt** 名 汚れ；泥
198 **note** [noʊt]	名 <u>メモ</u>，覚書；短信；注釈 **leave a note (for 〜)**「(〜に) メモを残す」 ▶ make a note (of 〜)「(〜を) メモする」 動 に注意を払う
199 **contrast** ⑦ [ká(:)ntræst]	名 <u>対比</u>，差異；(画像・明暗などの) コントラスト **a contrast between A (and B)**「A (と B と) の間の 相違 [対比]」 ▶ by [in] contrast「対照的に」 ▶ in contrast to [with] 〜「〜とは対照的に」 動 [kəntræst] 対照をなす；を対比させる
200 **raw** ⦿ [rɔ:]	形 <u>生の</u>；加工 [処理] されていない **raw egg [fish]**「生卵 [魚]」 ▶ eat 〜 raw「〜を生 (の状態) で食べる」
201 **double** ⦿ [dʌ́bl]	形 <u>2倍の</u>；二重の；二人用の **double the price [number]**「2倍の金額 [数]」 ▶〈double + the [one's] +名詞〉の語順。 動 を2倍にする；2倍になる 副 2倍に 名 2倍；ダブルルーム
202 **silent** [sáilənt]	形 <u>無言の</u>；静かな **keep silent**「黙っている」 □ **sílence** 名 沈黙；静けさ
203 **rich** [rítʃ]	形 <u>豊富な</u>；金持ちの **be rich in 〜**「〜が豊富である」 ▶ get rich「金持ちになる」

| 0 | 300 | 600 | 900 | 1200 |

204

perfect
⑦ [pə́:rfɪkt]

形 完全な，完璧な；最適の，うってつけの
► perfect timing「完璧なタイミング」
► a perfect day for a picnic「ピクニックにうってつけの日」

205

full
[fʊl]

形 いっぱいの（⇔empty →471）；満腹の
be full of ~「〜でいっぱいだ；〜だらけだ」
► I'm *full*.「おなかがいっぱいだ」
□ fúlly 副 十分に

206

weak
[wi:k]

形 弱い，弱った；不得手な；(味の) 薄い
feel weak「だるさを感じる，脱力感がある」
► *one's* weak point「弱点」
► weak coffee「薄いコーヒー」
□ wéaken 動 を弱める
□ wéakness 名 弱さ

207

awful
発 [ɔ́:fəl]

形 ひどい；すさまじい
taste [smell] awful「ひどい味 [におい] がする」
► look awful「顔色 [格好] がひどい」
► feel awful「気分 [具合] が悪い」
► awful weather「ひどい [すさまじい] 天気」

208

battle
[bǽtl]

名 戦闘；闘争
in battle「戦闘で」
動 戦う
► battle against [with] ~「〜と戦う」

209

contest
⑦ [ká(:)ntest]

名 競技 (会)，コンテスト
win [enter] a contest「コンテストで優勝する」
動 [kəntést] を (得ようと) 争う，競う

210

rough
発 [rʌf]

形 大まかな；粗い；乱暴な
a rough guide [idea]「目安 [大まかな考え]」
► a rough road「でこぼこ道」
副 荒っぽく
► play rough「荒っぽいプレーをする」
名 下描き (≒a rough sketch)
□ róughly 副 おおよそ；手荒に

---

15 Finding Something You Love

① Everyone should have a hobby. ② A hobby provides more than amusement. ③ It can also be a way to enjoy culture. ④ Some people like to play a musical instrument. ⑤ My wife and I enjoy making short films. ⑥ An interesting man I know travels long distances to listen to classical music. ⑦ He makes a list of all the concerts he wants to go to. ⑧ Sometimes he will hear three concerts in a row! ⑨ He concentrates when he listens and enjoys the music very much. ⑩ One feature of the music he enjoys is innovation. ⑪ Each of us should bring that much passion to our hobbies. ⑫ You don't have to like classical music, though. ⑬ The main point is to find something you love. ⑭ It should be something that never makes you feel bored. ⑮ Maybe you would be satisfied with reading? ⑯ Just don't be scared to try new things.

● 語法・構文・表現

② **provide** more than ～「～以上のものを提供する」

③ **a way to enjoy** ～「～を楽しむ1つの方法」

⑥ **an interesting man I know**「私が知っているある興味深い人」▶man の後に関係代名詞 that が省略。
travel long distances to *do*「…するために長い距離を旅する」

⑦ **make a list of all** ～「すべての～のリストを作る」

⑧ **three concerts in a row**「3つのコンサートを続けて」

大好きなものを見つけること

英文レベル ☆ **144 words**

📁 日常生活［趣味・娯楽］

① 誰もが<u>趣味</u>を持つべきだ。② 趣味は<u>娯楽</u>以上のものをもたらしてくれる。③ それは<u>文化</u>を楽しむ方法でもある。④ <u>楽器</u>を演奏するのが好きな人もいる。⑤ 妻と私は，短編<u>映画</u>を作るのが好きだ。⑥ 私の知り合いのある面白い人は，クラシック音楽を聴くために<u>長距離</u>を旅している。⑦ 彼は行きたいすべてのコンサートの<u>リスト</u>を作る。⑧ 時には，<u>連続</u>して３つのコンサートを聞くそうだ！ ⑨ 彼は<u>集中</u>して音楽を聴き，それをとても楽しんでいる。⑩ 彼が楽しむ音楽の<u>特徴</u>の１つは，革新性だ。⑪ 私たち<u>一人一人</u>が，趣味にそれだけの情熱を持つべきだ。⑫ 別にクラシック音楽を好きになる必要はない。⑬ <u>大切な</u>のは，好きなものを見つけることだ。⑭ それは，決して<u>退屈する</u>ことのない何かであるべきだ。⑮ もしかしたら，<u>読書</u>に<u>満足する</u>かもしれない。⑯ とにかく，何か新しいことを試すのを<u>恐れ</u>ないことだ。

---

⑩ **innovation**「革新（性），新しさ」

⑪ **bring that much passion to ～**「それと同じくらいの情熱を～に傾ける」▶that はここでは「それほど（まで）に」の意味の副詞。

⑫ **the main point is to** *do*「重要な点は…することだ」

⑭ **something that never makes you feel ～**「決してあなたに～と感じさせないもの」

⑯ **Just don't ...**「ただ［とにかく］…してはいけない」

⓯ Finding Something You Love

---

211 **hobby** [há(ː)bi]	名 <u>趣味</u> **among** *one's* **hobbies** 「〜の趣味で」
212 **amusement** [əmjúːzmənt]	名 <u>楽しみ；おもしろさ</u>；〔〜s〕<u>娯楽</u> **for** (*one's*) **amusement** 「楽しみとして」 ▶ with amusement 「おもしろがって，おもしろくて」 ▶ an amusement park 「遊園地」
213 **culture** [kʌ́ltʃər]	名 <u>文化，文化活動</u> **popular** [**pop**] **culture** 「大衆文化，ポップカルチャー」 □ cúltural 形 文化の，文化的な
214 **instrument** ⑦ [ínstrəmənt]	名 <u>楽器</u>；器具 **play a musical instrument** 「楽器を演奏する」
215 **film** [fílm]	名 英 映画 (=米 movie)；フィルム **see** [**watch**] **a film** 「映画を見る」 ▶ go to (see) a film 「映画を見に行く」 動 を撮影する
216 **distance** [dístəns]	名 <u>距離</u>；〔単数形で〕遠距離 **a long** [**short**] **distance** 「長い [短い] 距離」 ▶ in the distance 「遠くに [で]」 □ dístant 形 遠い
217 **list** [líst]	名 <u>リスト，一覧（表）</u> **on the list** 「リスト（の中）に」 ▶ (make) a list of 〜 「〜のリスト（を作る）」 動 をリスト [一覧表] にする
218 **row** [róu]	名 <u>列，並び</u>；(劇場などの) 座席の列 **in a row** 「一列に；連続して」 ▶ 通例，横方向の並びを指す。縦方向は通例 line。 ▶ three days in a row 「3日連続で」 ▶ in the front [third] row 「最前列 [3列目] に」 動 (ボートなど) をこぐ

225

0	300	600	900	1200

219

concentrate
㋐ [ká(:)nsəntrèit]

動 集中する，専念する；(注意など) を集中させる

concentrate on ～ 「～に集中する，専念する」
▶ concentrate *one's* efforts [energy] on ～「努力 [精力] を～に集中させる [注ぐ]」
□ concentrátion 图 集中力；専念，集中

220

feature
㋐ [fí:tʃər]

名 (際立った) 特徴；〔～s〕顔立ち，目鼻立ち

a key [special] feature (of ～) 「(～の) 重要な [特別な] 特徴」
▶ (*one's*) handsome features 「ハンサムな顔立ち」
動 を呼び物にする，取り上げる

221

each
[i:tʃ]

代 それぞれ

each of ～ 「～のそれぞれ」
▶ "～" は代名詞や the，these，my などがついた複数形の名詞。この表現が主語のとき，動詞は単数で通例受ける。
形 それぞれの　副 それぞれに

222

main
[mein]

形 主な，主要な

the main point 「重要な点，要点」
▶ the main idea 「主題，本旨」
□ máinly 副 主に；大部分は

223

bored
[bɔːrd]

形 退屈して，うんざりして

get bored with [of] ～ 「～に退屈 [うんざり] する」
□ bóring 形 退屈な，うんざりするような
□ bore 動 を退屈 [うんざり] させる 名 退屈な人

224

satisfied
[sǽtɪsfàɪd]

形 満足して

be satisfied with ～ 「～に満足している」
□ sátisfying 形 満足のいく，十分な
□ sátisfy 動 を満足させる

225

scared
[skeərd]

形 怖がって

be scared of ～ 「～が怖い」
▶ *be* scared to *do* 「怖くて…できない」
□ scare 動 を怖がらせる 名 恐怖；不安
□ scáry 形 恐ろしい，怖い

Sneaker Business in High School

📍 父親に何か頼み事をする息子。その顛末は？

① "Dad, can you do me a favor?" asked my son. ② He wanted me to buy him shoes online because he could not connect to the Internet at school. ③ He has observed his friends buying and then reselling shoes for lots of money. ④ Following sneaker trends can make you rich. ⑤ Some kids make thousands of dollars by selling the latest model of shoes. ⑥ Why anyone would pay that much for sneakers is a mystery to me. ⑦ You could feed a lot of hungry people with that money instead! ⑧ On the other hand, I understand that the right shoes help someone have the right image. ⑨ Cool shoes can make you feel like you're in a movie scene. ⑩ Sometimes my son wears shoes for a few days and then sells them. ⑪ His school schedule makes it hard for him to buy shoes. ⑫ I tried to take the action of buying the shoes for him, but I didn't have the courage to spend $400 on shoes. ⑬ It seemed like a waste of money. ⑭ He was angry with me when I told him to find another partner.

◎ 語法・構文・表現 〜〜〜〜〜〜〜〜〜〜〜〜〜〜〜〜〜〜〜〜〜〜〜〜〜〜〜〜

② **buy ～ online**「～をネットで買う」

③ **observe ～ doing**「～が…するのを目撃する」
  resell「～を転売する」

⑤ **the latest ～**「最新の～」

⑥ **why anyone would ... is a mystery to ～**「…する人がいるというのは～には不思議だ」（＝it is a mystery to ～ why anyone would ...）
  pay that much for ～「～にそれほど多くのお金を払う」▶that はここでは「それ

📁 社会 [経済・金融]

①「お父さん，お願いがあるんだけど」と，息子が私に聞いてきた。② 学校ではインターネットに接続できないので，ネットで靴を買ってほしいと言うのだ。③ 彼は友人たちが靴を買っては高値で売るのを見てきていた。④ スニーカーのトレンドを追うことでお金持ちになれる。⑤ 最新モデルの靴を売って何千ドルも稼ぐ子供もいる。⑥ なぜスニーカーにそんなにお金をかけるのか，私には不思議だ。⑦ そのお金で代わりに多くの空腹の人に食糧を提供することができるのに！⑧ 一方で，ちゃんとした靴はそれを履く人にちゃんとしたイメージを持たせてくれることも理解している。⑨ かっこいい靴は映画のシーンにいるような気分にさせてくれる。⑩ 息子は靴を数日間履いただけで売ってしまうことがある。⑪ 学校のスケジュールのせいで，靴を買うのが難しい。⑫ 私は彼のために靴を買うという行動を取ろうとしたが，靴に 400 ドルもかける勇気がなかった。⑬ お金の無駄遣いのように思えたのだ。⑭ 誰か他の相手を見つけるように言ったら，彼は私に腹を立てた。

ほど (まで) に」の意味。

⑦ instead「その代わりに」

⑧ on the other hand「その一方で」

⑨ make you feel like ...「…ように感じさせる」

⑪ make it hard for ~ to do「~が…するのを難しくする」

⑭ be angry with ~「~に怒っている」

📙 単語の意味を確認しよう。

226 **favor** [féɪvər]	名 親切な行為，<u>手助け</u>；支持 ***do*** ~ **a favor** 「~ (人) に手助けをしてあげる」 ▶ ask ~ a favor / ask a favor of ~「~(人)にお願いをする」 May I ask you a *favor*?「お願いがあるのですが」 ▶ in favor of ~「~に賛成して」 動 を支持する □ fávorable 形 好意的な □ fávorite 形 お気に入りの
227 **connect** [kənékt]	動 <u>をつなぐ</u>；つながる；を関連づける **connect** (*A*) **to** *B* 「(ネットワークなどで)(*A* を) *B* と 接続する」 ▶ connect him with the crime「彼をその犯罪と関連づける」 □ connéction 名 接続；関連
228 **observe** [əbzə́ːrv]	動 <u>を観察する</u>；に気づく ▶ watch よりも堅く，watch ~ carefully の意味合い。 □ observátion 名 観察 □ obsérver 名 観察者；傍聴人
229 **trend** [trend]	名 <u>流行</u>；傾向，動向 **a trend in** ~ 「~の流行」 ▶ economic trends「経済動向」 □ tréndy 形 最新流行の
230 **model** [má(ː)dəl]	名 <u>型</u>；モデル；模型；模範 **the latest model** 「最新型 [デザイン]」 ▶ a role model (for ~)「(~にとって) お手本となる人」
231 **mystery** [místəri]	名 <u>謎，未知のこと</u>；神秘；推理小説 **(a) mystery about** ~ 「~に関する謎」 □ mystérious 形 不可解な；神秘的な
232 **feed** [fiːd]	動 <u>に食べ物 [えさ・肥料] を与える</u> ▶ 活用：feed - fed [fed] - fed 名 えさ，肥料 ▶ food 名 食べ物

| 0 | 300 | 600 | 900 | 1200 |

233
image
発 アク [ímɪdʒ]

名 イメージ，印象；像，画像
change *one's* image 「イメージを変える」
□ imágine → 255

234
scene
発 [si:n]

名 場面；現場；光景
▶ the scene of the accident 「事故現場」
□ scénery 名 風景，景観

235
wear
発 [weər]

動 を着ている，身につけている；をすり減らす
▶ wear glasses 「メガネをかけている」
▶ wear black 「黒（の服）を着ている」
▶「〜を着る」の動作は put on 〜。
▶ 活用：wear - wore [wɔːr] - worn [wɔːrn]

名 衣服，〜着
▶ casual wear 「普段着」

236
schedule
発 アク [skédʒuːl]

名 予定（表）；時刻表，時間割
have a busy schedule 「予定がぎっしり詰まっている」
▶ on schedule 「予定通りに」
▶ behind schedule 「予定より遅れて」

動 を予定する

237
action
[ǽkʃən]

名 行動；行為
take action (to *do*) 「（…する）行動を起こす」
▶ put 〜 into action 「〜を行動に移す」

238
courage
発 アク [kə́ːrɪdʒ]

名 勇気
have the courage to *do* 「…する勇気がある」
□ courágeous 形 勇気のある

239
waste
発 [weɪst]

名 無駄，浪費；ごみ，廃棄物
a waste of 〜 「〜の無駄」

動 を浪費する
▶ waste A on B 「A（時間・お金など）を B に浪費する」

240
partner
[páːrtnər]

名 パートナー；仲間；配偶者，同棲者
▶ pártnership 名 提携，協力

---

⑰ Animals in the City

ニューヨークや東京のような都会にはどんな動物が住んでいるのだろうか？

① Most people don't even notice how many animals live in their city. ② Everyone knows about rats and pigeons. ③ In New York City, subway riders often complain about rats. ④ One rat became famous when it picked up a slice of pizza that was lying on the stairs. ⑤ Now everyone calls that rat "Pizza Rat." ⑥ If we keep our subways cleaner, the rats might go away. ⑦ Rats make people nervous. ⑧ New Yorkers envy the clean subways of Tokyo. ⑨ We don't understand why we can't also have clean subways. ⑩ Nowadays, the rats exist to feed the falcons that live in our parks. ⑪ I have seen falcons eat pigeons as well. ⑫ I heard that in Tokyo, people discuss what to do about stray cats. ⑬ Most people agree that the cats should not be harmed. ⑭ With either rats or cats, there doesn't seem to be an easy solution. ⑮ I wonder what kinds of animals we can expect to see in cities of the future. ⑯ I like to imagine we will see foxes in Central Park someday.

語法・構文・表現

① **don't even** *do* 「…することさえしない」

③ **subway riders** 「地下鉄の乗客」

④ **pick up** ~ 「~を拾い上げる」

⑨ **why we can't also** *do* 「どうして私たちも同じように…できないのか」

⑩ **to feed the falcons** 「ハヤブサにエサをやるために」（ここでは「ネズミ自身がハヤブサのエサとなるために」ということ）

⑪ **see** ~ *do* 「~が…するのを見る」

📁 自然 [動物・植物]

　①ほとんどの人は，自分の街にどれくらいの数の動物が住んでいるのか気付くこともない。②ネズミやハトについては誰でも知っている。③ニューヨーク市では，地下鉄の乗客がよくネズミのことで苦情を言う。④1匹のネズミが，階段に落ちていたピザを拾って有名になった。⑤今では，みんながそのネズミを「ピザネズミ」と呼んでいる。⑥地下鉄をきれいにしておけば，ネズミはどこかへ行ってしまうかもしれない。⑦ネズミは人を不安にさせる。⑧ニューヨークの人たちは東京のきれいな地下鉄をうらやましがる。⑨なぜ自分たちも地下鉄をきれいにできないのか分からない。⑩今日では，ネズミは公園に住んでいるハヤブサのエサとなるために存在している。⑪私はハヤブサがハトを食べるのも見たことがある。⑫東京では野良猫をどうするか議論されていると聞いたことがある。⑬猫に危害を加えてはいけないという点では，ほとんどの人が同意している。⑭ネズミでも猫でも，簡単な解決策はないようだ。⑮未来の都市ではどんな動物が見られると予想できるだろうか。⑯いつの日か，セントラルパークでキツネに会えるのを想像してみるのも楽しい。

　... as well「…もまた」

⑫ **discuss what to do about 〜**「〜をどうするかについて議論する」
　stray cat「野良猫，捨て猫」

⑬ **should not be harmed**「危害を加えられるべきではない」

⑭ **with either 〜 or ...**「〜にしても…にしても」▶with は「〜に関しては」の意味。
　there doesn't seem to be 〜「〜はないように思われる」

⑮ **I wonder what ...**「何を…だろうかと思う」

■ 単語の意味を確認しよう。

241 **notice** [nóutəs]	動 (に) **気づく** notice (that) ... 「…だと気づく」 名 通知；注目
242 **know** 発 [nou]	動 (を) **知っている**；(を) わかっている know (a lot [much]) about ~ 「~について (多くを) 知っている」 ▶ *be* known for ~ 「~のことで有名だ」 ▶ 活用：know - knew [nju:] - known [noun]
243 **complain** アク [kəmpléɪn]	動 (だと) **不平 [苦情] を言う** complain (to A) about [of] B 「(A (人) に) B の不満 [不平] を言う」 ▶ complain (to ~) (that) ... 「…であると (~に) 不平を言う」 □ compláint 名 不平, 苦情
244 **lie** [laɪ]	動 **横たわる**；(横にして) **置いてある**；(場所に) **ある, 位置する** lie on ~ 「~に横たわっている」 ▶ lie down 「横になる」 ▶ 活用：lie - lay [leɪ] - lain [leɪn] 名 うそ 動 うそをつく ▶ 活用：lie - lied [laɪd] - lied
245 **call** [kɔ:l]	動 **と呼ぶ**；(大声で) (を) **呼ぶ**；(に) **電話する** call O C 「O を C と呼ぶ」 ▶ call on [at] ~ 「~ (人 [場所]) をちょっと訪れる」 名 電話をかけること；叫び声；短い訪問
246 **keep** [ki:p]	動 **を保つ, のままである**；**をとっておく**；を飼う keep O C 「O を C (の状態) にしておく」 ▶ keep ~ waiting 「~を待たせたままにする」 ▶ keep (on) *doing* 「…し続ける」 ▶ 活用：keep - kept [kept] - kept
247 **make** [meɪk]	動 **を (ある状態) にする**；を作る；に…させる make O C 「O を C (の状態) にする」 ▶ make ~ *do* 「~ (人) に (~の意志とは無関係に) …させる」 ▶ 活用：make - made [meɪd] - made

248 **envy** [énvi]	**動** をうらやむ envy O₁ O₂「O₁(人) の O₂ をうらやむ」 **名** ねたみ，うらやましさ
249 **nowadays** [náuədèız]	**副** 近頃，最近では (≒these days) ▶ 通例現在時制で用い，過去の状況とは異なる内容を表す。
250 **exist** 発 [ɪgzíst]	**動** 存在する □ exístence **名** 存在
251 **discuss** [dɪskʌ́s]	**動** について議論する；(記事などが) について論じる discuss A with B「A について B (人) と議論する」 □ discússion **名** 議論，話し合い
252 **agree** ア [əgríː]	**動** 意見が一致する；(に) 同意する agree with A (on B)「A (人・考えなど) と (B (事) について) 意見が同じだ」 ▶ agree to do「…することに同意する」 ▶ agree that ...「…という点で意見が一致する」 □ agréement **名** 意見の一致，同意；協定
253 **seem** [siːm]	**動** のように思える seem to be 〜「〜であるようだ」 ▶ seem to do「…するようだ」 ▶ seem like 〜「〜のようだ」("〜" は名詞)
254 **expect** [ɪkspékt]	**動** を予期 [予想] する；を期待する expect 〜 to do「〜が…するだろうと思う [期待する]」 ▶ expect to do「…すると予想する」 □ expectátion **名** 予期；期待
255 **imagine** 発 [ɪmǽdʒɪn]	**動** (を) 想像する imagine doing「…するのを想像する」 □ imaginátion **名** 想像 (力)

⓲ Thanksgiving Dinner

⚲ アメリカの祝日である感謝祭で，筆者夫婦はどんな料理を作ったのか？

① The American holiday of Thanksgiving is a great **occasion** for getting together with friends and family. ② I love to cook while my friends make themselves **comfortable** on the couch. ③ For my Japanese friends, Thanksgiving is a chance to enjoy **real** American culture. ④ The holiday is not **simply** about eating, **although** the meal is a big part of it. ⑤ This year, we ate **quite** a bit of food. ⑥ The meal was **exactly** what I had hoped it would be. ⑦ We had 14 guests, but I **probably** cooked enough for 20. ⑧ My wife was not sure **whether** to make pecan or pumpkin pies. ⑨ **Rather** than make one, she made four pies. ⑩ **Also**, she cooked vegan gravy for one of our guests. ⑪ I **gradually** ate a piece of every pie. ⑫ **Because** I ate so much, I had a stomachache. ⑬ **Therefore**, I could not sleep that night. ⑭ **Perhaps** next year, I will cook less food.

語法・構文・表現

① get together with ～「～と集まる」

② make *oneself* comfortable「くつろぐ，楽にする」

④ a big part of ～「～の大きな［重要な］部分」

⑥ what I had hoped it would be「私がそうであってほしいと思っていたもの」
▶ what は関係代名詞。it は the meal を指す。

⑦ enough for 20「20人分に十分な（料理）」

📁 日常生活 [料理・食事]

　①アメリカの感謝祭の祝日は，友達や家族が集まるのに絶好の機会だ。②私は，友達がソファでくつろいでいる間に料理をするのが好きだ。③私の日本人の友達にとって，感謝祭は本当のアメリカ文化を楽しむ機会だ。④この祝日は単に食事のことだけではない。もっとも，食事が大きな部分を占めているのだが。⑤今年，私たちはかなりたくさんの食べ物を食べた。⑥料理はまさに私が望んでいた通りのものだった。⑦私たちは 14 人のゲストを迎えたが，私はおそらく 20 人分は料理を作ったと思う。⑧妻はピーカンパイとパンプキンパイのどちらを作るか迷っていた。⑨結局，1 個作るよりむしろ 4 個のパイを作った。⑩また，ゲストの 1 人にビーガングレービーを作った。⑪私は少しずつ，それぞれのパイを 1 切れずつ食べた。⑫食べ過ぎたせいで，おなかが痛くなった。⑬そのため，その夜は眠れなかった。⑭来年はもしかしたら，作る料理を減らすかもしれない。

⑧ *be* not sure whether 〜 or ... 「〜か…かよく分からない [確信がない]」

⑩ vegan gravy 「ビーガン用のグレービーソース」（グレービーソースはふつう肉汁で作るが，ビーガン（動物由来の食品を摂らない人）用にアレンジして作ったソース）

⑪ a piece of every pie 「各種のパイを 1 切れずつ」

⑫ have a stomachache 「腹痛がする」

⑭ cook less food 「より少ない量の料理を作る」

⑱ Thanksgiving Dinner

📖 単語の意味を確認しよう。

256 **occasion** [əkéɪʒən]	名 (特定の) 時；機会；(特別の) 出来事 **on ~ occasion**「～の時に」 ► on occasion(s)「時々」
257 **comfortable** 発 ア [kʌ́mfərtəbl]	形 (物が) 快適な；(人が) 心地よく感じる **be** comfortable **to** *do*「…するのに快適だ」 □ cómfort 名 快適さ
258 **real** [ríːəl]	形 現実の，実在する；真の；本物の **the real world**「現実世界，実社会」 □ réally 副 本当に；とても □ reálity →474 □ réalize →712
259 **simply** [símpli]	副 単に；まったく，とても；簡単に **be** simply **a matter [question] of ~**「単に～の問題だ」 ► to put it simply / simply put「簡単に言えば」 □ símple →824
260 **although** ア [ɔːlðóʊ]	接 …だけれども，…にもかかわらず；(もっとも) …なのだが
261 **quite** 発 [kwaɪt]	副 かなり；まったく，すっかり **quite a [the / some] ~**「かなりの～」 ► quite an adventure「かなりの冒険 (旅行)」 ► quite a lot [bit / few]「かなり，だいぶ」 ► *be* quite different「まったく異なる」
262 **exactly** [ɪgzǽktli]	副 正確に，まさに；正確には；(返答) その通り **exactly what ...**「まさに…な物 [事]」 ► exactly a week ago「ちょうど1週間前に」 ► What [When] exactly ...?「正確には何を [いつ] …か」 ► not exactly「厳密には [必ずしも] …でない」〔部分否定〕 □ exáct 形 正確な，まさにその
263 **probably** [prá(ː)bəbli]	副 たぶん (…だろう) ► そうなる可能性が高いことを示唆。

82

270

264 **whether** [hwéðər]	接 …かどうか；…であろうとなかろうと decide [consider] whether ... (or not) 「…であるかどうかを決める [検討する]」 ▶ 名詞節の if ... (or not) とほぼ同意。ただし，whether or not ... の語順は可だが，if は直後に or not を続けない。また，前置詞の目的語や主語としては whether 節を使う。補語も通例 whether 節を使用。
265 **rather** ⑦ [rǽðər]	副 むしろ；いくぶん *A* rather than *B* 「*B* よりもむしろ *A*；*B* ではなくて *A*」 ▶ I prefer to play sports *rather* than *watch* [*watching*] them.「私はスポーツは見るよりもする方が好きだ」(to 不定詞句の場合，than の後はふつう to を付けないか動名詞) ▶ would rather *do*「むしろ…したい」
266 **also** [ɔ́ːlsou]	副 その上；～もまた ▶ not only *A* but (also) *B*「*A* だけでなく *B* も」
267 **gradually** [grǽdʒuəli]	副 徐々に，だんだんと (⇔suddenly「突然，急に」)； 少しずつ
268 **because** [bɪkʌ́ːz]	接 なぜなら，…なので This is because ....「これは…だからです，なぜかと言うと…」 ▶ probably [simply] because ...「たぶん [単に] …なので」 ▶ Because ....「なぜなら…」(Why ...?「なぜ…」への応答) ▶ because of ～「～のために，～が原因で」
269 **therefore** ⑦ [ðéərfɔ̀ːr]	副 したがって，それゆえ (≒as a result「結果として」)
270 **perhaps** [pərhǽps]	副 もしかしたら (…かもしれない) (≒maybe)； (控えめに提案して) もしよければ ▶ *Perhaps* you'd like to come with us.「よろしければ私たちと一緒にいらしたらいかがですか」

> 🔑 新年の決意を守り続けることは難しい。筆者の場合は…？

① A recent **survey** showed that most people never follow their New Year's resolutions. ② People have been failing to lose weight, save money, or make new friends for over a **century**. ③ <u>In fact</u>, at this very **moment**, I am failing to keep my resolutions. ④ My **aim** was to get fit, but I am eating chocolate right now. ⑤ I need to get thinner because my pants are too **tight**. ⑥ However, I am keeping a positive **attitude**. ⑦ Tomorrow I will tell my **circle** of friends that I am quitting sweets. ⑧ Today is my **final** day of eating poorly. ⑨ <u>From now on</u>, I will do the **opposite** of what I did today. ⑩ It's **true**, from now on I will eat better and work out every day. ⑪ I **promise** you and the world. ⑫ But what if I can't **stop**? ⑬ **Throughout** the day I crave something sweet. ⑭ Maybe I will stop eating all sweets, **except** chocolate. ⑮ What would my **ancestors** think if they saw how weak I am?

◎語法・構文・表現

① **follow [keep] New Year's resolutions**「新年の抱負［決意］を守る」

② **fail to** *do*「…することに失敗する」
lose weight「体重を落とす，減量する」
save money「お金を貯める，節約する」

③ **in fact**「実際，実のところ」

④ **get fit**「健康な体を作る，体を鍛える」

⑦ **quit sweets**「甘いものを断つ」

⑧ **eat poorly**「偏った［不健康な］食事をする」（⇔eat better）

新年の決意を守る

英文レベル
☆

162
words

📁 日常生活［健康・医療］

① 最近の<u>調査</u>によると，ほとんどの人が新年の決意を守っていないそうだ。② 人々は1<u>世紀</u>以上にわたり，体重を減らしたり，お金を貯めたり，新しい友達を作ったりすることに失敗してきた。③ 実は，この<u>瞬間</u>，私も自分の決意を守ることができていない。④ 私の<u>目標</u>は健康になることだったが，今チョコレートを食べている。⑤ ズボンが<u>きつ</u>すぎるので，もっと痩せないといけない。⑥ しかし，私は前向きな<u>態度</u>を保っている。⑦ 明日，<u>仲間</u>たちに甘いものはもうやめると伝えよう。⑧ 偏った食事をするのは今日が<u>最後</u>だ。⑨ これからは今日とは<u>逆</u>のことをしよう。⑩ <u>本当だ</u>，これからは健康によい食事をし，毎日運動しよう。⑪ あなたと世界中の人に<u>約束し</u>よう。⑫ でも，もし<u>やめ</u>られなかったら？⑬ 一日<u>中</u>甘いものが欲しくてたまらなくなる。⑭ なら，チョコレート<u>以外の</u>お菓子は全部やめるかも。⑮ 私の意志の弱さを見たら，<u>祖先</u>の人たちはどう思うだろうか？

---

⑨ **from now on**「今後は，これからは」
　work out「運動する，体を鍛える」

⑩ **it's true, ...**「…というのは本当だ」▶it's true (that) ... の略式表現。

⑫ **what if ...?**「…だとしたらどうだろうか？」

⑬ **crave**「～を切望する［とても欲しがる］」

⑮ **What would ~ think if ...?**「もし…たら～はどう思うだろうか？」▶仮定法過去の文。
　how weak I am「自分がいかに（意志が）弱いか」

19 Keeping New Year's Resolutions

🔖 単語の意味を確認しよう。

271

survey
⑦ [sə́:rveɪ]

名 (意見・行動などのアンケート) 調査

carry out [do] a survey (of ~) 「(~の) 調査を実施する」

▶ a survey shows [reveals] (that) ... 「調査では…が示されて [明らかにされて] いる」

動 [sərvéɪ] を調査する

272

century
[séntʃəri]

名 (~) 世紀；100年 (間)

in the 21st century 「21世紀に」

▶ for centuries 「何世紀 [何百年] もの間」

273

moment
[móʊmənt]

名 (特定の) 時点；瞬間

at the moment 「(ちょうど) 今」

▶ at that moment 「そのとき」
▶ in a moment 「すぐに」
▶ Just [Wait] a *moment*. 「少しお待ちください」

274

aim
[eɪm]

名 目的, 目標；ねらい

The aim of ~ is to *do* [that ...]. 「~の目的は…することだ […だ]」

▶ purpose 「目的」(→594) は行動や計画の「理由」に焦点が, aim は達成させようとすることに焦点がある。goal は長期的な, 将来の到達目標というニュアンス。

動 (を) 目標にする；(武器などで) ねらう

275

tight
[taɪt]

形 (衣類などが) きつい；(時間・金銭などが) ゆとりのない

▶ *be* a tight fit 「(~は) ぴったりだ」
□ tíghten 動 をしっかりと締める

276

attitude
⑦ [ǽtətjù:d]

名 態度, 考え方

have [take] an attitude to [toward / about] ~ 「~に対する態度をとる」

277

circle
[sə́:rkl]

名 仲間；円, 輪

a circle of friends 「友人の輪, 交友関係」

動 を丸で囲む

285

0	300	600	900	1200

278

final

[fáinəl]

形 最後の；最終的な

▶ a final decision「最終的な決定」

名 決勝（戦）；米 期末試験

□ fínally 副 ついに；（一連の情報で）最後に；最終的に

279

opposite

㋐ [á(:)pəzit]

形 反対側の，向かい側の；（正）反対の

on the opposite side of ~「〜の反対側に」

前 〜の向かい（側）に

□ oppóse 動 に反対する

280

true

[tru:]

形 本当の，真実の

It is true (that) ~, but ....「確かに〜だが，…」

▶ true or false「正しいか誤りか」

▶ come true「実現する」

281

promise

[prá(:)məs]

動 (を) 約束する

promise to do「…すると約束する」

名 約束 ▶ keep [break] one's promise「約束を守る [破る]」

282

stop

[stá(:)p]

動 をやめる；止まる；を妨げる；立ち止まる

stop doing「…するのをやめる」

▶ stop to do「…するために立ち止まる [手を止める]」

▶ stop ~ from doing「〜が…することを妨げる」

名 停止，中止；停留所，停車駅

283

throughout

㋐ [θru:áʊt]

前 〜の間中（ずっと）；〜の至る所に

▶ be open throughout the year「年中無休だ」

▶ throughout the country [world]「国中 [世界中] で」

284

except

㋭ [ɪksépt]

前 〜を除いて

except for ~「〜を除いて」

接 …ということを除いて

□ excéption 名 例外

285

ancestor

㋐ [ǽnsèstər]

名 先祖（⇔descendant「子孫」）；（機器などの）原型

⟨20⟩ New York City Subway

ニューヨークの地下鉄の問題点と良い点は何か？

① The New York City subway system is a serious mess. ② For 100 years, it has been the way that ordinary New Yorkers go to work and school. ③ However, because of poor maintenance, it's in need of major repairs. ④ Sometimes trash burns on the tracks. ⑤ On weekends, some trains do not run because they're being fixed. ⑥ Also, flooding from a hurricane destroyed a tunnel from Manhattan to Brooklyn. ⑦ Improving the subway will be a very expensive project.

⑧ One good thing about the subway is that it almost never has an accident. ⑨ A subway car is also a great spot for watching people. ⑩ You can see a hero stand up to offer his seat to an elderly person. ⑪ Sometimes people mark the seats or windows with a pen. ⑫ The subway is not the only method of public transportation in New York. ⑬ People can also take taxis or drive their private cars. ⑭ But the spirit of New York is in the subway.

語法・構文・表現

① mess「混乱，面倒，ひどい状況」

② the way that *S* + *V*「S が V する方法」

③ because of ～「～のために」
poor maintenance「整備不良」
be in need of ～「～を必要としている」
repair「修理」

④ track「線路」

📁 産業［交通・運輸］

　①ニューヨーク市の地下鉄は深刻な混乱状態だ。②100年間，地下鉄は普通のニューヨーカーが仕事や学校に行く方法だった。③しかし，整備が行き届かなかったため，大規模な修理が必要だ。④時には，線路内でゴミが燃えることもある。⑤週末には，修理中のため運行しない列車もある。⑥また，ハリケーンによる洪水で，マンハッタンからブルックリンへのトンネルが破壊された。⑦地下鉄の改良は非常に費用のかかるプロジェクトになるだろう。

　⑧地下鉄のいいところは，ほとんど事故がないことだ。⑨また，地下鉄の車両は人を観察するのにもいい場所だ。⑩お年寄りに自分の席を譲るヒーローを目にすることもある。⑪座席や窓にペンでしるしをつける人もいる。⑫ニューヨークの公共交通の方法は地下鉄だけではない。⑬タクシーに乗ったり，自家用車を運転したりすることもできる。⑭しかし，ニューヨークの精神は地下鉄の中にあるのだ。

---

⑥ flooding「洪水，氾濫」

⑦ improve「～を改善［改良］する」

⑧ almost never ...「ほとんど…することがない」

⑩ see ～ do「～が…するのを見る」
　offer ～ to ...「～を…に提供する［譲る］」

⑫ public transportation「公共交通機関」

単語の意味を確認しよう。

286

subway

[sʌ́bwèɪ]

名 地下鉄

take [ride] the subway 「地下鉄に乗る」

▶ the subway system (in Osaka) 「(大阪の) 地下鉄網」

287

serious

発 [síəriəs]

形 深刻な；まじめな；本気の

have a serious illness 「重病である」

▶ You can't be serious. 「冗談でしょう？」
— I'm serious. 「本気だよ」

□ sériously 副 深刻に；まじめに

288

ordinary

アク [ɔ́:rdənèri]

形 普通の；ありふれた

ordinary people 「普通の人々」

▶ an ordinary life 「普段の生活」

289

major

発 [méɪdʒər]

形 重大な；主要な；大きい方の (⇔minor →527)

a major change in ～ 「～における重大な [大きな] 変更」

▶ a major role [road] 「主要な役割 [幹線道路]」
▶ major Asian cities 「アジアの大都市」

名 (大学での) 専攻 (科目)

動 〔major in ～ で〕を専攻する

□ majórity 名 大多数

290

burn

[bə:rn]

動 を焦がす，焦げる；を燃やす，燃える；やけどする，日焼けする

▶ 活用：burn - burned [burnt] - burned [burnt]

名 やけど，日焼け

291

fix

[fɪks]

動 を修理する；を固定する；を (明確に) 決める

▶ fix a shelf to the wall 「棚を壁に固定する」
▶ fix a date for ～ 「～の日にちを決める」

292

destroy

アク [dɪstrɔ́ɪ]

動 を破壊する

□ destrúction 名 破壊

| 0 | 300 | 600 | 900 | 1200 |

293
project
㋐ [prá(ː)dʒekt]

名 計画；事業
in ~'s project 「~の計画において」
動 を計画する；を見積もる

294
accident
[ǽksɪdənt]

名 事故；偶然
have an accident 「事故に遭う」
□ accidéntally 副 偶然に

295
spot
[spɑ(ː)t]

名 場所；斑点；汚点
a spot for ~ 「~のための場所」
▶ on the spot「直ちに；その場で」
動 を見つける
▶ spótlight 名 スポットライト；(世間の) 注目

296
hero
㋭ [hí:rou]

名 ヒーロー，英雄；(男性の) 主人公
▶「ヒーロー，英雄」の意味では男女ともに用いる。特に女性を指したり，「女性の主人公」の場合は heroine を用いる。

297
mark
[mɑːrk]

動 にしるしをつける；(~の日に) あたる
mark A with B 「A に B でしるしをつける [示す]」
▶ mark the spot in red 「その地点を赤色でしるしをつける」
名 しるし；跡；記号

298
method
[méθəd]

名 方法
a method of [for] ~ 「~の方法」

299
private
㋭㋐ [práɪvət]

形 私的な，個人的な (⇔ public → 1122)；私立の；秘密の
a private lesson 「個人指導」
▶ one's private life「私生活」
□ prívacy 名 プライバシー

300
spirit
[spírət]

名 精神，心；魂；〔~s〕気分
in spirit 「心は，気持ちの上では」
▶ in good [high] spirits 「上機嫌で」
□ spíritual 形 精神的な；霊的な

91

> 🔑 アメリカでは夫婦の家事分担についてどのように考えられているか？ 筆者夫婦の場合は？

① In the U.S., husbands are expected to share the housework with their wives. ② Usually, though, it's men who take out the garbage. ③ It's also my job to put out traps if we have cockroaches or mice. ④ My wife cleans the refrigerator. ⑤ I'm in charge of cleaning the toilet and the shower. ⑥ We do not have a yard, but if we did, then I guess cutting the lawn would be my job. ⑦ My wife takes our old clothes to a recycling station. ⑧ We help <u>each other</u> to separate plastic and paper for recycling. ⑨ I usually clear the plates after dinner. ⑩ I have to get things off high shelves because I'm taller. ⑪ My wife has a ladder in case I'm not there to help. ⑫ If I lose a button from my shirt, my wife or I can sew one on. ⑬ We both leave wet umbrellas outside our door to dry. ⑭ We also both cook meals. ⑮ I cooked tacos for supper last night. ⑯ They were delicious!

◎語法・構文・表現 ~~~~~~

① be **expected to** *do*「…することが求められる，…するのが当然だと思われている」
share ～ with ...「～を…とシェア［分担］する」

② **though**「でも，けれども」▶副詞の用法。ふつうは文末に置かれるが，文中に挿入されることもある。
it's men who ...「…するのは男性である」▶men を強調する強調構文。

③ **put out ～**「～を仕掛ける」

⑤ *be* **in charge of ～**「～の担当である」

📁 日常生活［婚姻・交友・人間関係］

① 米国では，夫は家事を妻と分担することになっている。② けれども，ごみ出しをするのはたいてい男性だ。③ ゴキブリやネズミがいる場合にトラップを仕掛けるのも私の仕事だ。④ 私の妻は冷蔵庫を掃除する。⑤ 私はトイレとシャワーの掃除の担当だ。⑥ うちには庭はないが，もしあれば，芝刈りは私の仕事になるだろうと思う。⑦ 妻は，家族の古い服をリサイクルステーションに持っていく。⑧ 2 人で協力してプラスチックと紙をリサイクル用に分別する。⑨ 夕食後に皿を片付けるのはたいてい私だ。⑩ 高い棚から物を取るのも，背が高い私だ。⑪ 私がいなくて手伝えないときのために，妻ははしご［踏み台］を持っている。⑫ 私がシャツのボタンをなくした場合は，妻か私が縫い付ける。⑬ 2 人とも濡れた傘はドアの外に干しておく。⑭ また，食事を作るのは妻と私の両方だ。⑮ 昨夜は，夕食に私がタコスを作った。⑯ すごく美味しかった！

⑥ **if we did, ~ would be my job**「もしそうであったら（＝自宅に庭があったら）~は私の仕事だろう」▶仮定法過去の構文。
 cut the lawn「芝を刈る」

⑧ **help each other to** *do*「お互いに協力して…する」

⑩ **get ~ off the shelves**「~を棚から取る［降ろす］」

⑪ **in case I'm not there to help**「私が手助けするためにそこにいない場合には」

⑫ **sew ~ on**「~を縫い付ける」

93

21 Sharing the Housework

📖 単語の意味を確認しよう。

301

housework
[háʊswə̀ːrk]

名 家事
do (the) housework 「家事をする」
► help with the housework 「家事を手伝う」

302

garbage
(発) [gáːrbɪdʒ]

名 生ごみ，ごみ
take out the garbage [trash] 「ごみを出す」
► rúbbish 名 英 (生) ごみ，くず，廃棄物

303

trap
[træp]

名 わな；策略
put [set] a trap 「わなを仕掛ける」
► be [get] caught in a trap 「わなにかかる」

動 〔be trapped〕(危険な場所などに) 閉じ込められる，(苦境に) 陥る

304

refrigerator
(ア) [rɪfrídʒərèɪtər]

名 冷蔵庫 (= fridge)
in the refrigerator 「冷蔵庫 (の中) に」
► fréezer 名 冷凍庫

305

shower
(発) [ʃáʊər]

名 シャワー (室・器具)；シャワー (を浴びる
こと)；にわか雨
be in the shower 「シャワーを浴びている」
► take a shower 「シャワーを浴びる」
► get caught in a shower 「にわか雨にあう」

306

yard
[jɑːrd]

名 庭；囲い地；(長さの単位) ヤード，ヤール
in a yard 「庭で」
► a school yard 「校庭」

307

guess
(発) [ges]

動 (を) 推測する
I guess (that) .... 「…だと思う」(=..., I guess.)
► I guess so [not]. 「そうだ [そうではない] と思う」
► Guess what! 「あのね，聞いて」(驚きの話などを切り出す
ときの表現)

名 推測

315

0	300	600	900	1200

308

clothes
発 [klouz]

名 <u>衣服，衣類</u>

a change of clothes 「服の着替え（1着）」
► 集合的に，複数扱い。some clothes「何点かの衣類」と表せるが，two や three など数詞とともには表せない。
►「衣類1点」は a piece [an item] of *clothing* などで表す。
► change *one's* clothes「着替える」

309

plate
[pleɪt]

名 <u>皿</u>；（1皿分の）料理；表示板

► a large plate of sandwiches「大皿のサンドイッチ」
► a license [number] plate「ナンバープレート」

310

shelf
[ʃelf]

名 棚

on the shelf 「棚（の上）に」
► 複 shelves
► bóokshelf 名 本棚

311

ladder
[lǽdər]

名 はしご

climb up [down] a ladder 「はしごを上る[降りる]」

312

button
[bʌ́tən]

名 （衣類の）<u>ボタン</u>；（機器の）ボタン

button [fasten] the buttons (of [on] ~) 「(~の)ボタンをとめる」
► press [click] a button「ボタンを押す[クリックする]」

動 のボタンをとめる
► button *one's* shirts「シャツのボタンをとめる」

313

both
[bouθ]

代 <u>両方</u>

both of ~ 「~の両方とも」
► "~" の扱いは each (➡221) を参照。
形 両方の

314

umbrella
[ʌmbrélə]

名 <u>傘</u>

put up an [*one's*] umbrella 「傘をさす」
► a folding umbrella「折りたたみ傘」

315

supper
[sʌ́pər]

名 <u>夕食</u>

have a supper 「夕食をとる」
► dinner より略式で量が少ない。

① Living in an apartment above another family can be strange. ② Unlike living in a house, in an apartment building you have people all around you. ③ When you are inside your apartment, you may feel alone. ④ However, there might be a nurse in a room next to yours, taking care of an elderly neighbor. ⑤ In a house, you may have one or two neighbors. ⑥ In an apartment building, you have many. ⑦ In an apartment, noisy neighbors can make it difficult to rest, especially when you have a headache. ⑧ You may hear people screaming at each other when they argue. ⑨ In some buildings, you can even hear someone whisper next door. ⑩ Life in an apartment can be pleasant if your neighbors are friendly. ⑪ Life in a house can feel lonely.

⑫ Whether you live in a house or an apartment, try to think about the positive aspects of your situation. ⑬ Greet your neighbors warmly every day. ⑭ Have a conversation with them about something light, like the weather.

◎ 語法・構文・表現

② **have people all around you**「自分の周り全部に人々がいる」

③ **feel alone**「孤独に感じる」

④ **there might be ～**「～がいる [ある] かもしれない」
　next to ～「～の隣に」
　taking care of ～「(…，そして) ～の世話をして」▶分詞構文。

⑦ **make it difficult to** *do*「…するのを難しくする」
　especially when ...「特に…の場合には」

96

アパートでの生活

① アパートで，他の家族の上に住むというのは変なものだ。② 一戸建てに住むのと違って，アパートでは上下左右に人がいる。③ アパートの中にいると，孤独に感じるかもしれない。④ だが，隣の部屋には看護師がいて，年配の 隣人の世話をしているかもしれない。⑤ 一戸建ての場合，隣人は 1 人か 2 人だろう。⑥ アパートだと，隣人はたくさんいる。⑦ アパートでは，隣の部屋が騒がしいと，特に頭が痛いときなど休むのが難しい。⑧ 口論してお互いに叫んでいるのが聞こえることもある。⑨ 建物によっては，隣の部屋で誰かがささやいているのが聞こえることもある。⑩ アパートでの生活は，隣人が友好的であれば快適なこともある。⑪ 一戸建てでの生活は孤独に感じることもある。

⑫ 一戸建てに住んでいようと，アパートに住んでいようと，自分の置かれている状況のよい面を考えてみるとよい。⑬ 毎日，近所の人たちに温かく挨拶しなさい。⑭ 天気のような，何か軽い話題について会話をしてみるのもよい。

---

⑧ **hear ～ doing**「～が…しているのが聞こえる」
　scream at each other「お互いに怒鳴り合う」

⑨ **hear ～ do**「～が…するのが聞こえる」
　next door「隣に」▶副詞句として使われている。

⑫ **whether ～ or ...**「～であっても…であっても」
　try to do「…しようとする」
　positive aspects of ～「～のよい側面」

📗 単語の意味を確認しよう。

316
above
[əbív]

前 ～の上方に；～より上に [で]
- ▶ X meters above sea level「海抜 X メートル」
- ▶ above all (else)「とりわけ，何よりも」

副 上に；前述 [上記] の

317
unlike
[ànláik]

前 ～と違って

形 似ていない
- □ unlíkely **形** ありそうもない（⇔likely ➡175）

318
inside
⑦ [ìnsáid]

前 ～の中に [で]
- ▶ from inside the house「家の中から」

副 内側に [で]
- ▶ go inside「中に入る」

形 内側の **名** 〔the ～〕内側，内部

319
nurse
発 [nə:rs]

名 看護師
- ▶「男性看護師」と特定して言う場合は a male nurse と表す。
- □ núrsery **名** 保育園（＝nursery school）

320
elderly
[éldərli]

形 年配の
- an elderly couple [relative]「年配の夫婦 [親戚]」
- □ élder **形** 英（兄弟姉妹などが）年上の

321
neighbor
[néibər]

名 隣人；隣国
- a good neighbor「近所付き合いのよい人」
- □ néighboring **形** 隣接する
- □ néighborhood **名** 近所；（特定の）地域，場所

322
headache
発 [hédèik]

名 頭痛；悩みの種
- have a (bad) headache「（ひどい）頭痛がする」

323
scream
[skri:m]

動 金切り声を出す；（大声で）叫ぶ
- scream in [with] ～「～（恐怖など）で叫び声を上げる」

名 金切り声，叫び声

330

0	300 600 900 1200

324

whisper

[hwíspər]

動 **(を) ささやく**；小声で話す

whisper about ~ 「~についてひそひそ話す」
► whisper A to B 「A を B (人) にささやく」

名 ささやき声

► in a whisper 「ひそひそ声で」

325

pleasant

発 [plézənt]

形 **楽しい**；好感のある；**快適な**

have a pleasant time [evening] 「楽しい時 [夕べ] を過ごす」
► It is pleasant to do. 「…するのは楽しい」
► a pleasant voice [smile] 「感じのよい声 [笑顔]」

326

friendly

[fréndli]

形 **親切な**，好意的な；**友好的な**；仲のよい

be friendly to ~ 「~に親切だ」
► a friendly nation 「友好国」
► be friendly with ~ 「~と仲がよい」
► unfríendly 形 不親切な

327

lonely

発 [lóunli]

形 **孤独な**，ひとりぼっちの

feel lonely 「孤独に思う，(孤独で) 寂しく思う」
► 他に誰もいなくて「寂しい」気持ちを表すときは，alone (→ 170) ではなく lonely をふつう使う。
► a lonely life 「孤独な生活」
□ lóneliness 名 孤独 (感)

328

positive

[pá(:)zətɪv]

形 **前向きの**，積極的な；**肯定的な**，有益な

positive thinking 「プラス思考」
► be positive about ~ 「~に積極的 [前向き] だ」
► a positive experience 「有益な経験」

329

greet

[gri:t]

動 **に挨拶する**；を出迎える

► greet A with B 「A (人) を B で出迎える」
□ gréeting 名 挨拶

330

conversation

[kà(:)nvərséɪʃən]

名 **会話**；おしゃべり

have a conversation (with ~) 「(~と) 会話 [話] をする」

---

(23) The Athlete

陸上部に所属している息子の様子はどんなものだろうか？

① My son **belongs** to the high school track team. ② He **crosses** New York City every morning to <u>get to</u> school. ③ That's because his school is **located** far north of our home. ④ We don't own a car, so he **depends** on the subway to get there. ⑤ This year, he hopes to **complete** the track season without missing any practices. ⑥ He also hopes to **beat** his best time in the 200-meter run. ⑦ That will take a lot of **effort**. ⑧ If he tries too hard, he can do **damage** to his leg. ⑨ He **appreciates** the support of his teammates. ⑩ They **exchange** gifts every Christmas. ⑪ Last year was a huge **success** for the team. ⑫ They put their **trust** in their coach and took first place in every **type** of event. ⑬ Because he is in the 11th grade, he only has a **couple** of years left on the team. ⑭ I think that being on the team has improved the **quality** of his life.

語法・構文・表現

① **track team**「陸上部」(*cf.* track and field「陸上競技」)
② **get to ～**「～に行く[着く，達する]」
③ **that's because ...**「それは…だからだ」
　far north of ～「～のずっと北の方に」
④ **own**「～を所有する」
⑤ **hope to** *do*「…することを望む[願う]」

📁 日常生活 [スポーツ]

　① 息子は高校の陸上部に<u>入っている</u>。② 彼は毎朝ニューヨーク市を<u>横切って</u>学校に行く。③ 彼の学校は私たちの家のずっと北の方に<u>ある</u>からだ。④ 私たちは車を持っていないので，彼は通学を地下鉄に<u>頼っている</u>。⑤ 今年，彼は練習を1回も欠かさずに陸上シーズンを<u>終える</u>ことを望んでいる。⑥ また，200メートル走で自己最高記録を<u>更新し</u>たいと考えている。⑦ それにはかなりの<u>努力</u>を要するだろう。⑧ 無理をしすぎると足を<u>痛め</u>てしまう。⑨ 彼はチームメートの支援に<u>感謝し</u>ている。⑩ 彼らは毎年クリスマスに贈り物を<u>交換する</u>。⑪ 昨年，チームは大<u>成功</u>を収めた。⑫ チームは監督を<u>信頼</u>し，あらゆる<u>種目</u>で1位になった。⑬ 彼は11年生なので，チームにいられるのはあと<u>1，2</u>年しかない。⑭ チームに入ったことで，彼の生活の<u>質</u>が上がったと私は思っている。

---

⑦ **take a lot of effort**「大変な努力を要する」

⑫ **take first place in ～**「～で1位を取る」

⑬ ***be* in the 11th grade**「11年生（＝高校2年生）である」
　　have ～ years left「あと～年だけ残されている」

⑭ **being on the team has improved ～**「チームにいることが～を改善した」

📕 単語の意味を確認しよう。

---

331 **belong** [bɪlɔ́(:)ŋ]	**動** 属する belong to ~ 「~に所属する，~の一員である」 ▶ This bag *belongs* to her. 「このかばんは彼女の物だ」 □ belóngings 图 身の回りの物，所持品
332 **cross** [krɔ(:)s]	**動** (を) 横切る；(と) 交差する cross a road [street] 「道 [通り] を渡る」 ▶ with *one's* legs [arms] crossed 「脚 [腕] を組んだまま」 图 十字架
333 **locate** ⑦ [lóʊkeɪt]	**動** 〔*be* located で〕位置している；(場所・物など) を特定する *be* located in [near] ~ 「~に [の近くに] ある」 □ locátion 图 位置，場所
334 **depend** [dɪpénd]	**動** 当てにする；頼る；~次第である depend on ~ 「~を当てにする，頼る；~次第である」 ▶ It [That] *depends*. 「状況次第だ」(明確な返答を避けるとき) □ depéndent 形 頼っている □ depéndence 图 依存
335 **complete** [kəmplíːt]	**動** を完成させる；終える 形 完全な；〔叙述用法〕完成した □ complétely 副 完全に
336 **beat** [biːt]	**動** を打ち負かす；(を)(連続して) 打つ，たたく； を (強く) かき混ぜる beat A at [in] B 「A (人) を B で打ち負かす」 ▶ beat at [against / on] ~ 「~を (続けて) たたく」 ▶ beat an egg 「卵をかき混ぜる」 ▶ 活用：beat - beat - beaten [bíːtn] 图 連打の音；鼓動；拍子
337 **effort** ⑦ [éfərt]	图 努力；苦労 make an effort to *do* 「…しようと努力する」

| 0 | 300 | 600 | 900 | 1200 |

338 **damage** ⑦ [dǽmɪdʒ]	名 損害，悪影響 cause [do] damage to ~「~に被害［悪影響］を与える」 動 に損害を与える
339 **appreciate** 発⑦ [əprí:ʃièɪt]	動 に感謝する；(~のよさ) を認める ▶「感謝する」の目的語は，〈人〉ではなく〈物・事〉。 ▶ I would appreciate it if ...「…していただけるとありがたいのですが」 □ appreciátion 名 鑑賞 (力)；感謝 (の気持ち)
340 **exchange** 発 [ɪkstʃéɪndʒ]	動 を交換する，を取り替える；を両替する exchange A with B「A を B (人) と交換する」 ▶ exchange A for B「A を B に取り替える［両替する］」 名 交換；両替
341 **success** ⑦ [səksés]	名 成功したこと［人］；成功 *be* a (big) success「(大) 成功である」 □ succéssful 形 成功した □ succéed 動 成功する
342 **trust** [trʌst]	名 信頼，信用 put *one's* trust in ~「~を信用している」 動 を信頼［信用］する ▶ *Trust* me.「信じてよ，本当だよ」
343 **type** [taɪp]	名 型，タイプ；〔*one's* ~〕好みのタイプの人 what type of ~「どのタイプの~」 動 をタイプ［入力］する □ typical [típɪkəl] 形 典型的な；特有の
344 **couple** [kʌ́pl]	名 (同種の) 2つ，2人；1対，1組；カップル，夫婦 a couple of ~「2，3の［少数の］~」
345 **quality** 発 [kwá(:)ləti]	名 質 (⇔quantity →37)，品質；〔~ties〕(人の) 資質 high [good] quality「高い品質」 ▶ low [poor] quality「低い品質」

筆者の友人が転居先の古い家で見つけたものとは？

① A friend of mine bought an old home near a canal in Venice, California. ② When he replaced the roof, he found sheets of paper in the walls. ③ The papers were a diary written by the chairperson of a local organization many years ago. ④ In the bathroom, he found an old hair brush and a comb by the sink. ⑤ There was an old chicken coop full of feathers in the patio. ⑥ There was also a portable power generator in the basement. ⑦ The house had a tower above the roof. ⑧ The front gate was made of iron. ⑨ When he first moved in, he only had the clothes he brought in his baggage to live in. ⑩ He put his clothes in an old closet. ⑪ Since he spent all his money on the old house, he couldn't afford the taxi fare from the airport and had to take the bus.

語法・構文・表現

① **a friend of mine**「私の友人の1人」

② **replace**「～を取り替える」

③ **a diary written by ～**「～によって書かれた日記」

④ **sink**「流し台」

⑤ **chicken coop**「鶏舎，鶏小屋」
full of ～「～で一杯な」
patio「パティオ，中庭」

⑥ **power generator**「発電機」

📁 文化［歴史・人類・文明・風俗］

① 私の友人の１人が，カリフォルニア州ベニスの<u>運河</u>の近くに古い家を買った。② その家の<u>屋根</u>を張り替えたとき，彼は壁の中に数<u>枚</u>の紙を見つけた。③ それは，何年も前に地元の<u>団体</u>の<u>会長</u>によって書かれた日記だった。④ バスルームには，流しのそばに古いヘア<u>ブラシ</u>と<u>くし</u>を見つけた。⑤ 中庭には，鳥の<u>羽根</u>だらけの古い鶏小屋があった。⑥ 地下には<u>携帯用</u>発電機もあった。⑦ その家は屋根の上に<u>塔</u>が立っていた。⑧ 正面の門は<u>鉄</u>でできていた。⑨ 最初に引っ越してきたとき，彼は<u>カバン</u>に入れてきた服しかなかった。⑩ それらの服を古い<u>クローゼット</u>にしまった。⑪ その古い家にお金を全部使ってしまったので，彼は<u>空港</u>からのタクシー<u>代</u>が払えず，バスに乗らなければならなかった。

---

basement「地下」

⑧ *be* made of ～「～でできて［作られて］いる」

⑨ move in「引っ越してくる」
the clothes he brought in his baggage to live in「彼がカバンに入れて持ってきた着替えの服」▶clothes の後に関係代名詞 that が省略。

⑪ spend ～ on ...「～を…に使う」
can't afford ～「～を買う［払う］余裕がない」

24 Renovating an Old Home

単語の意味を確認しよう。

346

canal

アク [kənǽl]

名 運河

347

roof

[ru:f]

名 屋根；〔the ～〕最高部

on the roof 「屋根（の上）に」

▶ clear snow off [remove snow from] the roof「屋根の雪下ろしをする」

348

sheet

[ʃi:t]

名（1枚の）紙，紙の1枚；シーツ

a (blank) sheet of paper 「1枚の（白）紙」

▶ an answer sheet「答案用紙」

▶ change the sheets「シーツを替える」

349

chairperson

[tʃéərpə̀:rsən]

名 議長，委員長；会長

***be* chosen chairperson (of ～)** 「（～の）議長に選ばれる」

▶ the chair もよく用いられる。

350

organization

[ɔ̀:rgənəzéɪʃən]

名 組織，団体

□ órganize 動 を組織する；（活動・行事など）を準備する

351

brush

[brʌʃ]

名 ブラシ，はけ

動 にブラシをかける，を（ブラシで）磨く

▶ brush *one's* teeth「歯を磨く」

▶ brush up (on) ～「～（知識など）を磨き直す」

352

comb

発 [koʊm]

名 くし；くしで髪をとかすこと

▶ 語末の b は発音しないことに注意。

▶ run [pull] a comb through *one's* hair「くしで髪をとかす」

動（髪）をくしでとく

▶ comb *one's* hair「髪をとかす」

353

feather

発 [féðər]

名 羽，羽毛

360

| 0 | 300 | 600 | 900 | 1200 |

354
portable
[pɔ́ːrtəbl]

形 持ち運びできる，携帯用の
▶ a portable toilet「仮設トイレ」

355
tower
[táuər]

名 塔
　go up a tower「塔に登る」
▶ a clock tower「時計塔」

356
iron
(発) [áiərn]

名 鉄，鉄分；アイロン
動 (に) アイロンをかける
形 (鉄のように) 堅い；厳しい
▶ an iron will「鉄の意志」

357
baggage
(発) [bǽgidʒ]

名 手荷物 (＝英 luggage)
　a piece [an item] of baggage「手荷物1つ」

358
closet
(発) [klá(ː)zət]

名 クローゼット，収納場所

359
fare
[feər]

名 (交通機関の) 運賃，料金
　What [How much] is the fare?「運賃はいくらですか」
▶ bus [train / taxi] fare「バス [列車／タクシー] 料金」
▶ a round-trip fare「往復運賃」

360
airport
[éərpɔ̀ːrt]

名 空港
　at the airport「空港で」
▶ land at the airport「空港に着陸する」

25 What to Wear at Work

 職場ではどのような服装をするのが相応しいだろうか？

①It is difficult to know how to **dress** as a writer in corporate America. ②Suits are too **formal**; they are worn by managers. ③Creative people are supposed to follow the latest **fashion** and trends. ④Recently, the **style** for designers and writers has been work shirts and hiking boots. ⑤It is also fashionable to wear clothes without a designer **label**. ⑥**Loose** clothes are not as popular as they were a few years ago. ⑦Nobody **sews** their own clothes any more. ⑧**Glasses** with thin **frames** are in. ⑨As always, glasses should be clean so you can **focus** on your work. ⑩You should **tie** your tie with a small knot. ⑪Nobody in an office wears anything with a big **jewel**, except for engagement **rings**. ⑫Very few people wear **silk** shirts or pants; most people wear **cotton** shirts now.

語法・構文・表現

① in corporate America「アメリカのビジネス社会で」

② *be* worn by ~「~によって着られる」

③ *be* supposed to *do*「…することになっている」

⑤ without a designer label「デザイナーブランドでない」

⑥ not as popular as they were a few years ago「数年前ほど人気がない」

⑦ nobody ... any more「もう誰も…ない」

108

📁 日常生活［服飾・化粧］

①アメリカの企業で，ライターとしてどんな<u>服を着る</u>のが適切かというのは難しい。②スーツは<u>フォーマル</u>すぎて，ふつうは経営者が着るものだ。③クリエイティブな職業の人々は最新の<u>流行</u>やトレンドを追うものだ。④最近のデザイナーやライターの<u>スタイル</u>は，ワークシャツやハイキングブーツだ。⑤また，デザイナー<u>ブランド</u>ではない服を着るのもおしゃれである。⑥<u>だぶだぶの</u>服は，数年前ほど人気がない。⑦自分で服を<u>縫う</u>人はもう誰もいない。⑧細い<u>フレーム</u>の<u>メガネ</u>は流行っている。⑨従来通り，メガネは仕事に<u>集中</u>できるように清潔にしておくべきだ。⑩ネクタイは結び目を小さくして<u>結ぶ</u>のがよい。⑪オフィスでは誰も，婚約<u>指輪</u>を除いて，大きな<u>宝石</u>を身に付けることはない。⑫<u>シルク</u>のシャツやズボンをはく人はほとんどいない。今はほとんどの人は<u>綿</u>のシャツを着ている。

⑧ *be* in「流行している」

⑨ as always「いつものように，これまで通り」
so（that）〜 can *do*「〜が…できるように」

⑩ with a small knot「小さな結び目で」

⑪ except for 〜「〜を除いては，〜以外は」

⑫ very few people ...「…人はほとんどいない」

📖 単語の意味を確認しよう。

361 **dress** (発) [dres]	**動** に衣服を着せる；(の) 服装をしている 　get dressed 「服を着る」 　▶ dress in white 「白 (い服) を着ている」 **名** ドレス；衣服；正装
362 **formal** [fɔ́:rməl]	**形** 正式の；形式ばった 　formal wear [dress] 「正装，礼服」 　▶ casual 「カジュアルな」，informal 「普段着の」 　▶ a formal way of speaking 「形式ばった言い方」
363 **fashion** [fǽʃən]	**名** 流行 (しているもの) 　follow [keep up with] fashion 「流行 (のもの) を追う」 　▶ in [out of] fashion 「流行して [すたれて]」 　□ fáshionable **形** 流行の
364 **style** [staɪl]	**名** 流行；(服装・髪などの) スタイル；様式；(人の) 流儀 　in [out of] style 「流行に合って [遅れて]」 　▶ in a ~ style 「~なスタイルで [に]」 　□ stýlish **形** 流行の，しゃれた
365 **label** (発) [léɪbəl]	**名** ラベル；荷札；ブランド 　the label says (that) ... 「ラベルには…と書いてある」
366 **loose** (発) [lu:s]	**形** (衣類などが) ゆったりした；ゆるい，ゆるんだ 　loose clothes 「ゆったりした衣服」
367 **sew** (発) [sou]	**動** を縫う，縫い付ける；縫い物をする 　▶ sew on ~ / sew ~ on 「~を縫い付ける」 　▶ 活用：sew - sewed - sewn [soun] [sewed]
368 **glass** [glæs]	**名** グラス，カップ；ガラス；(~es) メガネ 　shine a glass 「グラスを磨く」 　▶ a glass of ~ 「グラス1杯の~」

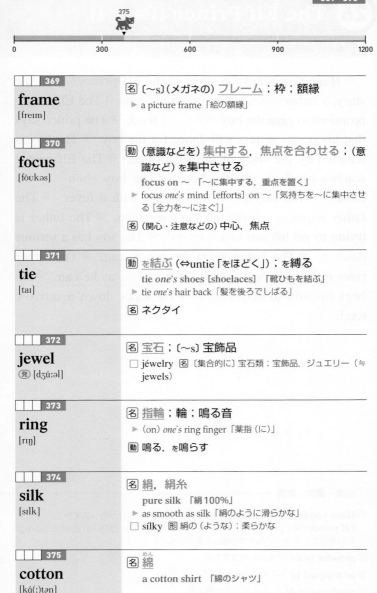

| 0 | 300 | 600 | 900 | 1200 |

369
frame
[freɪm]

名 〔~s〕(メガネの) フレーム；枠；額縁
▶ a picture frame 「絵の額縁」

370
focus
[fóʊkəs]

動 (意識などを) 集中する，焦点を合わせる；(意識など) を集中させる
focus on ~ 「~に集中する，重点を置く」
▶ focus *one's* mind [efforts] on ~ 「気持ちを~に集中させる [全力を~に注ぐ]」

名 (関心・注意などの) 中心，焦点

371
tie
[taɪ]

動 を結ぶ (⇔untie「をほどく」)；を縛る
tie *one's* shoes [shoelaces] 「靴ひもを結ぶ」
▶ tie *one's* hair back 「髪を後ろでしばる」

名 ネクタイ

372
jewel
発 [dʒúːəl]

名 宝石；〔~s〕宝飾品
□ jéwelry 名 〔集合的に〕宝石類；宝飾品，ジュエリー (≒ jewels)

373
ring
[rɪŋ]

名 指輪；輪；鳴る音
▶ (on) *one's* ring finger 「薬指 (に)」

動 鳴る，を鳴らす

374
silk
[sɪlk]

名 絹，絹糸
pure silk 「絹100%」
▶ as smooth as silk 「絹のように滑らかな」
□ sílky 形 絹の (ような)：柔らかな

375
cotton
[ká(ː)tən]

名 綿
a cotton shirt 「綿のシャツ」

111

🔑 筆者は「魔王」の物語をどのように解説しているか？

① Have you heard the story of the Elf prince? ② In the story, a father rides a horse with his son. ③ The Elf prince promises to give the boy delicious food. ④ The prince says that his pretty sisters will dance for the boy. ⑤ The boy is tempted by the song of the Elf prince. ⑥ The Elf prince reaches out to touch the boy. ⑦ The boy shouts to his father. ⑧ The boy's forehead is hot with a fever. ⑨ The father wipes sweat off his son's red face. ⑩ The father is trying to get his son to a hospital. ⑪ The son has a serious disease. ⑫ The father gives the boy a hug. ⑬ The father rides quickly in fear. ⑭ He rides as fast as he can. ⑮ He begs his son to stay calm. ⑯ He races down a narrow road.

◎ 語法・構文・表現

① **Have you heard the story of ～?**「～の話を聞いたことがありますか？」
Elf prince「魔王」（ドイツの文豪ゲーテの詩。原題は The Elf King (Der Erlkönig)。これをもとにシューベルトが作曲した歌曲が有名）

③ **promise to** *do*「…すると約束する」

⑤ *be* **tempted by ～**「～に誘惑される」

⑥ **reach out to** *do*「…しようと手を伸ばす」

⑧ **with a fever**「熱があって」

📁 文化［音楽・芸術・文学］

① 魔王（エルフ・**プリンス**）の話を聞いたことがあるだろうか？ ② 物語の中で，父親が息子と馬に<u>乗っ</u>ている。③ 魔王は男の子に，<u>美味しい</u>食べ物をあげると約束する。④ 自分の<u>かわいい</u>姉妹たちが男の子のために踊ると言う。⑤ 男の子はこの魔王の歌に誘惑される。⑥ 魔王は男の子に<u>触れ</u>ようと手を伸ばす。⑦ 男の子は父親に向かって<u>叫ぶ</u>。⑧ 男の子の<u>額</u>は熱で熱くなっている。⑨ 父親は赤くなった息子の顔の<u>汗</u>を拭う。⑩ 父親は息子を<u>病院</u>に連れて行こうとしている。⑪ 息子は重い<u>病気</u>にかかっている。⑫ 父親は男の子を<u>抱きしめる</u>。⑬ 父親は<u>おびえ</u>て先を急ぐ。⑭ 彼はできるだけ<u>速く</u>馬を走らせる。⑮ 息子に頼むから<u>落ち着いて</u>くれと言う。⑯ 彼は<u>狭い</u>道を駆け下りて行く。

⑨ wipe ～ off ... 「…から～を拭いとる」
⑩ get ～ to ... 「～を…まで運ぶ［連れて行く］」
⑭ as ～ as *one* can 「できるだけ～」
⑮ beg ～ to *do* 「～に…するように懇願する」
⑯ race down ～ 「～を駆け下りる」

📖 単語の意味を確認しよう。

376
prince
[prɪns]

名 王子；第一人者
▶ the Crown Prince「(英国以外の) 皇太子」
▶ príncess 名 王女

377
ride
[raɪd]

動 (に) 乗る；乗っていく
ride a bicycle to ~「自転車に乗って~に行く」
▶ 自転車・バイク・動物などや，乗客として乗り物に「乗る」場合に用いる。
▶ 活用：ride - rode [roʊd] - ridden [rídən]

名 乗る [乗せる] こと
▶ give ~ a ride「~を (車などに) 乗せて (送って) あげる」

378
delicious
⑦ [dɪlíʃəs]

形 とてもおいしい

379
pretty
発 [príti]

形 かわいい；すてきな
look pretty「かわいく見える」
▶ a pretty name「すてきな名前」

副 かなり
pretty much [well]「ほとんど」
▶ pretty well は「かなりよく」の意味でも使われる。

380
touch
発 [tʌtʃ]

動 に触れる；を感動させる

名 触れること；手触り，感触
▶ keep [stay] in touch (with ~)「(~と) 連絡を取り続ける」

381
shout
[ʃaʊt]

動 (を) 叫ぶ，大声で話す
shout (A) at B「(A を) B (人) に叫ぶ」
▶ shout for help「大声で助けを求める」

名 叫び声，大声

382
forehead
[fɔ́:rhèd, fɔ́:rəd]

名 額 (ひたい)

390

0　　　　　　300　　　　　　600　　　　　　900　　　　　1200

383 **sweat** (発) [swet]	名 汗 (をかいている状態)；〔~s〕 米 スエットスーツ in a (cold) sweat 「(冷や) 汗をかいて」 ▶ sweat pours down ~ 「汗が~から流れ落ちる」 動 汗をかく
384 **hospital** [há(:)spɪtəl]	名 病院 in (the) hospital 「入院して」 ▶ go to (the) hospital 「入院する」 ▶ leave [come out of] (the) hospital 「退院する」
385 **disease** (発) [dɪzíːz]	名 病気 have (a) ~ disease 「~の病気にかかっている」 ▶ 特定部位の病名や，感染などによる重度の身体的病気を指す。
386 **hug** [hʌg]	名 ハグ，抱擁 give ~ a (big) hug 「~を (ぎゅっと) 抱きしめる」 動 (を) 抱きしめる
387 **fear** (発) [fɪər]	名 恐怖；不安；恐れ，懸念 in fear 「おびえて，恐れて」 ▶ for fear of ~ 「~を恐れて，~とならないように」 動 を恐れる，怖がる
388 **fast** [fæst]	形 速い，素早い the fastest way 「最速の方法」 副 速く；すぐに speak [talk] fast 「早口で話す」
389 **calm** (発) [kɑːm]	形 落ち着いた；穏やかな stay [keep] calm 「平静を保つ」 動 落ち着く，を落ち着かせる ▶ *Calm* down. 「落ち着いて」 名 平穏，静けさ
390 **narrow** [nǽroʊ]	形 (幅が) 狭い，細い；辛うじての，ぎりぎりの a narrow street [path / passage] 「狭い通り [小道／通路]」

115

㉗ The Elf Prince (Part II)

🔑 筆者は「魔王」の物語に対してどのような感情を抱いているか？

① When the father reaches the hospital, it is too late. ② He hoped his son would get well, but his son dies. ③ In the story, the Elf prince is a symbol of death. ④ The son represents mortality. ⑤ The source of this story is a poem by the German writer, Goethe. ⑥ The title of the poem is *The Elf King*. ⑦ It was first published in 1782. ⑧ Goethe based the poem on a Danish tale. ⑨ *The Elf King* has been translated into many languages. ⑩ The Austrian composer, Schubert, set the poem to music in 1815. ⑪ Schubert composed the song at the age of 18. ⑫ He died when he was 31 of an unknown illness. ⑬ The music, and the poem, bring tears to my eyes. ⑭ I often think of that poor father in the story, who rushed through the woods with his son in his arms.

◎ 語法・構文・表現

① **reach**「〜に着く」

④ **mortality**「死（の必然性 [運命]）」

⑧ **base 〜 on ...**「〜の基礎を…に置く」

⑩ **composer**「作曲家」 ▶compose「〜を作曲する」
　set 〜 to music「〜（詩・劇など）に曲を付ける」

⑫ **die of an unknown illness**「未知の [原因不明の] 病気で死ぬ」

📁 文化［音楽・芸術・文学］

①　父親が病院に到着すると，すでに時遅し。②　彼は息子が元気になることを願っていたが，息子は死んでしまう。③　物語では，魔王は死の象徴である。④　息子は死を象徴している。⑤　この物語の原作は，ドイツの作家ゲーテの詩である。⑥　詩の題名は『エルフ・キング』（魔王）だ。⑦　この詩は，1782年に初めて出版された。⑧　ゲーテはこの詩をデンマークの物語をもとにして作った。⑨『魔王』は多くの言語に翻訳されている。⑩　オーストリアの作曲家シューベルトは，1815年にこの詩に曲を付けた。⑪　シューベルトは18歳でこの曲を作曲した。⑫　彼は31歳で，原因不明の病気により亡くなった。⑬　この曲は，詩とともに，私の涙を誘う。⑭　物語の中で，息子を抱えて森の中を駆け抜けたかわいそうな父親のことを，私はよく思い出すのだ。

⑬ **bring tears to ～'s eyes**「～の目に涙を浮かばせる」

⑭ **think of ～**「～のことを考える」
　　poor「かわいそうな，気の毒な」
　　rush through ～「～の中を駆け抜ける」
　　with ～ in *one's* **arms**「～を腕に抱いて」

27 The Elf Prince (Part II)

■ 単語の意味を確認しよう。

391

late
[leɪt]

形 遅れた；遅い
be late for ～ 「～に遅れる」

副 遅く，遅れて；終わり近くに
late at night「夜遅くに」
► 活用：〔時間〕late - later [léɪtər] - latest [léɪtɪst]
► 活用：〔順序〕late - latter [lǽtər] - last [lǽst]

392

well
[wel]

形 健康で
get well 「(具合が) よくなる」
► feel well 「気分 [調子] がよい」

副 十分に，よく；上手に
go well 「(事が) うまくいく」
► well-known「よく知られた」 ► as well「…もまた」
► 活用：well - better [bétər] - best [best]

393

symbol
[símbəl]

名 象徴，シンボル；記号
a symbol of ～ 「～の象徴」
► a symbol for ～ 「～を表す記号」

394

represent
[rèprɪzént]

動 を表す，象徴する (≒stand for ～「～を意味する」)；を代表する
□ represéntative 名 代表者，代理人 形 代表的な

395

source
[sɔːrs]

名 源；原因；〔通例 ～s〕出所
a source of ～ 「～の源」
► an energy source / a source of energy「エネルギー源」

396

poem
(発) [póʊəm]

名 (1編の) 詩
a collection [book] of poems 「詩集」
□ póetry 名〔集合的に〕詩，詩歌 □ póet 名 詩人

397

title
[táɪtl]

名 題名，タイトル；敬称，肩書き
the title of ～ 「～のタイトル」

398

publish
[pʌ́blɪʃ]

動 を出版する；を掲載する
□ publicátion 名 出版 (物)
□ públisher 名 出版社，発行者

0	300	600	900	1200

399

tale
[teɪl]

名 話，物語
a tale of ～ 「～の（波乱万丈な）物語」
▶ a folk [fairy] tale「民話 [おとぎ話]」

400

translate
[trǽnsleɪt]

動 (を) 翻訳する
be translated into ～ 「～語に翻訳される」
□ translátion 名 翻訳
□ translátor 名 翻訳家，翻訳機

401

set
[set]

動 (注意を払って) を置く，配置する；を (～に) 付ける，設定する；(太陽などが) 沈む
set A (down) on B 「A を B に置く，並べる」
▶ 活用：set - set - set

名 ひとそろい；セット；装置
▶ a set of ～「ひとそろいの～」

402

age
[eɪdʒ]

名 年齢；時代，時期
for *one's* age 「～の年齢にしては」
▶ at the age of ～「～歳で」

動 年を取る
▶ áging 形 〔名詞の前で用いて〕老いつつある

403

illness
[ílnəs]

名 病気 (の状態)
after a long illness 「長い病気の後に」
▶ 精神的な疾患も含む病気一般や，病気の期間を表す。

404

tear
発 [tɪər]

名 〔～s〕涙
in tears 「泣いて，涙を浮かべて」
▶ *be* close to tears「(今にも) 泣き出しそうだ」

動 [teər] を引き裂く
▶ 活用：tear - tore [tɔːr] - torn [tɔːrn]

405

rush
[rʌʃ]

動 急いで行く；をせきたてる
rush to ～ 「～に急いで行く」
▶ rush to *do*「急いで [あわてて] …する」

名 慌ただしさ；混雑時
▶ in a rush 「急いで」

ニューヨークの天気の移り変わりと人々の様子を見てみよう。

① This morning, I woke up to the sound of rain.
② Sometimes wind blows plastic bags all the way up to my apartment window on the seventh floor. ③ The plastic bags are lifted by the wind and float in the air. ④ Soon, winter snow will paint the city white. ⑤ I will not see the trash until the spring sun melts the snow. ⑥ This is a story that repeats every year. ⑦ In the summer, the sun shines very brightly. ⑧ Then, I enjoy relaxing in Central Park, near a statue of Christopher Columbus. ⑨ It is a pleasure to hear my fellow New Yorkers enjoying the day. ⑩ The park in summer is a nice place to escape the pressure of work. ⑪ All types of people can relax together in harmony there. ⑫ Some people take off their shirts to display their tattoos. ⑬ Then, the snow and rain are just a memory.

語法・構文・表現

① wake up to 〜「〜で目が覚める」

② all the way up to 〜「〜までずっと [はるばる]」
on the seventh floor「7階の」

⑤ not 〜 until ...「…まで〜ない」

⑨ hear 〜 enjoying ...「〜が…を楽しんでいる様子が聞こえる」

📁 自然 [天候・気候]

① 今朝，私は雨の音で<u>目が覚め</u>た。② 時々，私のアパートの 7 階の窓まで<u>ビニール</u>袋が風で<u>吹き飛ば</u>されてくることもある。③ ビニール袋は風で<u>持ち上げ</u>られ，空中を<u>漂う</u>。④ 間もなく，冬の雪で町が白く<u>染まる</u>だろう。⑤ 春の日差しが雪を<u>溶かす</u>まで，地面のゴミを目にすることはない。⑥ これは毎年<u>繰り返さ</u>れる物語だ。⑦ 夏には太陽がとても眩しく<u>輝く</u>。⑧ 私はクリストファー・コロンブスの<u>銅像</u>の近くにあるセントラルパークでくつろぐ。⑨ 仲間のニューヨーカーたちが 1 日を楽しんでいるのを聞くのは<u>楽しいもの</u>だ。⑩ 夏の公園は，仕事の<u>プレッシャー</u>から逃れるのにいい場所だ。⑪ そこではいろいろな人が<u>一緒に</u>リラックスできる。⑫ タトゥーを<u>見せる</u>ためにシャツを脱ぐ人もいる。⑬ そうなると，冬の雪と雨はただの<u>思い出</u>となる。

⑩ **escape**「～から逃れる」

⑫ **take off ～**「～を脱ぐ」
   tattoo「入れ墨，タトゥー」

⑬ **just a memory**「ただの（過ぎ去った）思い出」

28 New York Weather

単語の意味を確認しよう。

406 **wake** [weɪk]	動 <u>目を覚ます</u>；を目覚めさせる **wake up** 「目が覚める」 ▶ wake 〜 up「〜を起こす，目覚めさせる」 ▶ 活用：wake - woke [woʊk] - woken [wóʊkən]
407 **blow** [bloʊ]	動 <u>を吹き飛ばす</u>；風で飛ぶ；(風が) 吹く **blow 〜 away [off]** 「〜を吹き飛ばす」 ▶ blow *one's* nose「鼻をかむ」 ▶ 活用：blow - blew [bluː] - blown [bloʊn] 名 打撃；強打
408 **plastic** [plǽstɪk]	形 <u>プラスチック (製) の，ビニール (製) の</u> **a plastic shopping bag** 「レジ袋」 ▶ a plastic bag「ビニール [ポリ] 袋」 ▶ a plastic bottle「ペットボトル」 名 プラスチック，ビニール
409 **lift** [lɪft]	動 <u>を持ち上げる</u>；(持ち) 上がる 名 持ち上げること；上昇
410 **float** [floʊt]	動 (水面・空中を) <u>漂う</u>；浮く ▶「漂う」の意味では，場所や方向を表す副詞・前置詞句を伴う。
411 **paint** [peɪnt]	動 <u>を塗る</u>；を描く **paint *O C*** 「*O* を *C* (色) に塗る」 名 ペンキ，絵の具 □ páinting 名 絵画
412 **melt** [melt]	動 <u>を溶かす，溶ける</u>
413 **repeat** [rɪpíːt]	動 を繰り返して言う [書く]；<u>(を) 繰り返す</u>；(を) 復唱する ▶ *Repeat* after me.「後について言ってください」 □ repetítion 名 繰り返し，反復

420

414

shine
[ʃáɪn]

動 輝く；を磨く
- shine one's shoes「靴を磨く」
- 活用：shine - shone [ʃoʊn] - shone（「を磨く」は過去形・過去分詞形とも shined）

415

statue
発 [stǽtʃuː]

名 像
- the Statue of Liberty「自由の女神像」

416

pleasure
発 [pléʒər]

名 喜び，楽しみ
It is a pleasure to do.「…してうれしいです」
- with pleasure「喜んで」
- for pleasure「娯楽で，楽しみに」
- (It's) My pleasure.「どういたしまして」（お礼を言われたときなどの応答）

417

pressure
発 [préʃər]

名 重圧；圧力
under pressure「プレッシャーを抱えて；圧力を受けて」
- put pressure on ～「～（人）に圧力をかける」
- blood pressure「血圧」
- □ press →516

418

harmony
[háːrməni]

名 調和，一致
in harmony (with ～)「（～と）調和［一致］して」
- work in (perfect) harmony「（完璧に）うまくいく，息が合う」

419

display
[dɪspléɪ]

動 を展示［陳列］する，を見せる；（感情・性質など）を表す

名 展示；（感情などの）表れ；（コンピューターの）ディスプレイ

420

memory
[méməri]

名 記憶（力）；思い出
have a good memory for ～「～に関する記憶力がよい」
- in [within] one's memory「～の記憶の範囲では」
- □ mémorize 動 を記憶する

123

29 Sumo Oranges

🔑 筆者は大好きなデコポンをどのように賞賛しているだろうか？

① Sumo oranges are so delicious that I've already eaten three today. ② There are few things that I enjoy more than eating sumo oranges. ③ A company in California flies them direct to your home in the U.S. ④ The oranges are funny-looking objects. ⑤ When they appear in the store, they are a delicious signal that winter is half over. ⑥ Sumo oranges are neither too sweet, nor too sour. ⑦ They are easy to peel, so you don't need a sharp knife. ⑧ I like to take half an orange and open my mouth wide. ⑨ There is no proper way to eat them. ⑩ You may be pleased to know that they were invented in Japan. ⑪ Like just about anything invented in Japan, they're excellent. ⑫ Sumo oranges make a good gift for guests to bring to dinner. ⑬ I like to lay them on the coffee table, or the *kotatsu*. ⑭ I'll never forget the first time I ate one. ⑮ I'm considering eating another one right now.

◎語法・構文・表現 ∿∿∿∿∿∿∿∿∿∿∿∿∿∿∿∿∿∿∿∿∿∿∿∿∿∿∿∿∿∿∿∿∿∿∿∿∿∿∿

① **sumo orange**「デコポン」
   so ~ that ...「とても~なので…」

② **there are few things that I enjoy more than ~**「~より私が楽しいと思うことはほとんどない」

③ **fly ~ direct to ...**「~を…へ直接空輸する」

④ **funny-looking**「おかしな格好の」

⑤ **appear in the store**「店先に並ぶ」

📁 日常生活［料理・食事］

① デコポンはすごく美味しいので，今日は<u>もう</u>３個も食べてしまった。② デコポンを食べることより楽しいことは<u>ほとんどない</u>。③ カリフォルニア州のある<u>会社</u>が，国内の自宅まで直行便で送ってくれる。④ このオレンジはおかしな形をした<u>物</u>だ。⑤ 店頭に出てくると，冬が半ば過ぎたことを知らせてくれる美味しい<u>合図</u>だ。⑥ デコポンは甘すぎもせず，酸っぱすぎることも<u>ない</u>。⑦ 皮をむくのが簡単なので，<u>鋭利な</u>ナイフは必要ない。⑧ 私はデコポンを半分に割って，口を<u>大きく</u>開けて食べるのが好きだ。⑨ <u>ちゃんとした</u>食べ方などない。⑩ これが日本で発明されたと知ったら，皆さんは<u>嬉しく思う</u>かもしれない。⑪ 日本で発明された<u>どんなものも</u>そうだが，デコポンは素晴らしい。⑫ デコポンは<u>招待客</u>がディナーに持って行くのにもよい贈り物になる。⑬ 私は，デコポンをコーヒーテーブルやこたつの<u>上に置く</u>のが好きだ。⑭ 初めて食べたときのことは忘れられない。⑮ 今，<u>もう１つ</u>食べようかと<u>考え</u>ているところだ。

---

winter is half over「冬はもう半ば過ぎた」

⑦ peel「～の皮をむく」

⑪ like just about anything「ほとんど何でもそうであるように」

⑫ make a good gift「よい贈り物になる」

⑭ the first time I ate one「私がそれを食べた最初のとき」 ▶the first time の後に関係副詞の代用の that が省略されている。

■ 単語の意味を確認しよう。

421 **already** [ɔ:lrédi]	副 もう，すでに
422 **few** [fju:]	形 〔無冠詞で〕ほとんどない；〔a ～〕少数の ▶ There were *a few* passengers on the bus. 「バスには乗客が少しいた」 ▶ quite a few ～ 「かなり多数の～」 代 ほとんどない物 [人]；〔a ～〕少数 ▶ few of ～ 「～のほとんどは…ない」
423 **company** [kʌ́mpəni]	名 会社；同伴，同席；仲間 work for a company 「会社に勤務する」 ▶ in ～'s company / in the company of ～ 「～と一緒で」
424 **object** ⑦ [á(:)bdʒekt]	名 (無生物の) 物，物体；対象；目的語；目的 an everyday object 「日常的な物」 動 [əbdʒékt] 反対する ▶ object to ～ 「～に反対する」
425 **signal** [sígnəl]	名 合図；信号；信号機 give [send] a signal (to *do*) 「(…する) 合図を送る」
426 **nor** [nɔ:r]	接 〔否定文で〕もまた (…ない) neither *A* nor *B* 「*A* も *B* も…ない」
427 **sharp** [ʃɑ:rp]	形 鋭い，とがった；急な a sharp knife 「鋭いナイフ」 副 ちょうど，きっかり at ～ o'clock sharp 「～時きっかりに」
428 **wide** [waɪd]	形 (幅・範囲が) 広い；(幅が) ～の a wide choice of ～ 「幅広い選択肢の～」 副 大きく (開いて)，すっかり wide open 「広く開いて」 □ wídely 副 広範囲に；はなはだ

435

| 0 | 300 | 600 | 900 | 1200 |

---

429 **proper** [prá(:)pər]	形 (社会的・法的に) 正当な, 当然な；〔名詞の前で用いて〕適切な It is proper that S does [should do]. 「S が…するのは当然だ」 □ próperly 副 適切に, きちんと
430 **pleased** [pli:zd]	形 喜んで be pleased with [about / by / at] ~ 「~に喜んで [満足して] いる」 ▶ be pleased to do 「…してうれしい」 (I'm) Pleased to meet you. 「お目にかかれて光栄です」 □ please 動 を喜ばせる；好む 間 どうぞ, どうか
431 **anything** [éniθiŋ]	代 〔否定文で〕何も (~ない)；〔疑問文・if 節で〕何か；〔肯定文で〕何でも not ~ anything 「何も~ない」
432 **guest** [gest]	名 (招待) 客, ゲスト；来客；宿泊客 invite a guest 「客を招待する」 ▶ Be my guest. 「ご自由にどうぞ」(許可の求めに応じて)
433 **lay** [leɪ]	動 を横たえる, 置く；(鳥・昆虫などが)(卵)を産む lay A on [in] B 「A を B に置く [横たえる]」 ▶ lie 「横たわる」の過去形と同形。 ▶ 活用：lay - laid [leɪd] - laid
434 **consider** ⑦ [kənsídər]	動 (を)よく考える consider doing 「…することを [しようかと] よく考える」 ▶ consider A as [to be] B 「A を B だとみなす」 □ considerátion 名 よく考えること, 考慮 □ consíderable 形 かなりの, 相当の
435 **another** [ənʌ́ðər]	代 (同じ種類のうちの不特定な) 別の物 [人]；(同じ種類のうちの) もう 1 つ [1 人] another of (one's) ~ 「~の別の1つ [1人]」 形 別の；もう 1 つ [1 人] の；さらに ▶ This jacket is too small. Show me another one. 「このジャケットは小さすぎます。別のを見せてください」

127

① I recently **took** my wife to a nice restaurant for our 21st wedding anniversary. ② The napkins were **folded** into the shapes of swans. ③ You can pay over $100 for a **meal** at some restaurants in New York. ④ That price is before you even **leave** a tip. ⑤ If someone **offers** to meet you for dinner, <u>make sure</u> you can afford it. ⑥ Most places take credit cards, so you don't need to **bring** cash. ⑦ You don't need to **show** your ID to use a credit card. ⑧ However, some restaurants are cash only, so you may need your date to **lend** you the money for dinner. ⑨ I still **owe** a friend $20 for lunch. ⑩ When they bring the bill, they **put** it in a small folder. ⑪ Some restaurants **give** crayons to small children so they can **draw** while the adults eat. ⑫ At some BBQ restaurants, they give you a plastic bib to keep your shirt clean. ⑬ Some very cheap meals can **taste** as good as very expensive meals. ⑭ Some meals **smell** better than they taste. ⑮ There are <u>so</u> <u>many</u> different types of <u>restaurants</u> <u>that</u> it can be difficult to **choose** where to eat.

語法・構文・表現

② *be* **folded into the shapes of** 〜「〜の形に折りたたまれた」

⑤ **make sure**（that）...「必ず…であるようにする，…であることを確かめる」
　can afford 〜「〜を払う余裕がある」

⑥ **take credit cards**「クレジットカードを取り扱う」

⑧ **need** 〜 **to** *do*「〜に…してもらう必要がある」
　one's **date**「デートの相手」

高級なレストラン

📁 日常生活 [料理・食事]

① 私は最近，結婚 21 周年の記念日に，妻を素敵なレストランに連れて行った。② ナプキンは白鳥の形に折りたたまれていた。③ ニューヨークのレストランでは，食事に 100 ドル以上払うこともある。④ これはチップを払う前の値段だ。⑤ もし誰かに夕食に誘われたら，払えるかどうか確かめた方がよい。⑥ ほとんどの店ではクレジットカードが使えるので，現金を持って行く必要はない。⑦ クレジットカードを利用する際に，身分証明書を見せる必要はない。⑧ ただ，現金のみの店もあるので，デート相手に夕食の代金を貸してもらう必要があるかもしれない。⑨ 私は，今も友人に昼食代 20 ドルを借りている。⑩ 伝票を持ってくるときは，小さなフォルダーに入れてくれる。⑪ レストランの中には，小さな子供にクレヨンをくれて，大人が食事をする間，絵を描いていられるようにしている店もある。⑫ バーベキューレストランでは，シャツが汚れないように，ビニール製のよだれ掛けがもらえるところもある。⑬ すごく安い食事でも，非常に高い食事と同じくらい美味しいものもある。⑭ 味よりもにおいの方がいい料理もある。⑮ レストランの種類が多すぎて，食べる場所を選ぶのが難しいこともある。

---

⑩ **bill**「勘定書，伝票」

⑫ **bib**「よだれ掛け，胸当て用のナプキン」

⑭ **smell better than they taste**「味よりもにおいの方がいい」

⑮ **so ~ that it can be difficult to** *do*「とても~なので…するのが難しいこともある」

30 A Fancy Restaurant

■ 単語の意味を確認しよう。

---

436 **take** [teɪk]	動 を<u>連れて行く</u>，持って行く；（交通機関）に乗って行く；（時間）がかかる **take A to B**「A を B に連れて [持って] 行く」 ▶ take A with B「A を（B（人）が携帯して）持って行く」 ▶ it takes ~ to *do*「…するのに～（時間）かかる」 ▶ 活用：take - took [tuk] - taken [téɪkən]
437 **fold** [foʊld]	動 を<u>折る</u>，折りたたむ；（腕など）を組む **fold ~ in half**「～を二つ折りにする」 ▶ fold (up) the clothes「衣類をたたむ」 ▶ with *one's* arms folded「腕組みをして」 名 折り目
438 **meal** [mi:l]	名 <u>食事</u> **have a meal**「食事をする」 ▶ eat between meals「間食する」
439 **leave** [li:v]	動 を<u>残しておく</u>；のままにしておく；出発する，を去る **leave O₁ O₂**「O₁（人）に O₂ を残しておく [残す]」 ▶ leave (A) for B「B に向けて（A を）出発する」 ▶ 活用：leave - left [left] - left 名 休暇
440 **offer** ⑦ [ɔ́(:)fər]	動 を<u>申し出る</u>；（必要とされるもの）を提供する **offer O₁ O₂**「O₁（人）に O₂ を申し出る [提供する]」 ▶ offer to *do*「…しようと申し出る」 名 申し出，提案
441 **bring** [brɪŋ]	動 を<u>持ってくる</u>，連れてくる；をもたらす **bring O₁ O₂**「O₁（人）に O₂ を持ってくる [行く]」 ▶ 活用：bring - brought [brɔːt] - brought
442 **show** 発 [ʃoʊ]	動 を<u>見せる</u>，示す；を明らかにする；を案内する **show O₁ O₂**「O₁（人）に O₂ を見せる [示す]」 ▶ 活用：show - showed - shown [ʃoʊn] 名 ショー；番組；展覧会

130

443 **lend** [lend]	動 を貸す（⇔borrow「を借りる」） lend $O_1 O_2$ 「O_1（人）に O_2 を貸す」 ▶ 活用：lend - lent [lent] - lent
444 **owe** [ou]	動 にお金を借りている；に恩義がある owe $O_1 O_2$ (for ~) 「O_1（人）に（~のことで）O_2（お金）を借りている」 ▶ owe $O_1 O_2$ 「O_1（人）に O_2（恩義）がある」 He *owes* her a favor.「彼は彼女に恩義[借り]がある」
445 **put** [put]	動 を置く，入れる；の状態にする put A on [in / into] B 「A を B に置く[入れる]」 ▶ 活用：put - put - put
446 **give** [gɪv]	動 を与える，あげる give $O_1 O_2$ 「O_1（人）に O_2 を与える[あげる]」 ▶ 活用：give - gave [geɪv] - given [gívən]
447 **draw** [drɔː]	動 を描く，（線など）を引く；を引きつける draw $O_1 O_2$ 「O_1（人）に O_2（地図など）を描いてやる」 ▶ 活用：draw - drew [druː] - drawn [drɔːn] 名 引き分け □ dráwing 名 線画；絵を描くこと
448 **taste** [teɪst]	動 の味がする；の味を見る ▶ taste of [like] ~「~の味がする」("~" は名詞) 名 味，風味；好み　　▶ suit *one's* taste「好みに合う」
449 **smell** [smel]	動 のにおいがする；のにおいに気づく；のにおいをかぐ ▶ smell of [like] ~「~のにおいがする」("~" は名詞) 名 におい
450 **choose** [tʃuːz]	動 を選ぶ choose $O_1 O_2$ 「O_1（人）に O_2 を選んでやる」 ▶ choose A (to be) B 「A を B（役職など）に選出する」 ▶ choose to *do*「…することに決める」 ▶ 活用：choose - chose [tʃouz] - chosen [tʃóuzn]

筆者は自分の職業についてどのように考えてきたか？

① When I was young, I was **eager** to become a writer. ② I imagined a life of writing **clever** sentences. ③ A **wise** teacher told me that I would never get rich as a writer. ④ He said my hope of being an author was a **silly** dream. ⑤ My first **impression** was that he was **wrong**. ⑥ I thought he was **stupid** to say that. ⑦ I was confident that I would be **able** to support myself with my writing. ⑧ I was **sure** that by the age of thirty, I would publish a novel. ⑨ <u>Now</u> that I'm fifty, I can admit that I was wrong. ⑩ I **sometimes** wonder <u>what my life would be like</u> if I had listened to him. ⑪ Even **though** I've never sold a novel, I have no regrets. ⑫ I'm **proud** of the things I write. ⑬ I make enough money to live and still have time for **leisure**. ⑭ **Besides**, I don't know what else I would <u>be good at</u>. ⑮ However, if I had more money, I would hire an **assistant**.

語法・構文・表現

② **a life of** *doing*「…して生きる人生」

④ **my hope of being 〜**「〜になるという望み」
author「著者，作家」

⑦ **be** confident that ...「…ということを確信している」
support *oneself* with 〜「〜で生計を立てる」

⑧ **by the age of 〜**「〜歳までには」
publish「〜を出版する」

⑨ **now that ...**「今や…なので」

132

作家になること

英文レベル ☆☆ **167 words**

📁 産業［職業・労働］

① 私は若い頃，どうしても作家になりたかった。② 気の利いた文章を書く人生を想像した。③ ある賢明な先生が，私は作家としては決して金持ちにはなれないと私に言った。④ 作家になりたいというのはばかげた夢だと言った。⑤ 私の第一印象では，彼は間違っていた。⑥ そんなことを言うとは彼は愚かだと思った。⑦ 私は自分の文章で生きていくことができると確信していた。⑧ 30 歳までには必ず小説を出版すると思っていた。⑨ 50 歳になった今，自分が間違っていたことを認める。⑩ もし彼の言うことを聞いていたら，私の人生はどうなっていただろうと思うことは時々ある。⑪ 小説が本になったことはないが，後悔はしていない。⑫ 自分の書いたものに誇りを持っている。⑬ 生活するのに十分なお金を稼いでいるし，余暇の時間もある。⑭ それに，自分が他に何が得意なのかも分からない。⑮ でも，もしもっとお金があれば，助手を雇うのだが。

---

⑩ **wonder what ～ would be like if ...**「もし…であったら，～はどうなるだろうかと思う」▶if 節は仮定法過去完了，主節は仮定法過去の文。

⑪ **have no regrets**「後悔はない」

⑬ **make enough money to** *do*「…するのに十分な稼ぎがある」

⑭ **what else I would be good at**「自分が他に何が得意なのか」

⑮ **if I had more money, I would hire ～**「もしもっとお金があったら，～を雇うのだが」▶仮定法過去の文。

133

📖 単語の意味を確認しよう。

451 **eager** [íːgər]	形 熱望して；熱心な *be* eager to *do* 「ぜひ…したいと熱望する」 ▶ *be* eager for ~ 「~を熱望している」
452 **clever** [klévər]	形 利口な；巧妙な；抜け目のない It is clever (of ~) to *do*. 「…するとは (~は) 利口だ」 ▶ a clever idea 「うまい考え」
453 **wise** [waɪz]	形 賢明な，賢い It is wise (of ~) to *do*. 「…するとは (~は) 賢明だ」 □ **wísely** 副 賢く □ **wísdom** 名 賢明さ；知恵
454 **silly** [síli]	形 愚かな，ばかげた It is silly (of ~) to *do*. 「…するとは (~は) 愚かだ」
455 **impression** [ɪmpréʃən]	名 印象；(漠然とした) 感じ My (first) impression is (that) .... 「私の (第一) 印象では…だ」 ▶ get the impression that ... 「…という感じを受ける」 □ **impréss** 動 に (よい) 印象を与える □ **impréssive** 形 印象的な
456 **wrong** [rɔ(ː)ŋ]	形 間違った；悪い；具合が悪い It is wrong that *S does* [*should do*]. 「*S* が…することは (道義的に) 間違っている」 ▶ It is wrong of ~ to *do*. 「…するとは~は間違っている」 ▶ go wrong 「間違える；うまくいかない」 ▶ What's wrong (with ~)? 「(~は) どうしたの？」 ▶ something is wrong with ~ 「~はどこか調子が悪い」 名 悪，悪いこと
457 **stupid** [stjúːpəd]	形 愚かな，ばかげた It is stupid (of ~) to *do*. 「…するとは (~は) 愚かだ」
458 **able** [éɪbl]	形 できる (⇔unable 「できない」) *be* able to *do* 「…することができる」 □ **abílity** ➡ 794

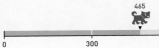

0	300	600	900	1200

459

sure
[ʃuər]

形 **確信して**
be sure to *do* 「きっと [必ず] …する（と思う）」
► Be sure to *do*. 「必ず…しなさい」
► *be* sure of [about] ~ 「~を確信している」

副 〔返答で〕**もちろん，いいですよ；確かに**
► It sure is. 「確かにそうだね」

460

sometimes
[sʌ́mtàimz]

副 **時々**
► 位置は通例，一般動詞の前，be 動詞や助動詞の後だが，文頭や文末などでもよい。
► sometime 副（未来・過去の）いつか

461

though
発 [ðou]

副 **でも，だけど**（≒however）

接 **…だけれども；（もっとも）…なのだが**
► （≒although）
► even though 「たとえ…であっても」

462

proud
[praud]

形 **誇りに思って；プライドの高い**
be proud to *do* 「…することを誇りに思う」
► *be* proud of ~ [that ...] 「~を [… であることを] 誇りに思う」
□ próudly 副 誇らしげに
□ pride 名 誇り；プライド，自尊心

463

leisure
発 [líːʒər]

名 **余暇，自由な時間**
(*one's*) leisure time 「暇な時間，余暇」

464

besides
[bisáidz]

副 **その上（何と言っても）**

前 **~に加えて**
► besides me 「私に加えて」（コンマを付けないことに注意）

465

assistant
[əsístənt]

名 **助手，補佐**
a personal assistant 「個人秘書」

形 **補助の**
► an Assistant Language Teacher 「外国語指導助手」
□ assístance 名 援助

🔎 ニューヨークでの生活は実際にはどんなものだろうか？

① Anyone familiar with New York knows that it is a city of extremes. ② On the way to work, you may laugh at a funny street performer. ③ Later, you may see a homeless person who was just released from a hospital. ④ New buildings in New York sit on ancient rock formations. ⑤ Classical music halls hold symphonies, while kids dance to hip-hop outside. ⑥ The streets are crowded, but parts of Central Park feel empty.

⑦ The first time I came to New York, I felt like I had a fever. ⑧ I thought that living in New York would make me an instant success, but the reality is, life in New York can be hard. ⑨ It takes a lot of strength to face the city every day. ⑩ I have a lot of respect for people moving here now. ⑪ Rents in this area are higher than ever. ⑫ If you don't have rich parents supporting you, it can be difficult. ⑬ However, people still like to gather in America's largest city. ⑭ In New York, you're surrounded by creative people.

◎語法・構文・表現

① **anyone familiar with ~**「~をよく知っている人なら誰でも」
　a city of extremes「極端な都市（さまざまな極端さを併せ持つ都市）」

② **on the way to ~**「~に行く途中で」

④ **sit on ~**「~に建っている」

⑤ **hold symphonies**「（オーケストラの）コンサートを開く」
　~, while ...「~，その一方で…」
　dance to ~「~に合わせて踊る」

昔ながらのニューヨーク

📁 文化 [歴史・人類・文明・風俗]

① ニューヨークに詳しい人なら誰でも，そこが極端な都市であることを知っている。② 通勤の途中で，おかしな大道芸人を見て笑うかもしれない。③ その後，病院から退院したばかりのホームレスの人を目にすることもある。④ ニューヨークの新しい建物は，古代の岩石層の上に建てられている。⑤ クラシック音楽のホールではコンサートが催され，そのすぐ外で子供たちがヒップホップを踊っている。⑥ 通りは混んでいるが，セントラルパークの一部はがらんとしている。

⑦ 初めてニューヨークに来た時，私は熱があるような気がした。⑧ ニューヨークに住めばたちまち成功すると思っていたが，実際は，ニューヨークでの生活は大変だ。⑨ 毎日その街に向き合うには大変な精神力が必要なのだ。⑩ 私は今，ここに引っ越してくる人たちをとても尊敬している。⑪ この地域の家賃はかつてないほど高い。⑫ 裕福な親に支えられていないと，大変なことになりかねない。⑬ しかし，それでも人々はアメリカ最大の都市に好んで集まってくる。⑭ ニューヨークでは，クリエイティブな人々に囲まれているのだ。

---

⑦ **the first time ...**「初めて…したとき」

⑨ **take a lot of strength to** *do*「…するのに大変な精神力 [体力] を必要とする」
face「〜に向き合う」

⑩ **have a lot of respect for 〜**「〜を大いに尊敬している」

⑪ **higher than ever**「これまでになく高い」

⑫ **have rich parents supporting you**「裕福な両親に支えられている」 ▶have 〜
doing「〜に…してもらう」

📖 単語の意味を確認しよう。

466
familiar
⑦ [fəmíljər]

形 <u>熟知している</u>；よく知られている；親しい
be familiar with ~ 「~をよく知っている」
▶ *be* familiar to ~ 「~（人）になじみがある」
The song *is familiar to* me.「その歌は私にはなじみがある」
▶ familiar faces 「なじみの顔ぶれ」

467
funny
[fʌ́ni]

形 <u>おかしい</u>，滑稽な；奇妙な
a funny story 「おかしい話」
▶ That's *funny*.「それはおかしいな［奇妙だ］」
□ fun 名 楽しみ

468
release
[rɪlíːs]

動 <u>を解放する</u>；を公表［公開］する；を（新しく）発売する
be released from ~ 「~（拘束・束縛など）から自由になる」
▶ release a new game 「新しいゲームを発売する」
名 解放；公表，公開

469
ancient
発 [éɪnʃənt]

形 <u>古代の</u>
▶ ancient history「古代史」

470
classical
[klǽsɪkəl]

形 <u>クラシックの</u>；古典的な
classical music 「クラシック音楽」
□ clássic 形 第一級の；典型的な
▶ a classic novel 「名作小説」
▶ a classic example of ~ 「~の典型的な例」

471
empty
[ém*p*ti]

形 <u>空の，空いている</u>
▶ an empty room [seat] 「空き部屋［空席］」
動 を空にする

472
fever
発 [fíːvər]

名 <u>熱，発熱</u>；興奮，熱狂
have a slight [high] fever 「微熱［高熱］がある」
▶ football [soccer] fever 「サッカー熱」

480

| 0 | 300 | 600 | 900 | 1200 |

473

instant
⑦ [ínstənt]

形 即席の；即時の

名 瞬間，即時
- in an instant 「一瞬で」
- the instant (that) ... 「…するとすぐに」
- □ ínstantly 副 すぐに

474

reality
⑦ [riǽləti]

名 現実；現実の物

face [accept] reality 「現実と向き合う [を受け入れる]」
- in reality 「実際には」
- The reality is (that) .... 「現実 [実際] には…である」
- become a reality 「現実 (の物) になる」
- □ real ➡258

475

strength
発 [streŋkθ]

名 力；強さ

with all *one's* strength 「～の力いっぱい (に)」
- □ strong 形 力のある，強い

476

respect
[rɪspékt]

名 尊敬；箇所，点

have respect for ～ 「～を尊敬している」
- look up to ～ 「～を尊敬する」

動 を尊敬する

477

area
発 [éəriə]

名 地域，区域；領域，分野

478

support
[səpɔ́ːrt]

動 を支持する；を支援する；を支える
- support *one's* family 「～の家族を養う」

名 支持；支え

479

gather
[gǽðər]

動 を集める；集まる
- gather ～ together 「～を集める，まとめる」
- gather together 「集まる，集合する」

480

surround
[səráund]

動 を囲む，取り囲む
be surrounded by [with] ～ 「～に (取り) 囲まれている」
- □ surróundings 名 環境

A Japanese Diet Is a Healthy Diet

① The first time I bit into a Japanese rice ball with a sour plum inside, I was delighted. ② I was not used to enjoying such an intense flavor. ③ It is interesting to mix the bland rice with the intense plum. ④ I also like to pour a raw egg over hot rice. ⑤ In my opinion, bitter coffee does not go well with a Japanese breakfast. ⑥ Coffee is better with a Western-style breakfast.

⑦ The Japanese diet is healthier than the American diet. ⑧ Japanese people eat less than Americans because chopsticks make you eat more slowly. ⑨ Eating slowly is better for you because your eyes play tricks on you. ⑩ They tell you that you can eat more than you need. ⑪ I try to eat slowly for this reason. ⑫ When I'm very hungry, I forget to eat slowly.

⑬ I try to eat something healthy every day. ⑭ Some days there is nothing good for me that I want to eat. ⑮ There are certain foods that I do not like. ⑯ For example, I find it impossible to eat *natto*. ⑰ I've heard that even some Japanese people don't like those foods, either.

語法・構文・表現

① the first time ...「初めて…したとき」
plum「梅」
be delighted「喜ぶ，嬉しく思う」

② *be* used to *doing*「…することに慣れている」
intense「強烈な，激しい」

③ bland「味気ない，淡白な」

④ raw egg「生卵」

和食は健康食

📁 文化［歴史・人類・文明・風俗］

① <u>酸っぱい</u>梅干し入りのおにぎりに初めて<u>かぶりつい</u>たとき，私はとても嬉しかった。② それほど強烈な<u>味</u>のものを食べることに慣れていなかったのだ。③ 淡白なご飯に強烈な味の梅を<u>混ぜ</u>て食べるのも面白い。④ 温かいご飯に生卵を<u>かける</u>のも好きだ。⑤ 私の意見では，<u>苦い</u>コーヒーは日本の朝食には合わない。⑥ コーヒーは洋風の朝食の方がよく合う。

⑦ 日本の<u>食事</u>はアメリカの食事より健康的だ。⑧ 日本人はアメリカ人より食べる量が少ない。<u>箸</u>を使うと食べるのが遅くなるからだ。⑨ 食べるのはゆっくりの方がよい。目が<u>錯覚</u>を起こすのだ。⑩ 人間の目は，必要以上に食べることができると<u>伝えてくる</u>。⑪ だから私はゆっくり食べるようにしている。⑫ すごくおなかが空いていると，ゆっくり食べるのを<u>忘れ</u>てしまう。

⑬ 私は，健康によい<u>もの</u>を毎日食べるようにしている。⑭ 食べたいものが<u>何もない</u>日もある。⑮ 嫌いな食べ物もある。⑯ 例えば，納豆を食べるのは私には無理<u>だと思う</u>。⑰ 日本人でもそのような食べ物は嫌いな人がいると<u>聞い</u>たことがある。

---

⑤ in *one's* opinion「～の考えでは」
　go well with ～「～によく合う」

⑩ eat more than you need「必要とする以上に食べる」

⑭ there is nothing good for me that I want to eat「私が食べたいと思うような体によい食べ物が何もない」▶that 以下は nothing にかかる。

⑯ find it impossible to *do*「…するのは不可能だと思う」

⑰ even ～ do not like ...,either「～でさえも…が好きでない」

33 A Japanese Diet Is a Healthy Diet

📗 単語の意味を確認しよう。

481 **bite** [baɪt]	動 (を) **かむ**, (に) かみつく；(虫などが) を刺す 　bite into ~ 「~にかぶりつく」 ▶ bite one's lip 「唇をかみしめる」 ▶ 活用：bite - bit [bɪt] - bitten [bítən] 名 かむこと；一口 (の量) ▶ take a bite of ~ 「~を一口かじる」
482 **sour** 発 [sáuər]	形 **酸っぱい**；すえた ▶ smell sour 「すえたにおいがする」
483 **flavor** [fléɪvər]	名 **風味, 味** 　have a ~ flavor 「~な風味 [味] がある」 動 に風味を添える，味をつける
484 **mix** [mɪks]	動 **を混ぜる**；混ざる 　mix A and B (together) 「A を B と混ぜる」 ▶ mix with ~ 「~と混ざる」 □ mixed 形 混合の；複雑な ▶ a mixed salad 「ミックスサラダ」 ▶ mixed feelings 「複雑な気持ち」 □ míxture 名 混合 (物)
485 **pour** 発 [pɔːr]	動 **を注ぐ，かける**；(飲み物など) をつぐ；(多量に) **流れ出る** 　pour A on [over] B 「A を B に注ぐ，かける」
486 **bitter** [bítər]	形 **苦い**；つらい ▶ bitter experience 「つらい経験」 ▶ bíttersweet 形 甘く苦い；ほろ苦い
487 **diet** [dáɪət]	名 **ダイエット**；(栄養的観点での) **食事** 　be [go] on a diet 「ダイエットをしている [する]」 ▶ in one's diet 「(日々の) 食事において」
488 **chopstick** [tʃá(ː)pstik]	名 〔~s〕箸 　a pair of chopsticks 「箸 (1膳)」

495

| 0 | 300 | 600 | 900 | 1200 |

489
trick
[trɪk]

图 **いたずら**；たくらみ；手品；トリック
play a trick on ~ 「~（人）にいたずらをする」
▶ do magic tricks「手品をする」

動 をだます

490
tell
[tel]

動 (人に) を**伝える**，言う；を見分ける，見分けがつく
tell ~ to do 「~に…するよう言う[命じる]」
▶ tell O_1 O_2「O_1（人）に O_2 を伝える[教える]」
▶ tell A from B「A を B と区別する[見分ける]」
▶ 活用：tell - told [toʊld] - told

491
forget
[fərgét]

動 (を)**忘れる**
① forget to do 「…するのを忘れる」
② forget doing 「…したことを忘れる」
▶ 活用：forget - forgot [fərgá(:)t] - forgotten [fərgá(:)tən]

492
something
[sʌ́mθɪŋ]

代 **何か**
something to do 「何か…するもの」

493
nothing
発 [nʌ́θɪŋ]

代 **何も~ない**
There is nothing (in ~) 「（~には）何もない」
▶ for nothing「無料で」

图 重要ではない[取るに足りない]こと[人]

494
find
[faɪnd]

動 を**見つける**，に気づく；だとわかる
find O C 「O が C だと気づく[思う，感じる]」
▶ find oneself ~「気づくと自分自身が~（の状態）だ」
▶ find it ~ to do「…するのは~だとわかる[思う]」
▶ 活用：find - found [faʊnd] - found

495
hear
発 [hɪər]

動 が**聞こえる**
hear ~ do [doing] 「~が…する[している]のが聞こえる」
▶ hear that ...「…ということを耳にする」
▶ hear from ~「~から連絡がある」
▶ 活用：hear - heard [hɑːrd] - heard

筆者が高校時代に臨んだサッカーの試合はどのようなものだったか？

① When I was in high school, my team won a soccer **tournament**. ② I was not much of an **athlete**, but I <u>tried my best</u>. ③ My **coach** let me play a forward **position**. ④ We were playing against our biggest **rival**. ⑤ The other team had been **training** for this game all season. ⑥ I **exercised** often, but I was not a very skilled player. ⑦ However, I **practiced** kicking the ball <u>as far as I could</u> every weekend. ⑧ The **temperature** on the day we played was perfect. ⑨ A slight **breeze** cooled us off while we ran on the field. ⑩ I enjoyed playing in the **sunshine**. ⑪ At the end of the first half, the **score** was tied at zero. ⑫ The game was the last **match** of the season. ⑬ We were competing for the highest **prize** in our state. ⑭ When the ball got loose, another player and I ran a race to get it. ⑮ I won, and kicked the ball **across** the field to a teammate, who scored a goal.

語法・構文・表現

② *be* **not much of a ～**「大した～ではない」
　try *one's* **best**「最善を尽くす，出来るだけのことをする」

③ **let ～** *do*「～に…させてやる」

④ **play against ～**「～と対戦する」

⑤ **the other team**「もう一方の（＝相手の）チーム」

⑦ **as ～ as** *one* **can**「出来るだけ～」

⑧ **on the day we played**「私たちがプレーした日に」　▶day の後に関係副詞 when

144

📁 日常生活［スポーツ］

① 高校生の頃，私のチームはサッカーの<u>トーナメント</u>で優勝した。② 私は大した<u>運動選手</u>ではなかったが，最善を尽くした。③ <u>コーチ</u>は私にフォワードの<u>ポジション</u>をやらせてくれた。④ 私たちは最大の<u>ライバル</u>と対戦した。⑤ 相手のチームは，この試合のためにシーズン中ずっと<u>トレーニング</u>をしてきていた。⑥ 私は，<u>運動</u>はよくしていたが，あまり上手な選手ではなかった。⑦ でも，毎週末にボールをできるだけ遠くに蹴る<u>練習をして</u>いた。⑧ 試合当日の<u>気温</u>は最高だった。⑨ フィールドを走っていると，かすかな<u>そよ風</u>が冷やしてくれた。⑩ <u>太陽</u>の下での試合は楽しかった。⑪ 前半終了時，<u>スコア</u>は 0 対 0 で同点だった。⑫ その試合はシーズン最後の<u>試合</u>だった。⑬ 私たちは州の最高<u>賞</u>をかけて競い合っていた。⑭ ボールがこぼれたとき，相手の選手と私がそのボールを取りに走った。⑮ 私が競り勝ち，私は仲間の選手に向かってフィールド<u>を横切って</u>ボールを蹴り，彼がゴールを決めた。

の省略。

⑨ **cool ~ off**「～を冷やす，涼しくする」

⑪ **at the end of ~**「～の終わりに」
　　be **tied at ~**「～（点）で同点である」

⑬ **compete for ~**「～を目指して競争する」

⑭ **get loose**「（ボールが）こぼれる」
　　run a race to *do*「…しようと競走する」

■ 単語の意味を確認しよう。

496 **tournament** (発) [túərnəmənt]	名 <u>トーナメント</u> the first [second] round of the tournament 「トーナメントの1 [2] 回戦」 ▶ a grand *sumo* tournament 「大相撲」
497 **athlete** (ア) [ǽθliːt]	名 <u>運動選手</u> a top athlete 「一流選手」
498 **coach** (発) [koutʃ]	名 <u>コーチ，指導員</u> 動 を指導する
499 **position** [pəzíʃən]	名 立場；<u>位置</u>；姿勢；職 *be* in a position to *do* 「…する立場にある」 ▶ in [out of] position 「所定の [間違った] 位置に」 ▶ a sitting position 「座った状態 [姿勢]」
500 **rival** [ráɪvəl]	名 <u>ライバル</u>，競争相手 形 競合の
501 **train** [treɪn]	動 (を) 訓練する，<u>トレーニングする</u> train (A) for B 「(A を) B に向けて鍛える，トレーニングする」 名 列車 □ tráining 名 訓練，トレーニング □ tráiner 名 トレーナー，コーチ
502 **exercise** [éksərsàɪz]	動 <u>運動する</u>；(体の部位など) を鍛える 名 運動；練習；練習問題 ▶ do exercise 「運動する」
503 **practice** [prǽktɪs]	動 (反復的に) (を) <u>練習する</u>；を実践する practice *doing* 「…する練習をする」 名 練習；実践

504 **temperature** [témpərətʃər]	名 温度, 気温;体温 ▶ take *one's* temperature「体温を測る」
505 **breeze** [bri:z]	名 そよ風 in the breeze「そよ風に[で]」 ▶ a sea breeze「海風, 潮風」
506 **sunshine** [sánʃàin]	名 日差し, 日なた in (the) sunshine「日差しの中で, 日なたで」 ▶ 太陽からの光と熱の両方を含む。
507 **score** [skɔ:r]	名 得点, スコア;成績 the score is [stands at] ～「得点は～だ」 ▶ by a score of A to B「得点 A 対 B で」 ▶ get a perfect [high / low] score in ～「～で満点 [高い/低い得点] を取る」 動 (点) を取る;得点する
508 **match** [mætʃ]	名 試合;競争相手;適合する人 [物] play a match「試合をする」 ▶ a perfect match for ～「～にぴったりの人 [物]」 動 と調和する;に匹敵する
509 **prize** [praiz]	名 賞 win first prize (in ～)「(～で) 1等賞を取る」
510 **across** [əkrɔ(:)s]	前 ～を横切って;～の向こう側に;～の至る所に ▶ swim across the river「川を泳いで渡る」 ▶ across the country「国中に [で]」

アメリカの道路で車を運転する様子を思い浮かべながら読んでみよう。

　①When you drive, you should **always** fasten your seatbelt across your **chest**. ②If you don't **shut** the door properly, an **alarm** will sound. ③On most highways in the U.S., the speed limit is 65 miles **per** hour. ④If you don't want to **press** on the gas pedal, you can set cruise control to **assist** you. ⑤If you drive too fast, a police **officer** will give you a speeding ticket. ⑥Then you must see the **clerk** at an office and pay a penalty for speeding. ⑦The penalty for speeding can be over $300! ⑧Just for your information, gas only costs about three dollars a gallon, **plus** tax. (⑨Gallons are an American **unit** of measurement, while in Japan they use liters. ⑩A gallon is about 3.8 liters.) ⑪When it's hot in the car, just roll down the window so that the fresh air will **flow** through the car. ⑫When driving, you should be careful at **intersections**. ⑬You might not see a car coming around a **corner**. ⑭Another place to be careful is a school **zone**. ⑮You should always drive slowly to avoid hitting children.

語法・構文・表現

①**fasten** *one's* **seatbelt**「シートベルトを締める」

②**properly**「適切に」
　sound「（音が）鳴る」

④**gas pedal**「（自動車の）アクセル」
　cruise control「自動速度制御装置」

⑤**a speeding ticket**「スピード違反の切符」

⑥**penalty**「罰金」

📁 産業 [交通・運輸]

① 車を運転するときは，<u>必ず</u>シートベルトを<u>胸</u>の前で締めなければならない。② ドアをきちんと<u>閉め</u>ないと，<u>アラーム</u>が鳴る。③ アメリカのほとんどの高速道路では，制限速度は時速(= 1 時間<u>につき</u>) 65 マイルだ。④ アクセルを<u>踏み</u>続けていたくない場合は，クルーズコントロール(自動速度制御)に設定すれば<u>役に立つ</u>。⑤ スピードを出しすぎると，<u>警察官</u>がスピード違反切符を切る。⑥ その場合，役所の<u>職員</u>のところに行って，スピード違反の罰金を払わなければならない。⑦ スピード違反の罰金は300 ドル以上になることもある！ ⑧ ご参考までに，ガソリンは 1 ガロン約 3 ドルに税金を<u>加えた</u>額しかかからない。(⑨ ガロンはアメリカの測量<u>単位</u>で，日本ではリットルを使う。⑩ 1 ガロンは約 3.8 リットルだ。) ⑪ 車内が暑い場合は，窓を開けると，車の中に新鮮な風が<u>吹き込んでくる</u>。⑫ 車を運転するときは，<u>交差点</u>に注意しなければならない。⑬ 別の車が<u>角</u>を曲がってくるのが見えないかもしれないからだ。⑭ もう1 つ気を付けなければならない場所が，スクール<u>ゾーン</u>だ。⑮ 子供をひかないように，常にゆっくり運転すべきだ。

---

⑧ **(just) for your information**「(ほんの) ご参考までに」
　gallon「ガロン」(測量単位。1 ガロン≒3.785 リットル《米》)

⑨ **measurement**「測量，測定」

⑪ **roll down 〜**「(車の窓を) 下げ (て開け) る」
　so that ...「…するために」

⑮ **avoid** *doing*「…するのを避ける」

35 Tips for Driving

511

always
[ɔ́:lweɪz]

副 いつも，必ず；〔進行形で〕…ばかりしている
not always 「いつも［必ずしも］〜とは限らない」
▶ be always complaining 「いつも文句ばかり言っている」

512

chest
[tʃest]

名 胸
press one's face into 〜's chest 「顔を〜の胸に押し当てる［うずめる］」

513

shut
[ʃʌt]

動 を閉める，閉じる（⇔open「を開ける；開く」）
▶ shut one's eyes 「目を閉じる」
▶ shut down (〜)「(〜を) 休業［停止］する」
▶ 活用：shut - shut - shut

514

alarm
[əlɑ́:rm]

名 警報（装置）；目覚まし時計；恐怖
a fire alarm 「火災報知器」
▶ in alarm 「おびえて，驚いて」

動 を不安にさせる

515

per
[pə:r]

前 〜につき，〜あたり
X kilometers [km] per hour 「時速 X キロ」

516

press
[pres]

動 (を) 押す，(を) 押しつける

名 〔the 〜〕報道機関；新聞；報道陣

517

assist
[əsíst]

動 を手助けする
assist 〜 in doing 「〜（人）が…するのを手伝う」
▶ help の場合は help 〜 (to) do の形。

名 （得点の）アシスト

518

officer
[ɑ́(:)fəsər]

名 警官（=police officer）；役人
▶ políce →1121

---

519 **clerk** (発) [kləːrk]	名 (米) 店員 (=sales clerk [salesclerk]); 事務員 ▶ a bank clerk「銀行員」
520 **plus** [plʌs]	前 ～を加えて, 足すと ～ plus tax 「～に税を加えて, 税別で～」 ▶ Two *plus* three is five. 「2 ＋ 3 ＝ 5」
521 **unit** [júːnɪt]	名 単位; 単元 a unit of length [weight] 「長さ [重さ] の単位」
522 **flow** [floʊ]	動 流れる flow through ～ 「～を通って流れる」 名 流れ (ること)
523 **intersection** [ìntərsékʃən]	名 交差点 at the intersection 「交差点で [を]」 ▶ a busy intersection「混雑した交差点」
524 **corner** [kɔ́ːrnər]	名 曲がり角; 角, 隅 (just) around the corner 「角を曲がった所に;(距離的・時間的に) すぐ近くに」 ▶ on [at] the corner (of ～)「(～の) 角の所で」
525 **zone** [zoʊn]	名 地帯, 区域 a no-parking zone 「駐車禁止区域」 ▶ a school zone「スクールゾーン」

36 Growing Old

日々の生活から自分の老いを実感する筆者が考える上手な年の取り方とは？

① Growing old often feels like a rapid decline. ② Minor problems like forgetting a name start to appear. ③ You might also forget how to spell some words. ④ You may see your face reflected in a window and wonder who that old person is. ⑤ You might drop your mobile phone or your wallet more often. ⑥ Mild winter days will feel very cold. ⑦ You may also begin to wonder if you have fulfilled all your obligations.

⑧ One way to age well is to encourage yourself every morning to keep going. ⑨ Look for small ways to improve your life. ⑩ Take time in the morning to remind yourself that life is an adventure. ⑪ Whenever you see yourself looking sad in the mirror, try to cheer yourself up. ⑫ There is little you can do to stop getting older, but you can make an attempt to slow the aging process. ⑬ You can adjust to getting old by practicing now. ⑭ You can try some food samples at the grocery store, or sit in the shade in a public park, just like a lovely old lady next door.

語法・構文・表現

① feel like ~「~のように感じる」
  decline「減退，衰え」

④ see ~ *done*「~が…されるのを見る」
  wonder who ~ is「~は誰だろうと思う」

⑦ wonder if ...「…だろうかと思う」
  obligation「義務，やるべきこと」

⑧ keep going「前進し続ける，やり続ける」

📁 日常生活［健康・医療］

① 年を取ることは，急速な衰えのように感じられることがよくある。② 名前を忘れるなどの小さな問題が出てくる。③ また，単語の綴りを忘れることもある。④ 窓に映った自分の顔を見て，その老人は誰だろうと思うかもしれない。⑤ 携帯電話や財布を落とすことが増えるかもしれない。⑥ 穏やかな冬の日がとても寒く感じられるようになる。⑦ あるいは，自分がやるべきことをすべて果たしたかどうか，疑問に思うようになることもあるだろう。

⑧ 上手に年を取る１つの方法は，毎朝自分を励まして，前に進み続けることだ。⑨ 生活を改善するための小さな方法を探すとよい。⑩ 朝，人生は冒険だということをじっくりと自分に言い聞かせるのだ。⑪ 鏡に映った自分が悲しそうな顔をしている時には，自分を元気づけてあげるようにしなさい。⑫ 老化を止めるのにできることはほとんどないが，老化を遅らせるための試みならできる。⑬ 今練習しておけば，老化に適応することができる。⑭ ちょうどお隣の可愛らしい老婦人のように，食料品店で試食品を食べてみたり，あるいは，公園の日陰に座ったりすることもできる。

---

⑨ look for ～「～を探す」

⑩ take time to *do*「…するための時間を取る」
　remind *oneself* that ...「…ということを自分に思い出させる」

⑪ cheer ～ up「～を励ます［元気付ける］」

⑫ there is little you can do to *do*「…するためにできることはほとんどない」
　▶little の後に関係代名詞 that の省略。

⑭ grocery store「食料品店」

📔 単語の意味を確認しよう。

526 **rapid** [rǽpɪd]	形 急速な；素早い **rapid change** 「急激な変化」 ▶ a rapid train「快速列車」 □ rápidly 副 急速に
527 **minor** [máɪnər]	形 (比較的) 重要ではない，小さい方の (⇔ major →289) **a minor problem** 「ささいな問題」 名 未成年者
528 **spell** [spel]	動 をつづる ▶ spell out ~ / spell ~ out「~を略さずに [1字1字] 書く」 ▶ 活用：spell - spelled [英 spelt [spelt]] - spelled [英 spelt] 名 呪文；魔法 □ spélling 名 (正しく) つづること；つづり，スペル
529 **reflect** [rɪflékt]	動 を映し出す；を反射する；を熟考する *be* reflected in ~ 「~に映し出されている」 ▶ reflect on ~「~について熟考する」 □ refléction 名 反射
530 **drop** [drɑ(:)p]	動 を落とす；落ちる ▶ drop out (of ~)「(~ (学校) を) 中途退学する」 名 しずく；一滴；(数・量の) 下落
531 **mild** [maɪld]	形 (天候が) 穏やかな，温暖な；(味が) まろやか な **nice and mild** 「穏やか [温暖] で心地よい」
532 **fulfill** ⑦ [fʊlfíl]	動 を実現させる；(要求・必要など) を満たす；(役 割) を果たす **fulfill *one's* dream [wish]**「夢 [希望] をかなえる」
533 **encourage** [ɪnkə́:rɪdʒ]	動 を促進する，奨励する；を勧める；を励ます **encourage ~ to *do*** 「~に…するよう促す，…する気に させる」 ▶ encourage A in B「A (人) を B のことで励ます」 □ encóuragement 名 励まし；奨励

| 0 | 300 | 600 | 900 | 1200 |

534
remind
[rɪmáɪnd]

動 (人) に思い出させる

remind A of B 「(物・事が) A (人) に B を思い出させる」→「(物・事で) A (人) は B を思い出す」
▶ That reminds me, ... 「それで思い出したのだけど，…」

535
whenever
㋐ [hwenévər]

接 …するときはいつでも，…するたびに；いつ…しようとも

536
little
[lítl]

形 〔無冠詞で〕ほとんどない；〔a 〜〕少量の；小さい
▶ 数えられない名詞を修飾する。
▶ There is a little time left for us. 「私たちには時間がわずかに残されている」
▶ not a little 〜 「かなりの (量の)〜」
▶ 活用：little - less [les] - least [liːst]

副 ほとんど〜ない；〔a 〜〕少し (は)

代 ほとんどない物 [人]；〔a 〜〕少量，少し

537
attempt
[ətémpt]

名 試み
make an attempt (to do) 「(…しようと) 試みる」

動 を試みる
▶ attempt to do 「…しようとする」

538
adjust
[ədʒást]

動 順応 [適応] する；を調整する
adjust to 〜 「〜に順応する，慣れる」
▶ adjust oneself to 〜 「〜に順応させる，慣れさせる」
▶ adjust A to B 「A を B に合わせて調整する」
□ adjústment 名 調整 (装置)

539
sample
[sǽmpl]

名 見本，試供品
a free sample of 〜 「〜の試供品」
▶ collect [take] samples 「サンプルを集める [採取する]」

540
shade
[ʃeɪd]

名 陰，日陰
in the shade of 〜 「〜の陰に」

③⑦ Apartment Renovation

アパートの改築を考える筆者の心配事とは？

① I **recently** bought the **apartment** underneath mine. ② I want to connect the apartments, so that we have an **upper** floor and a lower floor. ③ After I bought it, however, I could **hardly** sleep. ④ I was **anxious** about all the money I borrowed. ⑤ I paid an engineer to **measure** the floor. ⑥ He said the floor was very **thick**, and adding a staircase to connect the floors would be expensive. ⑦ Having a home office will have a huge **impact** on my work. ⑧ The work will take **less** than a year, but it will cost a great **deal** of money. ⑨ I think the **bill** will come to $200,000. ⑩ When I asked my wife if we should buy it, she **immediately** said "Yes!" ⑪ My best friend said that, in his **opinion**, I should borrow the money. ⑫ Having a bigger and nicer apartment will improve my **standard** of living, he said. ⑬ If I can't afford to live in the new apartment, however, I will have to sell it **instead**.

語法・構文・表現

① **underneath ~**「～の下の」

② **so that ...**「…するように」▶「目的」を表す。

④ **all the money I borrowed**「自分が借りた大金」▶money の後に関係代名詞 that が省略。

⑤ **pay ~ to** *do*「～にお金を払って…してもらう」

📁 社会 [経済・金融]

① 最近，私はアパートの下の部屋を買った。② アパートの上の階と下の階の両方を使えるように，部屋を繋げたいのだ。③ しかし，買ってからほとんど眠れない。④ 借金のことが心配で仕方がなかった。⑤ 私は技師にお金を払って床を測ってもらった。⑥ 床はとても厚いので，階段を作って上の階と下の階を繋げるのは高くつくだろうと彼は言った。⑦ 自宅のオフィスを持つことは，私の仕事に大きな影響を与えるだろう。⑧ 工事は1年足らずで終わるだろうが，莫大な額の費用がかかる。⑨ 請求額は20万ドルになると思う。⑩ 買った方がいいかと妻に聞くと，彼女は即座に「イエス！」と言った。⑪ 親友が言うには，彼の意見としては，私はお金を借りた方がいいということだった。⑫ より広くて素敵なアパートを持つことで，私の生活水準が向上するだろうと言うのだ。⑬ しかし，もしこの新しいアパートに住むお金の余裕がなければ，代わりに売るしかないだろう。

⑧ **take less than a year**「1年もかからない」

⑨ **come to ～**「(合計が) ～になる」

⑩ **ask ～ if ...**「～に…かどうか尋ねる」

⑪ **in** *one's* **opinion**「～の考えでは」

⑬ **can't afford to** *do*「…する (金銭的) 余裕がない」

📙 単語の意味を確認しよう。

541 **recently** [rí:səntli]	副 **(ここ) 最近** ▶ 現在完了形のほか，過去形でも用いられる。 □ récent ➡892
542 **apartment** [əpá:rtmənt]	名 **アパート，マンション** **live in an apartment** 「アパート [マンション] に住んでいる」 ▶ 建物全体を指すときは an apartment building とも言う。
543 **upper** [ʌ́pər]	形 **上の [高い] 方の** (⇔lower「下の [低い] 方の」)；**上位の** ▶ the upper limit「上限」
544 **hardly** [há:rdli]	副 **(程度が) ほとんど〜ない** **can hardly** *do* 「ほとんど…できない」 ▶ hardly ever「めったに〜ない」(頻度)
545 **anxious** [ǽŋkʃəs]	形 **切望して；心配して，不安で** *be* **anxious to** *do* 「…することを切望している」 ▶ *be* anxious for 〜 [that ...]「〜を [… ということを] 切望している」 ▶ *be* anxious about 〜「〜のことを心配している」
546 **measure** (発) [méʒər]	動 **を測る**；(の) **寸法がある** 名 **基準；措置；計量単位** □ méasurement 名 測定
547 **thick** [θɪk]	形 **厚い** (⇔thin「薄い」➡20)；**濃い** *be* 〜 **centimeter(s) thick** 「厚さ〜センチだ」 ▶ thick clouds [fog]「厚い雲 [濃い霧]」
548 **impact** (ア2) [ímpækt]	名 **(大きな) 影響 (力)，衝撃** **have [make] an impact on** 〜 「〜に影響を与える」

555

0	300　　　　600　　　　900　　　　1200

549

less
[les]

副 **より少なく**
less than 〜 「〜より少なく」
▶ in less than ten minutes 「10分たたずに」

形 **より少ない [小さい]**

名 より少ない量の物

550

deal
[di:l]

名 **量；取引**
a great [good] deal of 〜 「非常にたくさん [大量] の〜」
▶ 「〜」は不可算名詞。可算名詞では number を使う。
▶ It's a *deal*. 「それで決まりだ」（提案などを受けて）

動 〔deal with 〜 で〕〜に対処する；〜を扱う

551

bill
[bɪl]

名 **請求書；米 紙幣；**〔the 〜〕英 **勘定（書）**
pay a bill 「（請求書の）支払いをする」

552

immediately
[ɪmíːdiətli]

副 **直ちに（≒right away [off]）；直接に，じかに**
▶ immediately after [before] 〜 「〜の直後に [直前に]」
□ immédiate 形 即座の

553

opinion
[əpínjən]

名 **意見，見解**
have an opinion on [about] 〜 「〜についての意見を持っている」
▶ the opinion that ... 「…という意見」

554

standard
⑦ [stǽndərd]

名 **基準，標準**
a standard of living / living standards 「生活水準」

形 **標準の**
▶ a standard size 「標準サイズ」
▶ standard English 「標準英語」

555

instead
⑦ [ɪnstéd]

副 **その代わりに，そうではなくて**
▶ instead of 〜 「〜の代わりに」

---

38 How to Stay Married

結婚生活に関する筆者のアドバイスはどのようなものか？

① When people marry for love, they believe that every day together will bring pure joy. ② However, sooner or later, you will do something to make your spouse mad at you. ③ Whether your marriage survives that moment comes down to good communication. ④ If you get mad at your husband or wife, calmly state why you are angry. ⑤ Then listen to the reply without making any comments. ⑥ Try to approach the topic with love and kindness. ⑦ If you feel that you're too angry, take a moment to calm down. ⑧ Sometimes it's better to quit talking than to say something hurtful. ⑨ If your spouse says abusive things, warn them that you will leave until they can treat you with respect. ⑩ A careless word can cause a lot of pain. ⑪ If either of you do say something hurtful, be sure to apologize. ⑫ Neither of you should ever explode during an argument. ⑬ Even if you are deep in love, you will have arguments. ⑭ Treat each other with respect and have fun together as often as you can. ⑮ There is nothing more precious than peace at home.

語法・構文・表現

① **everyday together will bring ～**「毎日一緒にいることが～をもたらす」
② **sooner or later**「遅かれ早かれ」
　spouse「配偶者」
③ **whether ... comes down to ～**「…かどうかは～次第である」
⑦ **take a moment to do**「少し時間を取って…する」
　calm down「落ち着く，冷静になる」
⑧ **hurtful**「人を傷つけるような」
⑨ **abusive**「虐待的な，人を罵倒するような」

160

結婚生活を続ける方法

📁 日常生活［婚姻・交友・人間関係］

① 人々は愛のために結婚するとき，毎日一緒にいれば純粋な喜びをもたらしてくれると信じている。② でも，遅かれ早かれ，相手を怒らせるようなことをするだろう。③ 結婚生活がその瞬間を乗り越えられるかどうかは，良好なコミュニケーションにかかっている。④ 夫や妻に腹が立ったら，なぜ怒っているのかを冷静に述べるべきだ。⑤ そして，相手の返事を，何も意見を差し挟まずに聞くことだ。⑥ 愛情と優しさをもって，話を切り出すようにすべきだ。⑦ もし自分がすごく怒っていると感じたら，少し落ち着こう。⑧ 人を傷つけるようなことを言うより，話すのをやめた方がいいことも時にはある。⑨ もし相手が罵倒するようなことを言ってきたら，敬意を持って接してくれるまで出ていくと警告しなさい。⑩ 不注意な言葉は，多くの苦痛を引き起こすことがある。⑪ もしどちらかが相手を傷つけるようなことを言ってしまった場合には，必ず謝りなさい。⑫ どちらも，けんかの最中に怒りを爆発させてはいけない。⑬ たとえ深く愛し合っていても，けんかをすることはある。⑭ お互いに敬意を持って接し，できるだけ一緒にいる時間を楽しむようにしよう。⑮ 家庭の平和ほど大切なものはないのだ。

---

warn ～ that ... 「～に…だと警告する」

⑪ be sure to *do* 「必ず…する」
apologize 「謝罪する」

⑫ neither ～ should ever *do* 「～のどちらも決して…すべきではない」
explode 「爆発する，キレる」

⑬ even if ... 「たとえ…だとしても」

⑭ as often as *one* can 「できるだけ頻繁に」

⑮ there is nothing more ～ than ... 「…より～なものはない」

📘 単語の意味を確認しよう。

---

556 **marry** [mǽri]	**動** (と) 結婚する ▶ *be* [get] married (to ~) 「(~と) 結婚している [結婚する]」 □ márriage 名 結婚
557 **joy** [dʒɔɪ]	**名** 喜び with [for] joy 「喜んで」 □ jóyful 形 喜ばしい
558 **mad** [mæd]	**形** 怒って；ばかげた *be* [get] mad at ~ 「~ (人) に頭にきている [頭にくる]」 ▶ *be* [get] mad about ~ 「~ (物・事) に頭にきている [頭にくる]」
559 **communication** [kəmjù:nɪkéɪʃən]	**名** コミュニケーション，意思疎通；〔~s〕通信手段 ▶ a lack of communication 「コミュニケーション不足」 □ commúnicate 動 意思の疎通をはかる；連絡を取り合う
560 **state** [steɪt]	**動** をはっきりと述べる，表明する **名** 状態；州；国家 ▶ a [*one's*] state of mind 「心理状態」
561 **comment** ⑦ [ká(:)mènt]	**名** 論評，コメント make a comment on [about] ~ 「~について意見を述べる」 **動** (だと) 論評 [コメント] する
562 **approach** 発 [əpróʊtʃ]	**動** (に) 近づく，接近する；に取り組む ▶ Spring is *approaching*. 「春が近づいている」(自動詞) **名** 近づくこと；取り組み，アプローチ ▶ approach to ~ 「~への接近 [取り組み，方法]」
563 **quit** [kwɪt]	**動** (仕事・学校・行為など)(を) やめる quit *doing* 「…することをやめる」 ▶ 活用：quit - quit [quitted] - quit [quitted]

162

570

564 **warn** (発) [wɔ:rn]	動 に警告 [注意] する warn ~ to *do* 「〜に…するよう警告 [注意] する」 ▶ warn *A* about [of] *B* 「*A* (人) に *B* を警告する」 □ wárning 名 警告
565 **careless** [kéərləs]	形 不注意な；無頓着な It is careless (of ~) to *do*. 「…するとは (〜は) 不注意だ」 □ cárelessly 副 不注意にも，うっかり
566 **either** [í:ðər]	代 (二者のうち) どちらか，どちらでも either of ~ 「〜の (うち) どちらか」 形 どちらかの，どちらでも 副 〔否定文で〕〜もまた…ない ▶ either *A* or *B* 「*A* か *B* かどちらか」
567 **neither** [ní:ðər]	代 (二者のうち) どちらも…ない neither of ~ 「〜の (うち) どちらも…ない」 形 どちらの〜も…ない 副 〜もまた…ない ▶ neither *A* nor *B* 「*A* も *B* も…ない」
568 **deep** [di:p]	形 深い；(深さが) 〜の deep snow [water] 「深い雪 [海]」 副 深く (に) deep into ~ 「〜の奥深く」 □ déeply 副 非常に；(程度が) 深く
569 **other** [ʌ́ðər]	代 〔the ~〕(二者のうち) もう一方，〔the ~s〕(三者以上のうち) その他全部；〔~s〕ほかの人々 [物] one ~, the other ... 「1つは〜，もう1つは…」 each other 「お互い」 形 〔the ~〕もう一方の，その他の；この前の ▶ the other day 「先日」
570 **peace** [pi:s]	名 平和；静けさ at peace (with ~) 「(〜と) 平和で，友好的で」 □ péaceful 形 平和 (的) な；穏やかな

この不気味な体験は，夢か幻か？

① Many years ago, I heard someone knock on my door. ② I heard a low moan, which I thought was the wind blowing. ③ I was expecting a relative for dinner, so I went to the door. ④ When I opened the door, I was shocked to see two ghosts. ⑤ The ghosts were girls who appeared to be twins. ⑥ I knew they were ghosts because they didn't have a shadow. ⑦ "We're hungry," said the ghosts, "please give us a snack." ⑧ I bit my lip because I was so nervous. ⑨ I was confused because I did not know that ghosts could be hungry. ⑩ "Would you prefer candy bars, or chocolate pretzels?" ⑪ The girls chose both snacks. ⑫ "Sister, pass me the pretzels," said one twin to the other. ⑬ After they ate everything, they asked for more food, but I refused to give them any more. ⑭ They told me to go to sleep, and I found it impossible to stay awake. ⑮ When I woke up, the ghosts appeared to be gone. ⑯ However, from that day on, whenever I make tea, the steam rises from my kettle in the shape of those twins!

語法・構文・表現

① hear ~ *do*「~が…するのが聞こえる」

② low moan「低いうめき声」
   ~, which I thought was ...「~，私はそれが…だと思った」

③ expect ~ for dinner「~を夕食に呼んでいる」

④ be shocked to *do*「…して驚愕する」

⑧ nervous「緊張して，ビクビクして」

不気味な物語

📁 文化［音楽・芸術・文学］

① 何年も前のこと，誰かがドアを<u>ノックする</u>のが聞こえた。② 低いうめき声が聞こえたが，<u>風</u>が吹いているのだと思った。③ 夕食に<u>親戚</u>が来るのを待っていたので，ドアの方へ行った。④ ドアを開けると，２人の<u>幽霊</u>を見てびっくりした。⑤ 幽霊は<u>双子</u>の少女<u>のようだ</u>った。⑥ <u>影</u>がなかったので，彼女らが幽霊だと分かった。⑦「私たち，おなかが空いてるの」と幽霊は言った。「<u>おやつ</u>をちょうだい。」⑧ 私はとてもビクビクして，<u>唇</u>をかんだ。⑨ 幽霊が空腹になるとは知らなかったので，<u>混乱した</u>。⑩「チョコレートバーとチョコレート・プレッツェルのどちら<u>の方がいい</u>？」⑪ 女の子たちは両方を選んだ。⑫「お姉ちゃん，プレッツェルを<u>渡して</u>」双子の１人がもう片方に言った。⑬ おやつを全部食べた後，彼女らはもっと食べ物をくれと言ったが，私はそれ以上あげることを<u>拒否した</u>。⑭ 彼女らは私に寝るように言ったが，私も<u>起きて</u>いるのは無理だと分かった。⑮ 私が目を覚ますと，幽霊たちはいなくなったようだった。⑯ しかし，その日から私がお茶を入れる度に，ヤカンからあの双子の形をして湯気が<u>立ち上る</u>のだ！

〰〰〰

⑬ **ask for ～**「～が欲しいと頼む」

⑭ **find it impossible to** *do*「…するのが不可能だと分かる」▶it は形式目的語。

⑮ *be* **gone**「行ってしまった，もういない」

⑯ **from that day on**「その日以降」
　whenever ...「…するといつも」
　kettle「ヤカン」
　in the shape of ～「～の形に」

39 Spooky Story

📙 単語の意味を確認しよう。

571

knock
発 [nɑ(:)k]

動 ノックする；にぶつける [ぶつかる]
knock on [at] ~ 「~をノックする」
► knock A against [on] B 「A を B にぶつける」

名 ノック (の音)

572

wind
[wɪnd]

名 風
a strong wind blows 「強風が吹く」
□ **wíndy** 形 風の強い

573

relative
発 アク [rélətɪv]

名 親戚
a close [distant] relative 「近い [遠い] 親戚」
形 比較上の；相対的な
□ **rélatively** 副 比較的
► reláted →850

574

ghost
[goʊst]

名 幽霊
believe in ghosts 「幽霊 (の存在) を信じる」

575

appear
[əpíər]

動 のように見える [思える]；現れる
(⇔disappear →679)
appear to be ~ 「~であるように見える [思える]」
► to be は省略されることがある。She *appears* (to be) angry today. 「彼女は今日は怒っているように見える」
► appear to *do* 「…するようだ」
□ **appéarance** 名 外見；出現

576

twin
[twɪn]

名 双子 (の1人)
形 双子の；対の

577

shadow
[ʃǽdoʊ]

名 (人・物の) 影，陰
► 日光や光が物や人に当たってできる，暗い部分のこと。

578

snack
[snæk]

名 軽食，おやつ
have a snack 「軽食をとる」
► snack foods 「スナック食品 [菓子]」
► a snack bar 「軽食堂」

585

	579
lip [lɪp]	名 唇 **bite** *one's* **lip** 「唇をかみしめる」 ▶ *one's* upper [lower] lip「上 [下] 唇」 ▶ pay lip service to ～「～に口先だけの同意を示す」

	580
confused [kənfjúːzd]	形 困惑 [混乱] して *be* **confused about [by]** ～ 「～に戸惑う [混乱している]」 ▶ a confused look「困惑した表情」 □ confúsing 形 困惑 [混乱] させるような □ confúse 動 を困惑 [混乱] させる；を混同する

	581
prefer ⑦ [prɪfɚ́ːr]	動 の方を好む **prefer to** *do* [*doing*] 「…する方を好む」 ▶ prefer ～ to *do*「～に…してほしい」 ▶ prefer *A* to *B*「*B* よりも *A* の方を好む」(*"A" "B"* は名詞や動名詞。この to は前置詞) □ préference 名 好み

	582
pass [pæs]	動 を手渡す；(を) 通り過ぎる；(に) 合格する **pass** *O₁ O₂* 「*O₁* (人) に *O₂* を手渡す」 名 通行 [入場] 許可証，パス

	583
refuse [rɪfjúːz]	動 を断る，拒否する (≒ turn down ～) **refuse to** *do* 「…するのを断る」 ▶ refuse は，他人から言われたことをする意志がないことをきっぱり伝える意味合い。reject (→163) は，提案・要求などを受け入れたり認めたりするのを拒絶する意味合い。 □ refúsal 名 拒否，拒絶

	584
awake [əwéɪk]	形 目が覚めて **stay [keep] awake** 「寝ないで起きている」 ▶ lie awake「横になって起きて [目を覚まして] いる」

	585
rise [raɪz]	動 上がる；増加する；(太陽などが) 昇る **rise from** ～ 「～から上がる [立ち上る]」 ▶ rise from *A* to *B*「*A* から *B* に増加する」 ▶ 活用：rise - rose [roʊz] - risen [rízən] 名 増加；上昇

ロウアー・イーストサイドの問題と，その解決策に対する筆者の考えは？

① My neighborhood, the Lower East Side, is sinking. ② My first sign of this came in the form of waves hitting my building. ③ It was clear that something needed to be done. ④ The whole East Side of Manhattan is in danger of going underwater. ⑤ The East Side is flat, so ocean water floods in during storms. ⑥ Central Manhattan is still OK. ⑦ The East Side is also the site of a beautiful park. ⑧ I saw a sign on the board by my elevator that the city will destroy and rebuild the East River Park. ⑨ The purpose of the work is to raise the park by three meters. ⑩ The structure of the new park will block water during storms. ⑪ The park will be excellent when it is finished. ⑫ I'm afraid that a huge park like this will probably take ten years to finish, though. ⑬ It is very convenient living next to the park. ⑭ The park is a nice place for wedding ceremonies, jogging, or just relaxing. ⑮ I'm glad we're protecting the city, but I will miss my regular bike rides in the park.

語法・構文・表現

① neighborhood「近所」

② my first sign of ～「私が気付いた～の最初の兆候」
  come in the form of ～「～という形で現れる」

③ something needs to be done「何かがなされる必要がある」

④ be in danger of ～「～の危険がある」
  go underwater「水中に沈む」

⑤ flood in「（水が）大量に流れ込む」

⑥ be still OK「まだ大丈夫だ」

168

📁 自然［地理・地形］

① 私の近隣地区，ロウアー・イーストサイドは地盤<u>沈下し</u>ている。② 最初の兆候は，波が私の家の建物に当たるという<u>形</u>で現れた。③ 何かしなければならないことは<u>明らか</u>だった。④ マンハッタンの東側<u>一帯</u>が水没の危機にさらされている。⑤ イーストサイドは<u>平坦</u>なので，嵐の時には海水が大量に流れ込むのだ。⑥ <u>セントラル</u>・マンハッタンはまだ大丈夫だ。⑦ イーストサイドは美しい公園のある<u>場所</u>でもある。⑧ 自宅のエレベーターの脇の<u>掲示板</u>に，市がイーストリバー公園を取り壊して再建すると書いてあった。⑨ その作業の<u>目的</u>は，公園を3メートル高くすることだ。⑩ 新しい公園の<u>構造</u>は，嵐の際に水を遮断するだろう。⑪ 完成したら公園は<u>素晴らしい</u>ものになるだろう。⑫ 残念ながら，このような<u>巨大な</u>公園が完成するにはおそらく10年はかかるだろう。⑬ 公園の隣に住むのは非常に<u>便利だ</u>。⑭ 公園は結婚<u>式</u>やジョギング，あるいはただリラックスするのにいい場所だ。⑮ 我々が街を守っているのは嬉しいが，公園での<u>定期的な</u>サイクリングができなくなるのは私としては寂しくなるだろう。

⑧ **a sign (〜) that ...**「…と書かれた掲示」
rebuild「〜を再建する」

⑨ **raise 〜 by ...**「〜を…だけ高くする」

⑩ **block**「〜をふさぐ［遮断する］」

⑬ **next to 〜**「〜の隣に」

⑮ **miss**「〜がなくて寂しく思う」
bike ride「自転車に乗ること，サイクリング」

📙 単語の意味を確認しよう。

---

586 **sink** [sɪŋk]	動 沈む (⇔ float →410) ▶ 活用：sink - sank [sæŋk] - sunk [sʌŋk] 名 (台所の) 流し

587 **form** [fɔːrm]	名 形態；形；用紙 in the form of ~ 「~の形態 [形] で」 動 を形作る；を組織する □ fórmal →362 □ formátion 名 形成；編成

588 **clear** [klɪər]	形 明白な，はっきりした；澄んだ；晴れた It is clear (to ~) (that) .... 「…ということは (~にとって) 明らかだ」 動 を片付ける □ cléarly 副 はっきりと

589 **whole** [hoʊl]	形 全体の the [one's] whole ~ 「~全体」 名 全体 ▶ ~ as a whole 「~全体として」 ▶ on the whole 「全体的に見て」

590 **flat** [flæt]	形 平らな，起伏のない；空気の抜けた ▶ a flat road 「平らな [起伏のない] 道路」 ▶ a flat tire 「パンクしたタイヤ」 副 平らに

591 **central** [séntrəl]	形 中心 (部) の；中心的な ▶ Central Asia [America] 「中央アジア [アメリカ]」 ▶ a central part [role] 「中心的な役割」 □ cénter →1150

592 **site** [saɪt]	名 (特別な用途の) 敷地，土地；(インターネットの) サイト (=website) a site for [of] ~ 「~の土地」 ▶ a camp(ing) site 「キャンプ場」

600

593

board
[bɔ:rd]

名 (ある目的の)板, <u>掲示板</u>;板 (材);委員会

on the board 「掲示板の [にある]」
► a message board 「(インターネット上の) 掲示板」
► a cutting board 「まな板」
► on board 「(飛行機・船などに) 乗って」

594

purpose
発 [pə́:rpəs]

名 <u>目的</u>, 意図

for the purpose of ～ 「～の目的で, のために」
► The purpose of ～ is to *do*. 「～の目的は…することだ」
► on purpose 「わざと」

595

structure
[strʌ́ktʃər]

名 <u>構造</u>;構造物

the structure of ～ 「～の構造」
► a wooden structure 「木造建造物」

596

excellent
[éksələnt]

形 とても優れた;<u>すばらしい</u>;(承諾の返答で)
大変結構だ

an excellent way to *do* 「…する優れた方法」
► speak excellent English 「すばらしい英語を話す」
□ éxcellence 名 優秀さ, 卓越

597

huge
[hju:dʒ]

形 <u>巨大な</u>;莫大な

► a huge success 「大成功」

598

convenient
[kənví:niənt]

形 都合のよい, <u>便利な</u>

It is convenient (for ～) to *do*. 「…するのは (～にとって) 都合がよい」
► a convenient place to *do* 「…するのに便利な場所」
□ convénience 名 便利 (さ)

599

ceremony
発 [sérəmòuni]

名 <u>式典</u>, 儀式

an opening [a closing] ceremony 「開会 [閉会] 式」
► an awards ceremony 「表彰式」

600

regular
[régjulər]

形 <u>定期的な</u>;規則正しい;通常の

regular exercise [meetings] 「定期的な運動 [会議]」

名 レギュラー選手

□ régularly 副 定期的に;頻繁に

ニューヨークで毎年開かれるコミコンの様子を覗いてみよう。

① Every year there is a convention in New York City for people who love comics. ② Some fans plan a vacation to New York around the annual Comic Con. ③ They may take a day to do some sightseeing around the city. ④ However, the real adventure for them is the convention. ⑤ They wander among row after row of booths filled with comic books. ⑥ Some booths exhibit rare comics that are expensive. ⑦ They buy many comics as souvenirs for their friends back home. ⑧ Some people rent expensive costumes. ⑨ There are also booths with dolls or other merchandise to explore. ⑩ For example, you can buy blankets with your favorite characters on them. ⑪ Comic fans are not like normal tourists in New York. ⑫ Some pretend to be their favorite characters. ⑬ They make costumes out of colorful cloth. ⑭ The fee to enter the convention is hundreds of dollars. ⑮ You don't have to wear a costume to go; everyone is welcome. ⑯ If you buy too many comics, it will be hard to pack your suitcase.

◎ **語法・構文・表現**

① **convention**「コンベンション，大会，会議」

② **annual**「年に1回の，毎年の」

⑤ **row after row**「列から列へと」 ▶~ after ~「~も~も，~を次々に」
filled with ~「~でいっぱいの」

⑥ **rare**「珍しい」

⑦ **friends back home**「故郷の友達」

172

コミコン

📁 文化［歴史・人類・文明・風俗］

① ニューヨーク市では毎年，漫画が大好きな人のためのコンベンションが開かれる。② 一部のファンは，毎年恒例のコミコンの時期にニューヨークへの休暇を計画する。③ ファンたちは，1 日かけて市内観光をすることもある。④ だが，ファンにとって真の冒険はコンベンションだ。⑤ 漫画でいっぱいのブースの列から列へと歩き回る。⑥ 一部のブースでは，高価な珍しい漫画を展示している。⑦ ファンたちは故郷の友人へのお土産として，たくさんの漫画を買う。⑧ 高価な衣装を借りる人もいる。⑨ 人形やその他の商品を展示しているブースも見て回ることができる。⑩ 例えば，お気に入りのキャラクターが描かれた毛布を買うことができる。⑪ 漫画ファンは，ニューヨークの普通の観光客とは違う。⑫ 自分の大好きなキャラクターになり切る人もいる。⑬ ファンたちはカラフルな布で衣装を作る。⑭ コンベンションの入場料は数百ドルもする。⑮ 入場するのに衣装を着る必要はなく，誰でも歓迎である。⑯ 漫画をたくさん買ってしまうと，スーツケースの荷造りが大変だ。

---

⑧ **rent**「～を借りる［レンタルする］」

⑨ **merchandise**「商品，グッズ」

⑩ **blankets with ～ on them**「～がその上に描かれた毛布」
one's **favorite characters**「お気に入りのキャラクター」

⑪ **be** not like ～「～のようではない，～とは違う」

⑬ **make ～ out of ...**「…から～を作る」

■ 単語の意味を確認しよう。

601 **comic** [ká(:)mɪk]	名 漫画（雑誌・本）（=a comic book） 形 喜劇の；滑稽な
602 **vacation** 発 [veɪkéɪʃən]	名 休暇 **on vacation** 「休暇で」 ► go on vacation 「休暇に出かける」 ► take a vacation 「休暇を取る」 ► hóliday 「休日，祝日」
603 **sightseeing** [sáɪtsìːɪŋ]	名 観光 **do sightseeing (in ~)** 「（~で）観光をする」 ► go sightseeing (in ~) 「（~に [で]）観光に行く」
604 **adventure** [ədvéntʃər]	名 冒険（旅行）；冒険心 **quite an adventure** 「かなりの冒険（旅行）」 ► a sense [spirit] of adventure 「冒険心」
605 **wander** 発 [wá(:)ndər]	動 (を)歩き回る，ぶらつく **wander around ~** 「~をぶらぶら歩き回る」
606 **exhibit** 発 アク [ɪgzíbət]	動 を展示する；（感情・能力など）を出す 名 展示品；米 展覧会 □ exhibítion 名 英 展覧会；展示
607 **souvenir** 発 アク [sùːvəníər]	名 土産，思い出の品 **as a souvenir of ~** 「~の土産として」 ► 他人への「土産」は present や gift「贈り物」でもよい。souvenir は自分用にも用いる。 ► a souvenir shop 「土産物店」
608 **explore** [ɪksplɔ́ːr]	動 (を)探検する；を探求する ► explore for ~ 「~を求めて探査する」 □ explorátion 名 探検
609 **blanket** [blǽŋkət]	名 毛布 ► Can I have another *blanket*? 「毛布をもう1枚いただけますか」

615

| 0 | 300 | 600 | 900 | 1200 |

610

tourist

(発) [túərəst]

名 観光客，旅行者

a tourist information center [office] 「観光案内所」
▶ tourist information 「観光情報」
▶ a popular tourist spot 「人気の観光地」

611

pretend

(ア) [priténd]

動 (の) ふりをする

pretend to *do* 「…するふりをする」

612

cloth

(発) [klɔ(ː)θ]

名 布 (地)；〔可算名詞〕(ある用途の) 布切れ

a piece [yard / meter] of cloth 「布 (地) 1枚 [1ヤール [ヤード] ／ 1メートル]」
▶ 複 cloths [klɔ(ː)ðz, klɔ(ː)θs]
▶ a cleaning [wet] cloth 「掃除用ふきん [濡れぶきん]」
□ clothing [klóuðɪŋ] 名 衣料品 (衣類全体を集合的に指し，単数扱い。clothes (→308) は複数扱い) a piece [an item] of clothing 「衣類1点」

613

fee

[fiː]

名 (入場・加入などの) 料金，会費；(弁護士など専門職への) 謝礼

an entrance fee 「入場料」
▶ a school fee 「授業料」

614

everyone

[évriwʌn]

代 みんな，誰でも (≒ everybody)

not everyone ... 「誰もが…わけではない」
▶ 部分否定。
▶ everyone [everybody] が主語のとき，動詞は単数で受ける。

615

pack

[pæk]

動 (に) 荷物を詰める，(を) 荷造りする；を詰め込む

pack *one's* suitcase [bag] 「スーツケース [かばん] に荷物を詰める」
▶ pack *one's* things 「(身の回りの) 荷物をまとめる」
▶ pack *A* with *B* / pack *B* into *A* 「*A* (かばんなど) に *B* (物) を詰める」

名 1箱，1包み

□ páckage 名 小包；包み

---

42 Laundry

洗濯物をため込んでしまった筆者が洗濯後に息子の部屋で見つけたものは…？

① Yesterday, it was **obvious** that I had to do the laundry.
② My son had a **total** of one clean pair of underwear and
one clean sock. ③ My wife had a few **items** of clothing she
could wear, but she was <u>running out</u> <u>as well</u>. ④ I didn't
bother to ask her to do the laundry, because I knew she
was too busy with work. ⑤ The last time she did the
laundry, she put my favorite shirt in the drier and now it
doesn't **fit** me. ⑥ As a **modern** family, my wife and I share
the housework. ⑦ We are not **unique**; many men in the
U.S. help around the house. ⑧ On **average**, however,
women still do more at home than men. ⑨ We had a large
amount of clothes to wash yesterday. ⑩ Before I did the
laundry, I asked my son to **remove** all the dirty clothes
from his room. ⑪ After I did the laundry, I **discovered**
more dirty clothes under his bed. ⑫ I wish I could **rely** on
him to be more helpful. ⑬ I **revealed** how I felt about him.
⑭ I didn't want to **hurt** his feelings, but I scolded him
anyway. ⑮ After that, he **locked** his door and wouldn't talk
to me.

語法・構文・表現

① **do the laundry**「洗濯をする」
② **a [one] pair of ～**「1組の～」
③ **run out (of ～)**「(～が) 足りなくなる」
　as well「～もまた」
④ **be busy with ～**「～で忙しい」
⑤ **the last time ...**「前回 [最後に] …したときには」
⑥ **share the housework**「家事を分担する」

176

📁 日常生活［家庭・家族］

① 昨日，私が洗濯をしなければならないのは<u>明らか</u>だった。② 息子は，きれいな服は<u>全部</u>で，下着1着と靴下片方しか持っていなかった。③ 妻は着られる服を何<u>着</u>か持っていたが，やはり足りなくなっていた。④ 妻が仕事で忙しいのは分かっていたので，彼女に<u>わざわざ</u>洗濯は頼まなかった。⑤ 前回彼女が洗濯をしたとき，私のお気に入りのシャツを乾燥機に入れてしまって，もう私のサイズに<u>合わ</u>ない。⑥ <u>現代の</u>家族として，妻と私は家事を分担している。⑦ 私たちが<u>特別な</u>のではない。アメリカでは多くの男性が家事を手伝っている。⑧ しかし，<u>平均</u>すると，まだ女性の方が男性よりも家庭での仕事が多い。⑨ 昨日はかなりの<u>量</u>の洗濯物があった。⑩ 洗濯をする前に，私は息子に部屋から汚れた服を全部<u>出す</u>ように言った。⑪ 洗濯をした後，彼のベッドの下に汚れた服をまた<u>見つけ</u>た。⑫ 彼がもっと手助けをしてくれるのを<u>当て</u>にできればいいのだが。⑬ 私は彼に対する気持ちを<u>打ち明け</u>た。⑭ 彼の気持ちを<u>傷つけ</u>たくはなかったが，とにかく彼を叱った。⑮ その後，彼はドアに<u>かぎをかけ</u>て，私と話そうとしなかった。

⑦ **help around the house**「家事を手伝う」 ▶around は「〜のあちこちを」の意味。

⑫ **I wish I could** *do*「…できたらいいのにと思う」

⑬ **how I felt about 〜**「私が〜についてどう感じたか」

⑭ **scold**「〜を叱る」
　anyway「とにかく」

⑮ **won't [wouldn't]** *do*「(どうしても) …しようとしない [しなかった]」

📁 単語の意味を確認しよう。

---

616 **obvious** 発 [á(:)bviəs]	形 <u>明らかな</u> It is obvious (to ~) (that) .... 「…であることは (~に とって) 明らかだ」 □ **óbviously** 副 明らかに
617 **total** 発 [tóʊtəl]	名 <u>合計</u> a total of ~ 「合計で~」 ▶ in total 「全部で」 形 合計の；まったくの □ **tótally** 副 まったく，完全に
618 **item** 発 [áɪtəm]	名 1品，<u>1点</u>；(リストなどの) 項目，品目 an item of ~ 「1点の~」 ▶ "~" は clothing, jewelry などの不可算名詞。
619 **bother** [bá(:)ðər]	動 〔通例否定・疑問文で〕 <u>わざわざ…する</u>；を悩ませる，面倒をかける don't bother to *do* 「わざわざ…しない」 ▶ Sorry to bother you, but .... 「ご面倒をおかけしますが，…」
620 **fit** [fɪt]	動 (に) 適する，合致する；(型・寸法が)(人に) <u>合う</u> ▶ 活用：fit - fitted [fit] - fitted [fit] 形 適した；体調がよくて
621 **modern** アク [má(:)dərn]	形 近代的な，最新の；<u>現代の</u>，近代の modern methods [techniques] 「近代的手法 [技術]」 ▶ modern times 「現代」 ▶ modern history 「近代史」
622 **unique** 発 [juníːk]	形 <u>特有の</u>；唯一の；格別の unique to ~ 「~に特有 [固有] の」 ▶ a unique feature of ~ 「~特有の特徴」 ▶ a unique opportunity 「格別の [絶好の] 機会」
623 **average** 発 アク [ǽvərɪdʒ]	名 <u>平均 (値)</u>；標準 on (the [an]) average 「平均して，概して」 ▶ above [below] average 「標準以上 [以下] で」 形 平均の

630

| 0 | 300 | 600 | 900 | 1200 |

624

amount
[əmáunt]

名 （ある）量；合計，総額
　a large [great] amount of ～　「多量の～」
　▶ "～" は不可算名詞。可算名詞では number を使う。
　▶ the amount of ～「～の量」

動 〔amount to ～ で〕（総計）に達する

625

remove
[rimú:v]

動 を取り去る，移動させる；を取り除く；を脱ぐ
　remove A from B　「A を B から取り除く」
　▶ remove one's gloves「手袋を外す」
　□ remóval 名 除去，撤去

626

discover
[dɪskʌ́vər]

動 を知る，がわかる；を発見する，見つける
　discover (that) ...　「…ということがわかる」
　▶ discover how to do「…する方法を発見する」
　□ discóvery 名 発見

627

rely
発 アク [rɪláɪ]

動 〔rely on ～ で〕を当てにする，に頼る
　rely on ～ to do　「～が…してくれると当てにする」
　▶ rely on A for B「A を B のことで当てに[頼りに]する」
　□ relíable 形 当てになる，信頼できる

628

reveal
[rɪvíːl]

動 を明らかにする
　It is revealed (that) ....　「…ということが明らかにされる」

629

hurt
発 [həːrt]

動 を傷つける，害する；痛む
　hurt ～'s feelings　「～の感情を傷つける」
　▶ hurt oneself「（主語が）けがをする」
　▶ 活用：hurt - hurt - hurt

形 けがをした；気分を害した
　▶ be [get] hurt「けがをしている[する]」

630

lock
[lɑ(:)k]

動 （施錠して）をしまい込む，閉じ込める；にかぎをかける，かぎがかかる
　lock A in B　「A を B にしまう[保管する]」

名 錠

179

(43) Self-driving Cars

> 🔍 自動運転車の発明によって，世の中はどのように変わっていくだろうか？

① With the invention of self-driving automobiles, we may be the last generation to take the wheel. ② Some experts say they will replace all cars in 15 years. ③ Self-driving cars have many advantages. ④ Cars driven by computers may cause less traffic. ⑤ A computer can <u>figure out</u> the quickest path from one point to another. ⑥ <u>Instead of</u> using gas, they may have electric engines. ⑦ You won't need a license to use one. ⑧ As you <u>head for</u> the airport, you can sleep instead of driving. ⑨ They will follow every law, and stop at railroad crossings. ⑩ I like to imagine Park Avenue in New York City filled with self-driving cars. ⑪ A self-driving car could meet you at the entrance to your building or home. ⑫ The cars might change the architecture of cities, because we won't need garages. ⑬ There will be more jobs for software engineers to program the cars as well. ⑭ Right now, the mayor of New York believes that self-driving cars are not yet safe. ⑮ Someday cars that people drive will only be found in a museum.

◎ 語法・構文・表現 ∿∿

① with the invention of ~ 「~の発明によって」
　 self-driving 「自動運転の」
　 the last generation to *do* 「…する最後の世代」

② replace 「~に取って替わる」
　 in ~ years 「~年後に」

③ advantage 「利点，メリット」

④ cause less traffic 「交通量を少なくする」

⑤ figure out ~ 「~を見つける [算出する]」
　 from one point to another 「ある地点から別の地点までの」

自動運転車

英文レベル ☆☆ **174** words

科学・技術［創造・発明］

① 自動運転<u>車</u>の発明によって，私たちは（<u>ハンドル</u>を握って）車を運転する最後の世代になるかもしれない。② 15年後にはすべての車が自動運転車に替わると言う<u>専門家</u>もいる。③ 自動運転車には多くの利点がある。④ 自動車がコンピューターで<u>運転される</u>ことによって，<u>交通量</u>が減るかもしれない。⑤ コンピューターは，ある地点から別の地点への最短<u>経路</u>を見つけることができる。⑥ ガソリンを使う代わりに，電気<u>エンジン</u>を搭載していることもある。⑦ 自動運転車に乗るのに<u>免許証</u>は必要ない。⑧ 空港に向かう間も，運転せずに眠ることができる。⑨ 自動運転車は法律をすべて守り，<u>鉄道</u>の踏切でも停車してくれる。⑩ 私は，ニューヨークのパーク<u>アベニュー</u>が自動運転車でいっぱいな様子を想像するのが好きだ。⑪ 自動運転車は，建物や家の<u>入口</u>まで迎えに来てくれる。⑫ 車庫を必要としないので，自動運転車は都市の<u>構造</u>を変えるかもしれない。⑬ 自動運転車をプログラミングするソフトウェア<u>エンジニア</u>の仕事も増えるだろう。⑭ 現在は，ニューヨーク<u>市長</u>は自動運転車はまだ安全ではないと考えている。⑮ いつの日か，人間が運転する自動車は<u>博物館</u>でしか見られなくなるだろう。

---

⑥ **instead of _doing_**「…する代わりに，…しないで」

⑧ **as ...**「…するとき，…している間」
　　head for ～「～に向かう」

⑩ **filled with ～**「～でいっぱいの」

⑪ **meet ～ at the entrance to ...**「…の入口で～を出迎える」

⑭ **right now**「現時点では」

⑮ **will only be found in ～**「～でのみ見られる」

㊸ Self-driving Cars

単語の意味を確認しよう。

631

automobile
[ɔ́ːtəmoubìːl]

名 自動車

632

wheel
[hwiːl]

名 〔the ~〕(自動車の) ハンドル；車輪
　take the wheel 「車を運転する」
▶ at [behind] the wheel 「運転して」
▶ wheelchair → 1119

633

expert
発 アク [ékspəːrt]

名 専門家，達人
　expert on [in] ~ 「~の専門家」
形 熟達した

634

drive
[draɪv]

動 (車を) 運転する
▶ drink and drive 「飲酒運転をする」
▶ 活用：drive - drove [drouv] - driven [drívən]
名 ドライブ
▶ go for a drive 「ドライブに出かける」

635

traffic
[trǽfɪk]

名 交通 (量)
　heavy [a lot of] traffic 「交通量が多い」
▶ 交通量が「少ない」には light を用いる。
▶ traffic jam 「交通渋滞」

636

path
[pæθ]

名 小道；経路
　walk along a path 「小道を歩いていく」

637

engine
[éndʒɪn]

名 エンジン
　start an engine 「エンジンをかける」

638

license
[láɪsəns]

名 免許 (証)；許可
　a driver's license 「運転免許証」

645

| 0 | 300 | 600 | 900 | 1200 |

639

railroad
[réɪlròʊd]

名 <u>鉄道</u>

a railroad crossing 「踏切」
▶ a railroad station 「(鉄道の) 駅」

640

avenue
[ǽvənjùː]

名 大通り, <u>〜街</u>

on 〜 Avenue 「〜街で」

641

entrance
[éntrəns]

名 <u>入口</u>, 玄関；入学；入場

the front [back] entrance 「正面玄関 [裏口]」
▶ an entrance exam 「入試」

642

architecture
発 [áːrkətèktʃər]

名 建築；建築様式；<u>構造</u>

modern architecture 「近代建築」

643

engineer
アク [èndʒɪníər]

名 技師, <u>技術者</u>

☐ enginéering 名 工学

644

mayor
[méɪər]

名 <u>市長</u>, 町 [村] 長

be elected mayor (of 〜) 「(〜の) 市長に選ばれる」
▶ 補語が唯一の役職を表すときは無冠詞。

645

museum
アク [mjuzíːəm]

名 <u>博物館</u>, 美術館

a national museum 「国立博物館」
▶ an art museum 「美術館」

世界共通語である英語も違いはさまざま。どんな違いがあるのだろうか？

①English is a global language. ②People in different English-speaking countries pronounce the same words differently. ③They sometimes use different terms for the same things as well. ④Americans often think that a British accent sounds much more intelligent. ⑤Canadians sound like Americans, but they use a British English dictionary. ⑥Despite these differences, English is an international language. ⑦Scholars in France have been fighting the invasion of English into their language. ⑧The French government publishes an official list of French words. ⑨The French use the law to protect their language. ⑩It can be very strict. ⑪A company in France was punished for using computer software that was only in English. ⑫Television in France is forbidden from using any language other than French. ⑬While the French are defending their language, English uses many foreign words. ⑭"Karaoke" and "skosh" (=sukoshi) are among many words in the U.S. that were imported from Japan.

語法・構文・表現

②**differently**「違って，異なって」

③**as well**「～もまた」

④**sound**「～に聞こえる」 *cf.* sound like ～「～のように聞こえる」
　accent「訛り」

⑥**despite ～**「～にもかかわらず」

⑦**invasion of ～ into ...**「～の…への侵略」

📁 文化［言語・コミュニケーション］

① 英語は世界言語である。② 英語圏の国によって，同じ単語でも異なる発音をする。③ また，同じことを表すのに別の言葉を使うこともある。④ アメリカ人は，英国訛りの方がずっと知的に聞こえると思うことが多い。⑤ カナダ人の英語はアメリカ人のように聞こえるが，カナダ人はイギリス英語の辞書を使っている。⑥ こうした違いにもかかわらず，英語は国際語である。⑦ フランスの学者たちは，自国語への英語の侵略と戦ってきた。⑧ フランス政府は，フランス語の単語の公式リストを出版している。⑨ フランス人は自分たちの言語を守るために法律を使っているのだ。⑩ それは非常に厳しい場合もある。⑪ フランスのある会社が，英語だけのコンピューター・ソフトウェアを使ったことで罰せられた。⑫ フランスのテレビは，フランス語以外の言語を使うことを禁じられている。⑬ フランス人が自国語を守っている一方で，英語は多くの外国語を使っている。⑭「カラオケ」や「スコッシュ」（＝少し）などは，日本からアメリカに輸入された多くの言葉のうちの例である。

---

⑧ publish「～を出版する」
an official list of ～「公式な～のリスト」

⑪ ～ that was only in English「英語でしか書かれていない～」

⑫ *be* forbidden from *doing*「…することを禁じられる」
other than ～「～以外に」

⑬ while ...「…である一方，…ではあるが」

⑭ *be* among many ～「多くの～に含まれている」

📖 単語の意味を確認しよう。

646
global
[glóubəl]

形 全世界の，地球全体の
a global problem 「世界的な問題」
▶ on a global scale 「地球規模で」
▶ global warming 「地球温暖化」

647
pronounce
(発)(ア) [prənáuns]

動 を（正しく）発音する
How do you pronounce ~? 「~をどう発音しますか」
□ pronunciátion 名 発音（の仕方）

648
term
[tə:rm]

名 （専門）用語；学期；期間
▶ in terms of ~ 「~の観点から」

649
intelligent
[intélidʒənt]

形 知能の高い；知能のある
highly [very] intelligent 「とても頭のよい」
□ intélligence 名 知能；（機密）情報（局）

650
dictionary
[díkʃənèri]

名 辞書
use [see] a dictionary 「辞書を引く」
▶ an electronic dictionary 「電子辞書」

651
international
[ìntərnæʃənəl]

形 国際的な，国家間の
international law 「国際法」
□ internátionally 副 国際的に

652
scholar
(発) [ská(:)lər]

名 学者
▶ 特に人文系の学者をいい，科学者は scientist。

653
fight
[fait]

動 （と）戦う；（と）けんかをする
fight (against) A for B 「B のために A と戦う」
▶ fight against ~ 「~（困難な事など）に立ち向かう」
▶ 活用：fight - fought [fɔːt] - fought

名 けんか；戦い；奮闘；対戦

0	300	600	900	1200

654

government
[gávərnmənt]

名 <u>政府</u>；政治
► local government「地方自治体」
□ góvern 動 を治める，統治する

655

law
発 [lɔ:]

名 <u>法律</u>；〜法
be against the law 「違法だ」
► break the law「法律を破る」
□ láwyer 名 弁護士，法律家

656

strict
[strɪkt]

形 <u>厳しい，厳格な</u>
be strict with [about] 〜 「〜（人）に［〜（事）に］厳しい」
► strict rules「厳しい規則」
□ stríctly 副 厳しく；厳密に
► strictly speaking「厳密に言うと」

657

punish
[pʌ́nɪʃ]

動 <u>を罰する</u>
punish A for B 「A（人）を B のことで罰する」
► punish A by B「A（人）を B（という手段）で罰する」
□ púnishment 名 処罰；刑罰

658

forbid
[fərbíd]

動 <u>を禁ずる</u>
forbid 〜 to *do* 「〜が…することを禁ずる」
► = forbid 〜 from *doing*
► forbid *doing*「…することを禁ずる」
► 活用：forbid - forbade [fərbéid] - forbidden [fərbídən]

659

defend
[dɪfénd]

動 <u>を守る</u>（⇔attack →93）
defend A against [from] B 「A を B から守る」
□ defénse 名 防御

660

import
ア [ɪmpɔ́:rt]

動 <u>を輸入する</u>
import A from B 「A を B から輸入する」
名 [ímpɔ:rt] 輸入（品）

♀ ニューヨークの公立学校が抱える問題とは？

① There is an **official** plan to make New York City public schools more diverse. ② Some schools do not have a **single** white student, while others are mostly black, Hispanic, and Asian. ③ The schools at the **top** have mostly white and Asian students, but are these students actually **smarter**? ④ The schools use testing as a **tool** to decide who gets into them. ⑤ Many white and Asian students pay tutors to teach them **techniques** to pass the test. ⑥ There is no **secret** to their success: they just study. ⑦ The mayor says that argument is **crazy**. ⑧ He says that our schools **separate** people by the color of their skin. ⑨ Almost everyone agrees on the **general** idea that all children should be treated equally. ⑩ It is true that our system needs **fresh** ideas. ⑪ To be **honest**, I wish that every school was great. ⑫ In **theory**, we should help all children learn and **let** all children get a good education. ⑬ However, I **doubt** we can solve this problem in my lifetime.

◎ 語法・構文・表現 ∞∞∞∞∞∞∞∞∞∞∞∞∞∞∞∞∞∞∞∞∞∞∞∞∞

① diverse「多様な」

② some 〜, while others ...「〜である一方で，…もある」
　mostly「主に，ほとんど」

③ actually「実際に」

④ get into 〜「〜（学校など）に入学する」

⑤ pay 〜 to *do*「〜にお金を払って…してもらう」
　tutor「家庭教師」

⑥ secret to 〜「〜の秘訣」

📁 文化［教育・学校・学問］

① ニューヨーク市の公立学校をより多様化させるための公式な計画がある。② 白人の生徒が1人もいない学校もあれば，ほとんどが黒人，ヒスパニック系，アジア系の学校もある。③ 上位の学校は白人とアジア系の学生が多いが，こうした学生たちの方が実際に賢いのだろうか？ ④ 学校は，誰が入学するかを決めるためのツールとして試験を使っている。⑤ 白人やアジア人学生の多くは，試験に合格するための技術を教わるために家庭教師を雇っている。⑥ 成功の秘訣などはない。ただ勉強するだけだ。⑦ そのような議論はばかげていると市長は言っている。⑧ 学校は肌の色で生徒を区別していると彼は言う。⑨ すべての子供は平等に扱われるべきだという一般的な考えには，ほぼ全員が同意している。⑩ 我々の制度が斬新なアイデアを必要としているのは事実だ。⑪ 正直なところ，どの学校もいい学校だったらいいのにと思う。⑫ 理論上は，すべての子供が学ぶのを助け，すべての子供によい教育を受けさせるべきだ。⑬ しかし，私が生きているうちにこの問題を解決できるとは思えない。

---

⑦ **mayor**「市長」

⑨ **agree on the idea that ...**「…という考えに同意する」
　 equally「平等に」

⑪ **I wish (that) ...**「…であればいいのにと思う」 ▶that 節内は仮定法過去。

⑫ **help ～ do**「～が…するのを手助けする」

⑬ **in *one's* lifetime**「～が生きているうちに」

📖 単語の意味を確認しよう。

661 **official** ⑦ [əfíʃəl]	形 <u>公式の</u>；公の，職務（上）の 　an official language「公用語」 　▶ an official visit「公式訪問」 名 公務員
662 **single** [síŋgl]	形 <u>たった1つ[1人]の</u>；個々の；独身の 　not ... a single ～「～のただ1つ[1人]も…ない」 　▶ every single word [day]「1語1語[毎日毎日]」
663 **top** [tɑ(:)p]	名 <u>最高部，頂上</u>（⇔bottom →52）；<u>最高位</u> 　at the top of the ～「～のてっぺんで[に]」 形 最高（位）の 　▶ the top player「トッププレーヤー」
664 **smart** [smɑːrt]	形 <u>頭のよい，賢い</u> 　▶「ほっそりした」という意味の「スマートな」は slim 　（→21）や slender。
665 **tool** ⑨ [tuːl]	名 <u>手段</u>；道具 　a tool for ～「～のための手段[ツール]」
666 **technique** ⑨⑦ [tekníːk]	名 <u>技能，技術</u> 　a technique for ～「～の（ための）技術[技能]」 　□ téchnical 形 技術上の；専門の；工業技術の
667 **secret** [síːkrət]	形 <u>秘密の</u> 　keep A secret (from B)「(Bに)Aを秘密にしておく」 名 秘密；<ruby>秘訣<rt>けつ</rt></ruby> 　▶ keep a secret「秘密を守る」 　▶ in secret「ひそかに」
668 **crazy** [kréɪzi]	形 <u>夢中で</u>；<u>ばかげた</u>；いらいらして 　be crazy about ～「～に夢中である」 　▶ drive ～ crazy「～(人)をいらいらさせる」

| 0 | 300 | 600 | 900 | 1200 |

---

669 **separate** (発) [sépərèit]	動 を分ける；を区別する；を引き離す；別れる separate A from [and] B 「A を B と分ける」 形 [sépərət] 離れた；個別の □ séparately 副 別々に
670 **general** [dʒénərəl]	形 大まかな；一般的な；全般的な a general idea 「大まかな考え，概要」 ▶ a general rule 「一般的な規則，原則」 ▶ in general 「一般に，概して」 □ génerally 副 たいてい；一般的に
671 **fresh** [freʃ]	形 新鮮な，できたての；斬新な；すがすがしい ▶ fresh coffee [bread] 「いれたてのコーヒー [焼きたてのパン]」 ▶ a fresh idea 「斬新なアイデア」
672 **honest** (発) [á(:)nəst]	形 正直な；率直な be honest with A about B 「A（人）に B について正直でいる」 ▶ to be honest (with you) 「正直に言うと」 □ hónesty 名 正直
673 **theory** [θíːəri]	名 理論；説，学説 in theory 「理論上は，理屈の上では」 ▶ the theory about [on] ～ 「～に関する理論」 ▶ the theory that ... 「…という説」
674 **let** [let]	動 …させてやる，…するのを許可する；〔let's do で〕…しよう let ~ do 「～に…させてやる；～が…するのを許可する」 ▶ Let me do. 「…させてください」 ▶ Let me see. / Let's see. 「ええと」 ▶ 活用：let - let - let
675 **doubt** (発) [daut]	動 を疑う doubt (that) ... 「…ではないと思う」 ▶ doubt if ... 「…かどうか疑わしいと思う」 名 疑い ▶ no doubt 「きっと」 □ dóubtful 形 疑わしい

(46) A New Market

筆者はかつての市場と新しい市場に対して，どんな思いを抱いているか？

①The opening of a new market was recently announced. ②It is replacing a market that was established many years ago. ③Some people are sad because the old market disappeared. ④They have counted hundreds of old businesses that have closed. ⑤They say that the new buildings have less charm compared to the older buildings. ⑥The old feeling of New York will never recover, they say. ⑦They want to act to stop new development. ⑧They print flyers that ask the mayor to stop new construction. ⑨As for me, I recommend the new market to my friends. ⑩I apologize to people who love old New York, but I celebrate the new changes to my city. ⑪When I pull open the doors, I see a beautiful new place to shop and meet friends. ⑫The new buildings supply the city with jobs. ⑬I don't miss the shops that were replaced by the new ones. ⑭New York is entering a new era of clean and nicer living.

語法・構文・表現

① **the opening of ～**「～の開業［オープン］」

④ **business**「商店，会社」▶この意味では可算名詞。
  ～ that have closed「閉店してしまった～」

⑤ **have less charm**「あまり魅力がない」

⑧ **flyers**「チラシ，ビラ」
  ask ～ to do「～に…するよう求める［要請する］」
  construction「建設」

新しい市場

英文レベル ☆☆   **161 words**

📁 産業［商業・貿易・商取引］

　① 新しい市場の開設が最近発表された。② 何年も前に設立された市場に取って代わるものだ。③ 古い市場が消えてしまって悲しんでいる人もいる。④ 彼らは何百もの古い商店が閉鎖されるのを数えてきた。⑤ 新しい建物は古い建物に比べると魅力が少ないと彼らは言う。⑥ 古き良きニューヨークへの気持ちはもう戻ってこないそうだ。⑦ 彼らは新規の開発を止めるために行動したいと思っている。⑧ 市長に対して新しい建設の中止を求めるビラを印刷している。⑨ 私としては，新しい市場の方を友人には勧めたい。⑩ 古いニューヨークを愛する人たちには申し訳ないが，私は街の新しい変化を祝福したいと思う。⑪ ドアを引き開けると，買い物をしたり友達に会ったりする美しく新しい場所が目に入る。⑫ 新しい建物は市民に仕事を供給する。⑬ 新しい店に取って代わられた店もあるが，私は寂しいとは思わない。⑭ ニューヨークは，清潔でより快適な生活の新時代に入ろうとしている。

---

⑨ as for ～「～としては」

⑪ **pull open ～**「～を引いて開ける」（＝pull ～ open）
　a place to do「…する（ための）場所」

⑬ **miss**「～がなくて寂しく思う」
　the new ones＝the new shops

46 A New Market

単語の意味を確認しよう。

676 **announce** ⑦ [ənáʊns]	動 を発表する；だと (大声で) 告げる，アナウンスする announce A to B 「A を B (人) に発表する」
677 **replace** [rɪpléɪs]	動 に取って代わる；を取り替える *be* replaced by ~ 「~に取って代わられる」 ▶ replace A with B 「A を B に取り替える」 □ replácement 图 代わり (の人・物)
678 **establish** ⑦ [ɪstǽblɪʃ]	動 を設立 [創立] する；(関係) を築く ▶ establish a relationship with ~「~との関係を築き上げる」 □ estáblishment 图 設立；組織
679 **disappear** [dìsəpíər]	動 見えなくなる；消滅する disappear from ~ 「~から消える」 ▶ disappear into ~「~ (の中) に姿を消す」 □ disappéarance 图 消滅
680 **count** [kaʊnt]	動 (を) 数える；重要である count how many ~ 「いくつ~かを数える」 ▶ Friendship counts. 「友情は大切だ」 ▶ count on [upon] ~ 「~に頼る，~を当てにする」 图 数えること，計算
681 **compare** [kəmpéər]	動 を比べる compare A with [to] B 「A を B と比べる」 ▶ compared with [to] ~ 「~と比べて」 □ compárative 厖 比較による；比較的 □ compárison 图 比較
682 **recover** [rɪkʌ́vər]	動 回復する；を取り戻す recover from ~ 「~から回復する」 □ recóvery 图 回復；取り戻すこと

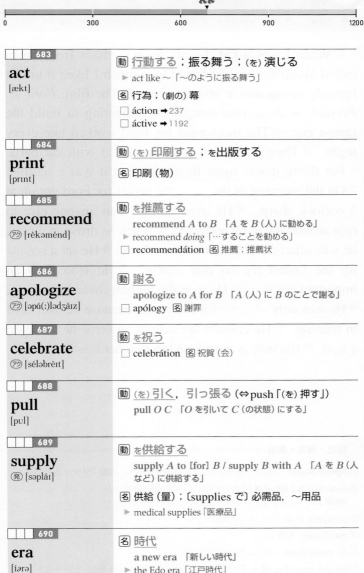

683 **act** [ækt]	動 <u>行動する</u>；振る舞う；(を) 演じる ▶ act like 〜「〜のように振る舞う」 名 行為；(劇の) 幕 □ áction →237 □ áctive →1192
684 **print** [prɪnt]	動 (を) 印刷する；を出版する 名 印刷 (物)
685 **recommend** ⑦ [rèkəménd]	動 を推薦する recommend A to B「A を B (人) に勧める」 ▶ recommend doing「…することを勧める」 □ recommendátion 名 推薦；推薦状
686 **apologize** ⑦ [əpá(:)lədʒàɪz]	動 謝る apologize to A for B「A (人) に B のことで謝る」 □ apólogy 名 謝罪
687 **celebrate** ⑦ [séləbrèɪt]	動 を祝う □ celebrátion 名 祝賀 (会)
688 **pull** [pʊl]	動 (を) 引く，引っ張る (⇔push「(を) 押す」) pull O C「O を引いて C (の状態) にする」
689 **supply** ⑦ [səpláɪ]	動 を供給する supply A to [for] B / supply B with A「A を B (人など) に供給する」 名 供給 (量)；〔supplies で〕必需品，〜用品 ▶ medical supplies「医療品」
690 **era** [íərə]	名 時代 a new era「新しい時代」 ▶ the Edo era「江戸時代」

🔑 自動車レースのアニメが好きだった筆者が最近見た映画のストーリーは？

① When I was a kid, I **watched** a **cartoon** from Japan called *Speed Racer*. ② I forgot how much I liked it until I recently saw a movie about racing. ③ The film, *Ford vs. Ferrari*, is about two companies competing to build the fastest car. ④ The mechanics for Ford worked late every night. ⑤ Their **office** was a garage **filled** with car parts. ⑥ For them, it was <u>more than</u> a garage; it was a **temple**. ⑦ On the morning of the **race**, the driver for Ford got up at 5 o'clock sharp. ⑧ He tried **harder** than anyone else to race around the track perfectly. ⑨ When he drove in a race, he was often **far** ahead of all the others. ⑩ He set a **record** for the fastest lap on that course. ⑪ He **won** Ford an important **victory**. ⑫ He won the highest **award** in racing. ⑬ He was only **present** for two races, because he later died in training. ⑭ He crashed <u>because of</u> an **error** he made on a turn. ⑮ His wife was very sad to lose her **husband**.

◉ 語法・構文・表現

① **Speed Racer**「スピードレーサー」(アニメのタイトル。邦題「マッハ GoGoGo」)

② **how much I liked it**「私がどれほどそれが好きだったか」
 until ...「…するまで」

③ **compete to** *do*「…しようと競い合う」

④ **mechanic**「整備士」

⑥ *be* **more than ～**「～以上のものだ」

⑦ **on the morning of ～**「～の日の朝に」 ▶「(特定の日の) 朝に」という場合の前置詞は in ではなく on。

フォード対フェラーリ

📁 文化［音楽・芸術・文学］

① 私は子供の頃，『スピードレーサー』という日本の<u>アニメ</u>を<u>見て</u>いた。② 最近，レースの映画を見るまで，そのアニメがどれだけ好きだったか忘れていた。③ その『フォード対フェラーリ』という映画は，最速の車を作ろうと競い合う 2 つの会社を描いたものだ。④ フォードの整備士たちは，毎晩遅くまで働いていた。⑤ 彼らの<u>事務所</u>は，車の部品で<u>いっぱいの</u>ガレージだった。⑥ 彼らにとって，それはガレージ以上のもの，いわば<u>聖堂</u>であった。⑦ <u>レース</u>当日の朝，フォードのドライバーは 5 時きっかりに起きた。⑧ 彼は他の誰よりも<u>一生懸命に</u>，トラックを完璧に走った。⑨ 彼がレースに出るときは，他の人たちの<u>はるかに</u>先を独走することがよくあった。⑩ 彼はそのコースでの最速ラップの<u>記録</u>を作った。⑪ 彼はフォードに大きな<u>勝利</u>を<u>もたらし</u>た。⑫ 彼はレースで最高<u>賞</u>を獲得した。⑬ 彼が<u>参加し</u>たのは 2 レースだけだった。後に訓練中に死んでしまったのだ。⑭ 彼はターンで<u>ミス</u>をして，衝突してしまった。⑮ 彼の妻は<u>夫</u>を失って，とても悲しんだ。

---

5 o'clock sharp「5時ちょうどに」 ▶sharp は副詞。

⑧ **than anyone else**「他の誰よりも」

⑨ **far ahead of all the others**「他の全員のずっと先［前方］に」

⑪ **win ~ a victory**「~に勝利をもたらす」

⑭ **crash**「衝突する」
　　because of ~「~のために，~が原因で」
　　on a turn「ターン［曲がり角，カーブ］で」

47 Ford vs. Ferrari

📌 単語の意味を確認しよう。

691

watch
[wɑ(:)tʃ]

動 (を)(じっと) 見る，見守る；(に) 注意する
watch ~ *do*「〜が…するのを (じっと) 見る」
▶ watch ~ *doing*「〜が…しているのを (注意して) 見る」
▶ watch out (for ~)「(〜に) 気をつける，用心する」
名 腕時計；見張り

692

cartoon
⑦ [kɑːrtúːn]

名 アニメ (動画)(＝an animated cartoon)；風刺漫画
▶ a cartoon character「漫画の登場人物」

693

office
[á(ː)fəs]

名 事務所，会社
▶ an office worker「会社員」
▶ office hours「勤務時間；営業時間」

694

fill
[fɪl]

動 を満たす；いっぱいになる
be filled with ~「〜でいっぱいだ」

695

temple
[témpl]

名 寺院；神殿；聖堂

696

race
[reɪs]

名 競争，レース；人種；民族
in a race「レースで」
動 競争する

697

hard
⑰ [hɑːrd]

形 難しい，困難な；熱心な；硬い
It is hard (for ~) to *do*.「…するのは (〜には) 難しい」
副 懸命に，熱心に；力を込めて；激しく
try hard「懸命に努力する」

698

far
[fɑːr]

形 遠い方の
far end [side] of ~「〜の向こう側」
副 遠くに [へ]；はるかに
far (away) from ~「〜から遠くに」
▶ How far ...?「どれくらい遠くに…ですか」
▶ 活用：〔距離〕far - farther [fɑ́ːrðər] - farthest [fɑ́ːrðɪst]
〔程度・時間〕far - further [fə́ːrðər] - furthest [fə́ːrðɪst]

705

699

record
⑦ [rékərd]

名 記録，最高記録

set a new record (in ~) 「(~で) 新記録を作る」
▶ hold [break] the record 「記録を保持する [破る]」

動 [rɪkɔ́ːrd] を記録する；を録音 [録画] する

700

win
[wɪn]

動 (競技など) (に) 勝つ；を獲得する

win a game [race] 「試合 [レース] に勝つ」
▶ 「(対戦相手など) に勝つ」は beat (→336)。
▶ win at ~ 「~ (ゲームなど) で勝つ」
□ 活用：win - won [wʌn] - won
□ wínner 名 勝利者

701

victory
[víktəri]

名 勝利

win a victory (over [against] ~) 「(~に) 勝利を収める」
▶ lead ~ to victory 「~を勝利に導く」

702

award
⑱ [əwɔ́ːrd]

名 賞，賞金

get [win / receive] an award of ~ 「~の賞金 [賞品] を受け取る」

動 (賞など) を授与する

703

present
⑦ [prézənt]

形 ①現在の
at the present time 「現時点で」
②出席して
be present at [in] ~ 「~に (出席して) いる」

名 現在；贈り物

動 [prizént] を贈呈する；を提示する

□ présence 名 出席；存在
□ presentátion 名 提出；プレゼンテーション

704

error
[érər]

名 誤り

▶ in error 「誤って」

705

husband
[hʌ́zbənd]

名 夫

ピーナッツアレルギーを持つ人はたくさんいる。筆者の考察を見てみよう。

① The number of people with allergies to peanuts is **increasing** in the United States. ② More **research** needs to be done on why people are allergic to peanuts. ③ Some experts say it is **possible** that people **develop** an allergy to peanuts if they do not eat any when they are young. ④ They say that early exposure is a **factor**. ⑤ Other experts say that children should not eat peanuts. ⑥ It is common now to warn people if a food **contains** peanuts. ⑦ If someone with a peanut allergy eats peanuts without **realizing** it, they could die. ⑧ Some restaurants **require** their waiters to ask customers if they have any allergies. ⑨ If they do not ask, they run the **risk** of making someone very sick. ⑩ Many foods contain peanuts. ⑪ If someone with an allergy is **served** peanuts on an airplane, that can be a dangerous **situation**. ⑫ We should all pay **attention** to this issue. ⑬ It is our **duty** to be **concerned** about the safety of people with allergies. ⑭ I **wonder** if we will ever cure allergies.

語法・構文・表現

① **the number of ～**「～の数」
　with allergies to ～「～に対するアレルギーを持った」

② **research needs to be done**「研究がなされる必要がある」
　be **allergic to ～**「～に対してアレルギーがある」

③⑤ **Some experts say**（that）**～. Other experts say that ...**「～と言う専門家もいれば，…と言う専門家もいる」

④ **early exposure**「幼少期の露出」（ここでは，幼少期のうちにアレルギーを含む食品を摂取すること）

⑥ **it is common to** *do*「…するのは一般的だ」

ピーナッツアレルギー

📁 日常生活［健康・医療］

① 米国では，ピーナッツアレルギーの人が<u>増え</u>ている。② なぜピーナッツに対してアレルギーがあるのかについて，さらなる<u>研究</u>が必要だ。③ 一部の専門家によると，子供の頃にピーナッツをまったく食べないとピーナッツアレルギーを<u>起こす</u> <u>可能性がある</u>。④ 幼少期の摂取が 1 つの<u>要因</u>だと言う。⑤ また，子供はピーナッツを食べてはいけないと言う専門家もいる。⑥ 食品にピーナッツが<u>含まれ</u>ている場合，現在では注意喚起をすることが一般的である。⑦ ピーナッツアレルギーの人が<u>気付か</u>ずにピーナッツを食べると，死んでしまうこともある。⑧ レストランの中には，客にアレルギーがあるかどうかを尋ねることを店員に<u>義務付け</u>ているところもある。⑨ 尋ねなければ，誰かを重病にする<u>危険</u>があるからだ。⑩ ピーナッツは多くの食物に含まれている。⑪ アレルギーのある人が飛行機内でピーナッツを<u>出</u>された場合，危険な<u>状況</u>となる。⑫ 私たちはみな，この問題に<u>注意</u>を払うべきだ。⑬ アレルギーのある人の安全に<u>気を配る</u>のは，私たちの<u>義務</u>だ。⑭ アレルギーを治すことができる日はいつか来るの<u>だろうか</u>。

---

warn「〜に警告する」

⑦ **without realizing it**「それ（＝ピーナッツが含まれていること）に気付かずに」

⑧ **ask 〜 if ...**「〜に…かどうか尋ねる」

⑪ **that can be 〜**「そのことは〜となる可能性がある」 ▶that は直前の if 節の内容を指す。

⑫ **issue**「問題」

⑭ **if we will ever do**「我々が…する日が（果たして）来るかどうか」
cure「〜を治す［治療する］」

📘 単語の意味を確認しよう。

706 **increase** ⑦ [ɪnkríːs]	**動** 増える；を増やす increase in ～ 「～において増える」 ▶ an increasing number of ～ 「ますます多くの～」 **名** [íŋkriːs] 増加
707 **research** [ríːsə:rtʃ]	**名** 研究，調査 do [carry out] research on [into] ～ 「～についての研究 [調査] を行う」 ▶ research shows [suggests] (that) ... 「研究では…だと示されている，研究によると…」 **動** [rɪsə́:rtʃ] (を) 研究 [調査] する □ reséarcher **名** 研究者
708 **possible** [pá(:)səbl]	**形** 可能な (⇔impossible →1136)；あり得る It is possible (for ～) to do. 「(～が) …することは可能だ」 ▶ It is possible (that) .... 「…ということはあり得る」
709 **develop** ⑦ [dɪvéləp]	**動** を発達 [発展] させる；発達 [発展] する；を開発する；(病気) の症状が出る develop one's talent(s) 「才能を伸ばす」 □ devélopment **名** 発展，発達；開発 □ devéloping **形** 発展途上の □ devéloped **形** 発展した ▶ developing [developed] countries 「発展途上 [先進] 国」
710 **factor** [fǽktər]	**名** 要因，要素 an important [a major] factor in ～ 「～の重要な [主要な] 要因」
711 **contain** [kəntéɪn]	**動** を含む □ cóntent **名** 〔～s〕内容；目次；中身；コンテンツ □ contáiner **名** 容器
712 **realize** [ríːəlàɪz]	**動** に気づく，を認識する；を実現する realize (that) ... 「…だと気づく [わかる]」 ▶ realize one's ambition 「大きな夢を実現する」

720

| 0 | 300 | 600 | 900 | 1200 |

713
require
[rɪkwáɪər]

動 を要求する；を必要とする
be required *to do*「…しなければならない」
▶ require ~ *to do*「~が…するよう要求する」
▶ require that S' *do* [should *do*]「S' が…するよう要求する」
□ requírement 图 要求される物［事］；必要な物［事］

714
risk
[rɪsk]

图 危険（性），リスク
run the risk of ~「~の危険［恐れ］がある」
▶ take a risk [risks]「危険を（あえて）冒す」
動 を危険にさらす
□ rísky 圏 危険を伴った

715
serve
発 [sə:rv]

動 （食事）を出す；（に）役立つ；（のために）勤務する
serve breakfast「朝食を出す」
□ sérvant 图 使用人；奉仕者

716
situation
[sìtʃuéɪʃən]

图 状況，事態；（建物・町などの）位置
in a ~ situation「~な状況において」
▶ the present situation「現状」

717
attention
[əténʃən]

图 注意（力）；注目；関心；配慮
pay attention to ~「~に注意を払う」
▶ *Attention,* please.「お知らせいたします」（アナウンス）

718
duty
[djú:ti]

图 義務；職務；関税
have a duty to *do*「…する義務がある」
▶ do *one's* duty「義務を果たす」

719
concerned
[kənsə́:rnd]

形 心配して；関心を持って
be concerned about [for] ~「~を心配している」
▶ *be* concerned with ~「~に関心を持っている」
□ concérn 動 を心配させる；に関係する 图 心配［関心］（事）

720
wonder
発 [wʌ́ndər]

動 だろうかと思う；驚く
wonder if [疑問詞] ...「…だろうか（と思う）」
▶ I was wondering if you [I] could *do*「…して［させて］いただけないでしょうか」
图 驚き；驚くべき事［人・物］
▶ No wonder (that) ....「…は少しも不思議ではない」

日本とは随分と様子の異なるアメリカのネイルサロンの問題点とは？

① Many cities in New York have salons where women can have their nails trimmed and painted. ② It's common to see customers getting manicures while they chat on their mobiles. ③ They can't text because their nails are being painted. ④ They sit in comfortable chairs while other women kneel and paint their nails, finger by finger. ⑤ Afterwards, the women admire their freshly manicured fingers and thumbs. ⑥ Some of the salons offer a shoulder rub for an extra fee.

⑦ Many of the workers in these salons are not citizens of the United States. ⑧ Unlike in Japan, they are paid very little, and if they are absent from work for a day or two, they could be fired. ⑨ They are sometimes nervous because they could be deported at any time. ⑩ Also, they are exposed to dangerous chemicals and some of these chemicals may cause cancer. ⑪ Painting nails all day must require some mental strength. ⑫ Bending over while working can also cause back pain.

⑬ I'm sorry to mention so many negative things about nail salons. ⑭ I believe that we should demand better conditions for workers in nail salons.

語法・構文・表現

① **have _one's_ nails trimmed and painted**「爪を切ったり塗ったりしてもらう」
　▶have ～ _done_「～を…してもらう」

③ **be being painted**「塗られているところだ」

⑤ **admire**「～を称賛する，～に感心する」
　freshly manicured「マニキュアを塗りたての」▶freshly「…したてで」

⑥ **a shoulder rub**「肩もみ」

📁 社会 [社会問題]

① ニューヨーク州の多くの都市には，女性が<u>爪</u>を切ったり塗ったりできるサロンがある。② 客が携帯で<u>おしゃべりし</u>ながらマニキュアをしてもらっているのをよく見かける。③ 爪が塗られている最中なので，<u>メールを打つ</u>ことはできない。④ 彼女らは座り心地のよい椅子に座って，店員たちはひざまずいて客の<u>指</u>を 1 本ずつ，爪を塗っていく。⑤ その後，女性たちはマニキュアを塗ったばかりの指や<u>親指</u>を見て感心するのだ。⑥ 一部のサロンでは，追加料金で<u>肩</u>もみを提供している。

⑦ これらのサロンで働く人の多くは米国<u>市民</u>ではない。⑧ 日本と違って，彼女たちは給料が非常に安く，1 日か 2 日仕事を<u>休ん</u>だだけで，解雇される可能性もある。⑨ いつ強制送還されるかわからないので，<u>不安</u>になることもある。⑩ また，危険な<u>化学物質</u>にさらされていて，これらの化学物質には<u>癌</u>を引き起こす可能性があるものもある。⑪ 一日中ずっと爪を塗るのはそれなりの<u>精神</u>力が必要だ。⑫ 仕事中ずっと<u>かがんで</u>いると，腰痛の原因になることもある。

⑬ ネイルサロンについて<u>否定的な</u>ことをたくさん言って申し訳ない。⑭ ネイルサロンで働く人たちのために，もっとよい条件を<u>要求す</u>べきだと思う。

---

for an extra fee「追加料金で」
⑧ **be paid very little**「給料が非常に安い」
be fired「解雇される，クビになる」
⑨ **be deported**「国外退去になる，強制送還される」
⑩ **be exposed to ～**「～にさらされる」
⑫ **back pain**「腰痛」

49 Nail Salons in New York

単語の意味を確認しよう。

721
nail
[neɪl]

名 爪；くぎ
cut *one's* nails 「爪を切る」
► bite [do] *one's* nails「爪をかむ［手入れする］」

722
chat
[tʃæt]

動 おしゃべりする；チャットする
chat to [with] 〜 「〜とおしゃべり［チャット］する」
名 おしゃべり；チャット

723
text
発 [tekst]

動 （ショート）メッセージを送る
名 本文；テキストメッセージ；テキスト文書；教科書

724
finger
[fíŋgər]

名 （手の）指
on *one's* finger(s) 「指に［で］」
► the index [middle / ring / little] finger「人差し［中／薬／小］指」

725
thumb
発 [θʌm]

名 （手の）親指
hold [put] up *one's* thumb 「親指を立てる」
► 一般に欧米では賛同・満足などを伝える仕草。文化圏によって意図は異なる。
► the thumbs-up (sign)「親指を立てる仕草，賛同」
► *be* all thumbs「不器用だ」

726
shoulder
発 [ʃóuldər]

名 肩；（重責を担う）肩，双肩
put *one's* arm around 〜*'s* shoulder(s) 「腕を〜の肩に回す」

727
citizen
[sítəzən]

名 国民；市民
a Japanese citizen 「日本国民」
► non-cítizen 名 外国人，非市民

728
absent
アク [ǽbsənt]

形 欠席の
***be* absent from 〜** 「〜を欠席する」
□ ábsence 名 欠席，不在

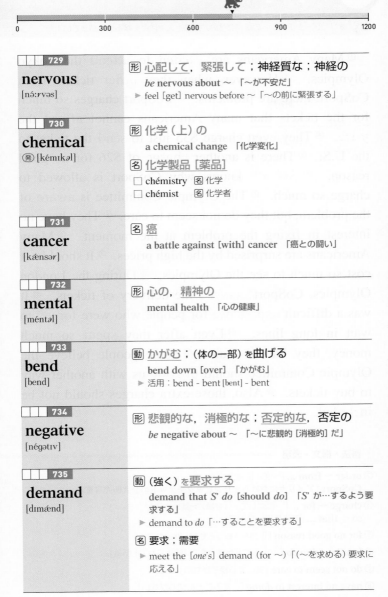

729

nervous
[nə́ːrvəs]

形 心配して，緊張して；神経質な；神経の
be nervous about ~ 「~が不安だ」
▶ feel [get] nervous before ~ 「~の前に緊張する」

730

chemical
発 [kémɪkəl]

形 化学（上）の
a chemical change 「化学変化」

名 化学製品 [薬品]
□ chémistry　名 化学
□ chémist　名 化学者

731

cancer
[kǽnsər]

名 癌
a battle against [with] cancer 「癌との闘い」

732

mental
[méntəl]

形 心の，精神の
mental health 「心の健康」

733

bend
[bend]

動 かがむ；(体の一部) を曲げる
bend down [over] 「かがむ」
▶ 活用：bend - bent [bent] - bent

734

negative
[négətɪv]

形 悲観的な，消極的な；否定的な，否定の
be negative about ~ 「~に悲観的 [消極的] だ」

735

demand
[dɪmǽnd]

動 (強く) を要求する
demand that S' *do* [should *do*] 「S' が…するよう要求する」
▶ demand to *do* 「…することを要求する」

名 要求；需要
▶ meet the [*one's*] demand (for ~) 「(~を求める) 要求に応える」

---

(50) Olympic Tickets

> ♀ オリンピックチケットの販売会社の対応に，人々はどんな不満を持っているか？

① Many Americans are excited to attend the Tokyo Olympics. ② However, when they order tickets from CoSport, there are problems. ③ CoSport charges so much for the tickets that many Americans cannot afford the price. ④ They even charge $35 just to send the ticket to the U.S. ⑤ There is another charge of $26 for no good reason. ⑥ Nobody knows why CoSport is allowed to charge so much. ⑦ The Olympic Committee is aware of the problem, but they do not seem to care. ⑧ They have no interest in fixing the problem at the moment. ⑨ Many Americans are surprised by the high prices. ⑩ It should not cost so much to see the Olympics. ⑪ During the London Olympics, CoSport delayed the delivery of tickets. ⑫ It was a difficult experience for people who were forced to wait in long lines. ⑬ Even after they spent so much money, they had to wait. ⑭ Some people believe the Olympic Committee should provide us with another way to buy tickets. ⑮ Also, those extra charges should not be included.

◎ 語法・構文・表現

② **order ~ from ...**「~を…に注文する」
CoSport（アメリカにおけるオリンピックチケットの公式販売事業者）

③ **charge ~ for ...**「…に対して~（金額）を請求する」
so ~ that ...「あまりに~なので…」

⑤ **for no good reason**「正当な［もっともな］理由もなく」

⑥ **be allowed to** *do*「…することが許されて［認められて］いる」

⑦ **do not seem to care**「気にする様子がない」

⑧ **have no interest in** *doing*「…することに関心がない」

208

オリンピックチケット

📁 社会 [経済・金融]

① 多くのアメリカ人が，東京オリンピックを<u>見に行く</u>のを<u>楽しみ</u>にしている。② しかし，チケットを CoSport に<u>注文する</u>場合，問題がある。③ CoSport はチケット料金が高すぎて，多くのアメリカ人がその<u>値段</u>を払う<u>余裕</u>がない。④ アメリカまでチケットを<u>送る</u>だけで 35 ドルもかかるのだ。⑤ また，正当な理由もなく 26 ドルも<u>請求</u>される。⑥ CoSport がなぜそんなに高い料金を取ることが許されているのか，<u>誰も</u>知ら<u>ない</u>。⑦ オリンピック委員会はこの問題を<u>認識して</u>いるが，気にしていないようだ。⑧ 今のところ，彼らはこの問題を解決することに関心がない。⑨ 多くのアメリカ人が料金の高さに驚いている。⑩ オリンピックを見るのに，そんなに高額にはならないはずだ。⑪ ロンドンオリンピックのとき，CoSport はチケットの配送が<u>遅れ</u>た。⑫ 長い列に並ば<u>ざるを得なかった</u>人々にとっては，それはつらい<u>経験</u>だった。⑬ あれだけ高いお金を<u>払っ</u>たのに，待たされたのだから。⑭ オリンピック委員会はチケットを買う別の方法を<u>提供す</u>べきだと考える人もいる。⑮ また，これらの追加料金は<u>含ま</u>れるべきではない。

---

fix「～ (問題など) を解決する」
at the moment「今のところ，現在は」
⑨ be surprised by ～「～に驚く」
⑩ cost ～ to do「…するのに (金額) がかかる」
⑫ wait in long lines「長い列に並んで待つ」
⑬ even after ...「…した後でさえも」
⑮ extra「余分の，追加の」

50 Olympic Tickets

📘 単語の意味を確認しよう。

736

excited
[ɪksáɪtɪd]

形 興奮して，わくわくして

be excited about [at / by] ～ 「～に興奮 [わくわく] している」

▶ *be* excited to *do* 「…して興奮する」

□ excíting 形 興奮 [わくわく] させるような，刺激的な
□ excíte 動 を興奮させる

737

attend
[əténd]

動 (に) 出席する，(学校など) に通う；注意を向ける

attend a class [lecture] 「授業 [講義] に出席する」

▶ attend school 「学校に通う」

□ atténtion ➡717

738

order
[ɔ́:rdər]

動 を命じる；(を) 注文する

order that *S' do* [should *do*] 「*S'* が…するよう命じる」

▶ order ～ to *do* 「～に…するよう命じる」
▶ order *O₁ O₂* 「*O₁* (人) に *O₂* を注文する」

名 命令；注文 (品)；順序；秩序

▶ in order to *do* 「…するために」
▶ out of order 「(機械などが) 故障して，調子が悪い」

739

afford
[əfɔ́:rd]

動 (時間的・金銭的に) の余裕がある

can't afford to *do* 「…する余裕がない」

▶ 否定文や疑問文で通例用いられる。
▶ can't afford (to buy) a dress 「ドレスを買う余裕がない」

740

price
[praɪs]

名 価格

at a low [a high / half] price 「低価格 [高価格／半額] で」

741

send
[send]

動 を送る

send *O₁ O₂* 「*O₁* (人) に *O₂* を送る」

▶ 活用：send - sent [sent] - sent

742

charge
[tʃɑ:rdʒ]

名 (サービスへの) 料金；責任；告発

free of charge 「無料で」

▶ in charge of ～ 「～の責任 [管理] で」

動 を請求する；を充電する

750

| 0 | 300 | 600 | 900 | 1200 |

743

nobody
⑦ [nóʊbədi]

代 誰も〜ない (≒ no one)
▶ nobody の後にさらに not など否定語句を用いないこと。

名 取るに足りない人

744

aware
[əwéər]

形 気づいて
be aware of 〜 「〜に気づいている」
▶ *be* aware (that) ... 「…ということに気づいている」

745

delay
[dɪléɪ]

動 を遅らせる，遅れる；を延期する
be delayed 「遅れる」

名 遅れ；延期

746

experience
⑬ [ɪkspíəriəns]

名 経験，体験；経験したこと
have experience in [of / with] 〜 「〜の経験がある」
▶ in *one's* experience 「〜の経験では」

動 を経験 [体験] する
□ expérienced 形 経験豊かな

747

force
[fɔːrs]

動 を強いる
force 〜 to *do* 「(事が) 〜に…するよう強いる」→「(事が原因で) 〜は…せざるを得ない」

名 力；軍隊

748

spend
[spend]

動 を費やす，使う
spend 〜 *doing* 「〜を…するのに費やす [使う]，…して〜を過ごす」
▶ spend A on B 「A (時間・お金) を B に費やす [使う]」
▶ 活用：spend - spent [spent] - spent

749

provide
[prəváɪd]

動 を提供 [供給] する，もたらす
provide A with B 「A (人) に B を供給 [提供] する」
(≒ provide B for [to] A 「B を A に供給 [提供] する」)

750

include
[ínklúːd]

動 を含む
be included in 〜 「〜に含まれている」
□ inclúding 前 〜を含めて
▶ including tax 「税込みで」

---

(51) Positive Effects of Exercise

> 体重が 20 ポンド増加した筆者。健康でいるために必要なこととは？

① I finally came to the conclusion that I need to exercise. ② I have gained 20 pounds in the past year. ③ I have always been regarded as a healthy man. ④ However, if I hope to survive the coming years, I need to be fit. ⑤ Many people exercise to lose weight, but in my case, I want to feel better. ⑥ Mental health is the angle that interests me most. ⑦ When I exercise in the morning, I feel happier for the rest of the day. ⑧ After a short period of working out, I showed signs of having more energy. ⑨ I read an article on the relation between regular exercise and feeling better. ⑩ The effect of exercise is similar to anti-depression medication. ⑪ Several studies have shown that exercise can help people who feel sad or depressed. ⑫ There are various reasons for this. ⑬ The difficult thing is that when you are depressed, it is very hard to change your behavior. ⑭ I have felt the positive effects of exercise after just a few days.

◎ 語法・構文・表現

② **in the past year**「過去1年間で」

④ **the coming years**「これからの [来たるべき] 数年間」
  be fit「健康な，体調のよい」

⑤ **lose weight**「体重を減らす」

⑥ **mental health**「精神衛生，心の健康」
  ～ that interests me most「私に最も興味を持たせる～」

⑧ **work out**「運動する，体を鍛える」

📁 日常生活〔健康・医療〕

① 私はついに，自分には運動が必要だという結論に達した。② この1年で20ポンド太った。③ 私は健康な男だといつも思われてきた。④ しかし，これからの数年間を生き抜くためには，健康である必要がある。⑤ 多くの人は減量のために運動をしているが，私の場合は，気分をよくしたいのだ。⑥ 精神衛生とは，私が最も興味を持っている観点だ。⑦ 朝に運動をすると，その日の残りの時間はずっと気分がよくなる。⑧ 短時間でも運動した後には，活力がさらにみなぎってくる兆しが見えた。⑨ 定期的な運動と気分がよくなることの関係についての記事を読んだことがある。⑩ 運動の効果は抗うつ薬と似ているそうだ。⑪ いくつかの研究では，悲しい気分や憂うつな気分の人には運動が役立つことが示されている。⑫ これにはさまざまな理由がある。⑬ 難しいのは，落ち込んでいるときに自分の行動を変えるのがとても難しいということだ。⑭ 私は，運動のプラスの効果をほんの数日で実感できた。

---

⑨ **an article on ～**「～についての記事」
   regular exercise「定期的な運動」

⑩ **anti-depression medication**「抗うつ薬」

⑪ **studies have shown that ...**「研究は…ということを示している」
   feel depressed「気分が落ち込んでいる，憂うつな気分の」

⑭ **after just a few days**「ほんの数日後に」

📙 単語の意味を確認しよう。

751 **conclusion** [kənklúːʒən]	名 **結論** come to [reach] a conclusion that ... 「…という結論に達する」 ▶ in conclusion 「結論として；最後に」 □ conclúde 動 と結論づける
752 **gain** [geɪn]	動 を (徐々に) **得る**；を**増す** gain experience by [from] ~ 「~で経験を得る[積む]」 ▶ gain weight 「体重が増える」 名 増加；利点
753 **regard** [rɪɡɑ́ːrd]	動 を (~と) **思う，考える** *be* regarded as ~ 「~と見なされている」 ▶ regard A as B 「A を B と見なす」 名 〔~s〕**よろしくという挨拶** ▶ (Best [Kind]) Regards, 「敬具」(手紙などの結びとして) ▶ in [with] regard to ~ 「~に関しては」 □ regárding 前 ~に関して □ regárdless 副 (それでも) 構わず
754 **survive** ⑦ [sərváɪv]	動 (を) **生き延びる，切り抜ける**；(物が) **存続し続ける** □ survíval 名 生き残ること，生存，存続
755 **case** [keɪs]	名 **場合**；**事例**；〔the ~〕**実情**；**事件**；**訴訟** in ~'s case 「~の場合，~に関して」 ▶ in some [most] cases 「ある [たいていの] 場合」 名 容器，ケース，箱
756 **angle** [ǽŋɡl]	名 **観点，見方**；**角度** from another [a different] angle 「別の [異なる] 観点から」
757 **rest** [rest]	名 〔the ~〕**残り**；**休息**；**休止** the rest of ~ 「~の残り，残りの~」 ▶ take [have] a rest 「休憩をとる」 動 休憩する

765

| 0 | 300 | 600 | 900 | 1200 |

758

period
[píəriəd]

名 <u>期間</u>；時代；(授業の) 時限；ピリオド

in [within] a short period (of time)「短期間のうちに」
▶ for [over] a long period of time「長期間で [にわたり]」

759

sign
[saɪn]

名 <u>兆し</u>，表れ，しるし；標識；合図

show no sign [some signs] of ~「~の兆しが見られ
ない [いくらか見られる]」
▶ sign language「手話」

動 (に) 署名 [サイン] する

□ sígnature [sígnətʃər] 名 署名，サイン

760

relation
[rɪléɪʃən]

名 <u>関係</u>，関連；〔~s〕(団体・国家などの公式な)
関係；親戚

relation(s) between A (and B)「A (と B) との関係」
▶ in relation to ~「~に関して，~について」

761

similar
[símələr]

形 <u>似ている</u>，同様の

be similar to ~「~に似ている」
□ símilarly 副 同様に
□ similárity 名 似ていること，類似

762

several
[sévrəl]

形 <u>いくつかの</u>

several times「何度か」

代 いくつか，何人か

763

various
発 ア [véəriəs]

形 <u>さまざまな</u>，多様な

for various reasons「さまざまな理由で」
□ váry 動 異なる，さまざまである

764

behavior
[bɪhéɪvjər]

名 振る舞い，行儀；態度；<u>行動</u>

good [bad] behavior「行儀の良さ [悪さ]」
□ behave [bɪhéɪv] 動 振る舞う，行動する

765

effect
ア [ɪfékt]

名 <u>影響</u>，効果；結果

have a bad [negative] effect on ~「~に悪影響を与
える」
▶ cause and effect「原因と結果」
□ efféctive 形 効果的な，効き目のある

🔍 筆者が薦める直島とはどんな場所だろうか？

① If you're **interested** in art, you may enjoy the Japanese **island** of Naoshima. ② Some people think that all museums are **alike**, but that's not true. ③ Naoshima, in the Seto Inland Sea, is a **strange** and wonderful place. ④ With sculptures and art everywhere, it feels far away from daily life. ⑤ You can get to Naoshima by taking a ferry, **direct** from a town called Uno. ⑥ There is a wide variety of art on the island. ⑦ I had so much fun there that I **nearly** missed the last ferry off the island.

⑧ **Whichever** part of the island you visit will be great. ⑨ Your ticket for the day **allows** you to visit several museums on the island. ⑩ Naoshima **receives** visitors from all around the world. ⑪ Artists from many different countries have **participated** in exhibitions there as well. ⑫ You may **recognize** the giant *kabocha* sculpture made by the famous Japanese artist, Yayoi Kusama. ⑬ When you visit, remember to be **polite** in the museums. ⑭ It's **rude** to touch the sculptures, or to speak loudly. ⑮ Not everyone thinks that art is **necessary** to our survival. ⑯ However, I believe it's **important** to enjoy art.

◎語法・構文・表現 ◇◇◇

④ **with ~ everywhere**「至る所に~があって」▶〔付帯状況〕を表す。
　sculpture「彫刻」
　it feels far away from ~「~から遠く感じられる」

⑤ **get to ~**「~に着く」

⑥ **a wide variety of ~**「さまざまな種類の~」

⑦ **had so much fun ~ that ...**「とても楽しかったので…」
　off the island「島を出る」

美術館

英文レベル
☆☆

187 words

📁 日常生活［旅行］

① 芸術に <u>興味がある</u> なら，日本の <u>島</u>，直島が楽しめるかもしれない。② 美術館はどれも <u>似たような</u> ものだと考える人もいるが，そうではない。③ 瀬戸内海にある直島は，<u>不思議で</u> 素晴らしいところだ。④ 至るところに彫刻や美術品があり，日常生活からは遠く感じられる。⑤ 直島へは宇野という町から <u>直行で</u> フェリーに乗って行くことができる。⑥ 島にはさまざまな芸術作品がある。⑦ 私はその島がとても楽しかったので，<u>もう少しで</u> 島からの最終フェリーに乗り遅れるところだった。

⑧ 島の <u>どの</u> 部分を訪れても素晴らしいことだろう。⑨ 1 日券を使えば，島のいくつかの美術館を訪れる <u>ことができる</u>。⑩ 直島は世界中から観光客を <u>迎えて</u> いる。⑪ また，さまざまな国の芸術家たちがそこで展覧会に <u>参加し</u> ている。⑫ 有名な日本の芸術家，草間彌生さんが作った巨大なカボチャの彫像は <u>分かる</u> だろう。⑬ 美術館を訪れる際は，<u>礼儀正しく</u> することを忘れないでほしい。⑭ 彫刻に触れたり，大きな声で話したりするのは <u>失礼だ</u>。⑮ すべての人が芸術が私たちの生存に <u>必要だ</u> と思っているわけではない。⑯ しかし，芸術を楽しむことは <u>大切だ</u> と私は思う。

---

⑩ **from all around the world**「世界中から」

⑪ **exhibition**「展覧会」
　as well「〜もまた」

⑫ **〜 made by ...**「…によって作られた〜」

⑬ **remember to do**「…することを覚えておく，忘れずに…する」

⑮ **not everyone thinks that ...**「誰もが…と思うわけではない」 ▶部分否定。

217

■ 単語の意味を確認しよう。

766

interested
[íntərəstɪd]

形 **興味を持って**

be interested in ~ 「~に興味がある」

□ ínteresting 形 興味深い，おもしろい
□ ínterest 動 に興味を抱かせる 名 興味，関心

767

island
発 [áɪlənd]

名 **島**

the main island (of ~) 「(~の) 本島」

▶ a desert island 「無人島」

768

alike
[əláɪk]

形 **似ている**，同様な

be alike 「似ている」

▶ 限定用法では similar (→761) を用いる。
▶ look alike 「(外見が) 似ている」

副 **同じように**

769

strange
発 [streɪndʒ]

形 **奇妙な**，**不思議な**

It is strange that *S does* [should *do*]. 「*S* が…すると
は不思議だ」

□ stránger →863

770

direct
[dərékt]

形 **直接の**；**まっすぐな**

a direct link [connection] 「直接の関係」

▶ a direct flight 「直行便」

副 **直接に**，**まっすぐに**

direct to ~ 「~に (乗り継ぎなどせず) 直通で」

動 を向ける；を指揮する

□ diréctly 副 直接に，じかに

771

nearly
[níərli]

副 **ほとんど**，**ほぼ**；**もう少しで**

▶ almost と異なり，no, never, none, nothing, nobody
など否定語の前に置くことはできない。

772

whichever
アク [hwɪtʃévər]

代 **どちらが [を]…しようとも；…するものは
どちら [どれ] でも**

▶ You can take *whichever* you want. 「どちらでも欲しいも
のを取っていいですよ」

形 **どちらの [どの] …であろうと**

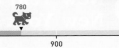

780

773 **allow** (発) [əláu]	**動** を可能にする；を許す allow ~ to do 「(物・事が) ~に…するのを可能にする」 →「(物・事によって) ~は…することができる」 ▶ *be* allowed to *do*「…することが許されている」 You're not *allowed* to park your bike here. 「ここに自転車をとめることはできません」
774 **receive** [rɪsíːv]	**動** を受け取る，受ける；を受け入れる receive A from B 「A を B から受け取る [受ける]」 □ receipt [rɪsíːt] **名** 領収書；受領 □ recéption **名** 宴会；(ホテル等の) フロント，受付
775 **participate** (発)(ア) [pɑːrtísɪpèɪt]	**動** 参加する participate in ~ 「~に参加する」 ▶ take part in ~ よりも堅い表現。 □ participátion **名** 参加
776 **recognize** (ア) [rékəgnàɪz]	**動** だとわかる，識別する；を認める，認識する recognize A from [by] B 「B によって A だとわかる」 ▶ *be* recognized as [to be] ~「~だとみなされる」
777 **polite** (ア) [pəláɪt]	**形** 礼儀正しい，丁寧な (⇔impolite, rude) It is polite (of ~) to *do*.「…するとは (~は) 礼儀正しい」 ▶ *be* polite to ~「~に (対して) 礼儀正しい」 □ polítely **副** 礼儀正しく，丁寧に
778 **rude** [ruːd]	**形** 失礼な It is rude (of ~) to *do*.「…するとは (~は) 失礼だ」 ▶ *be* rude to ~「~に失礼だ」
779 **necessary** (ア) [nésəsèri]	**形** 必要な，必然の It is necessary that S do [should do].「S が…することが必要だ」 ▶ if necessary「必要ならば」 □ necéssity **名** 必要 (性)；必需品
780 **important** [ɪmpɔ́ːrtənt]	**形** 重要な It is important that S do [should do].「S が…することは重要だ」 □ impórtance **名** 重要性，重大さ

ニューヨークでの新年のイベントで注意すべきこととは？

①It's a **custom** in New York City's Times Square to celebrate the countdown on New Year's Eve. ②Everyone counts down the final seconds of the year with a **feeling** of hope. ③This celebration **started** in 1904, and it **continues** to be popular. ④It **began** as a small gathering, and now the crowds are over one million people. ⑤Unfortunately, with people grouped in a tight space, a virus can spread through the **air** easily and is difficult to **escape**. ⑥Many people wear masks to try to **avoid** getting sick, but some **dislike** wearing them. ⑦Tourists visiting New York City for the event may have a difficult time to make a doctor's **appointment** if they get sick. ⑧Also, to **try** to access a public restroom is nearly impossible. ⑨Many people **regret** getting stuck in the center of a large crowd. ⑩These small details are not found easily in **information** for the event on websites. ⑪You must use your research **ability** to prepare <u>in advance</u> to avoid any problems. ⑫If we all take safety seriously, we can avoid even a single **death**.

語法・構文・表現

⑤ **with people grouped in ~**「人々が~に集まっているので」▶〔付帯状況〕を表す。
spread through ~「~を通して広がる」

⑦ **tourists visiting New York City for ~**「~のためにニューヨークを訪れている観光客」▶visiting の前に who are の省略。
have a difficult time to *do*「…するのに苦労する」

⑧ **access**「~を利用する」

ニューヨークの新年のお祝い

📁 日常生活［旅行］

① ニューヨークのタイムズスクエアでは，大晦日にカウントダウンで祝うのが習慣になっている。② 誰もが期待感を持って，1年の最後の数秒をカウントダウンする。③ この祝い方は1904年に始まり，今でもその人気は続いている。④ 最初は小さな集まりとして始まったが，今では100万人以上が集まっている。⑤ 残念なことに，人が狭い空間に集団でいると，ウイルスが空気中に広がりやすく，それを逃れるのは難しい。⑥ 多くの人が病気になるのを避けるためにマスクをしているが，マスクをするのを嫌う人もいる。⑦ このイベントのためにニューヨークを訪れる観光客は，もし病気になった場合，医者の予約を取るのに苦労するかもしれない。⑧ また，公衆トイレを利用しようとするのはほぼ不可能だ。⑨ 大勢の人ごみの中で身動きが取れずに後悔する人は多い。⑩ このような細かいことは，ウェブサイトのイベント情報には簡単には見つからない。⑪ 問題を避けるためには，調査能力を発揮して前もって準備をしておかなければならない。⑫ みんなが安全について真剣に考えれば，1人の死者も出さずに済ませることができる。

---

⑨ **get stuck in ～**「～の中に入り込んで身動きが取れなくなる［立ち往生する］」
　　in the center of ～「～の中心で」

⑩ **details**「詳細（な情報）」

⑪ **in advance**「事前に，前もって」

⑫ **take ～ seriously**「～を真剣に受け止める」
　　even a single ～「ただ1つの～さえも」

📖 単語の意味を確認しよう。

□□□ **781** **custom** [kʌ́stəm]	名 (社会的) 慣習, 風習；〔one's ～〕(個人の) 習慣；〔～s〕税関, 関税 It is the custom (for ～) to *do*. 「(～が) …するのが慣習だ」
□□□ **782** **feeling** [fíːlɪŋ]	名 気持ち, 感情；感覚 have [get] a [the] feeling that ... 「…という気がする」 □ feel ➡ 1047
□□□ **783** **start** [stɑːrt]	動 を始める；始まる；出発する start to *do* [*doing*] 「…し始める」 ▶ start も begin も, 進行形のときは to 不定詞を通例用いる。 It's *starting* to snow. 「雪が降り出してきた」 ▶ get started 「始める, 始まる」 名 開始；出発
□□□ **784** **continue** ㋐ [kəntínju(ː)]	動 (を) 続ける；続く continue to *do* [*doing*] 「…し続ける」 ▶ continue with ～ 「～ (仕事・計画など) を続ける」
□□□ **785** **begin** [bɪgín]	動 を始める；始まる begin to *do* [*doing*] 「…し始める」 ▶ begin at nine 「9時から始まる」(前置詞に注意) ▶ 活用：begin - began [bɪgǽn] - begun [bɪgʌ́n] □ begínning 名 始まり, 最初 □ begínner 名 初心者
□□□ **786** **air** [eər]	名 空気, 大気；〔the ～〕空中 ▶ by air 「空路で, 飛行機で」
□□□ **787** **escape** [ɪskéɪp]	動 (を) 逃れる, 免れる；逃げる escape *doing* 「…するのを免れる」 ▶ escape ～ は「～の状況 (に陥るの) を免れる」, escape from ～ は「～の状況や場所から逃げる [逃れる]」。 名 逃亡, 脱出
□□□ **788** **avoid** [əvɔ́ɪd]	動 を避ける avoid *doing* 「…するのを避ける, …しないようにする」 □ avóidance 名 回避

0	300	600	900	1200

789

dislike
[dɪsláɪk]

動 を嫌う

dislike *doing* 「…することを嫌う」
▶ like とは異なり，目的語には to 不定詞をとらない。
▶ dislike ~ *doing* 「~（人）に…してもらいたくない」

名 嫌悪（感）

790

appointment
[əpɔ́ɪntmənt]

名 (面会の) 約束，(医者などの) 予約

have an appointment (with ~) 「(~と) 約束 [予約]
がある」
▶ 飲食店やホテルなどの「予約」は reservation。
▶ make an appointment 「約束 [予約] する」
□ appóint 動 を指定する；を任命する

791

try
[traɪ]

動 (を) 試みる；(を) 試す

① try to *do* 「…しようと試みる [努力する]」
② try *doing* 「(試しに) …してみる」
▶ ①の意味で try *doing* を使う場合もある。

名 試し；トライ

□ tríal 名 試み，試し；裁判

792

regret
[rɪgrét]

動 (を) 後悔する；を残念に思う

① regret to *do* 「残念ながら…する」
② regret *doing* 「…したことを後悔している」

名 後悔；残念

793

information
[ìnfərméɪʃən]

名 情報；案内

a piece of information (about [on] ~) 「(~につい
ての) 情報1件」
□ infórm 動 に知らせる

794

ability
[əbíləti]

名 能力；才能，力量

ability to *do* 「…する能力」
□ able →458

795

death
[deθ]

名 死；〔可算名詞〕死亡

after (*one's*) death 「(~の) 死後」
▶ to death「死ぬほど，ひどく；死に至るまで」
□ die 動 死ぬ □ dead →25

---

54 A Great Portrait

ある写真家が１枚の素晴らしい写真を撮るまでの経緯は？

① Many years ago, a photographer went on a **tour** of India with a woman. ② He was a **professional** photographer and wanted to take **photographs** of some holy sites. ③ He asked the **guide** where to take photos, and the guide said that there was a good place, but it was a five-day **journey** from the nearest city. ④ They decided to go on that tour.

⑤ They had to sleep in an outdoor **camp** nearby. ⑥ The jungle **climate** was so hot and humid that, when they were three days into the journey, she wanted to **cancel** the trip. ⑦ She realized that she preferred other forms of **entertainment** in the city, rather than in the jungle. ⑧ However, he insisted that they continue the tour to the holy sites.

⑨ The next day they came to a waterfall. ⑩ The **landscape** was beautiful, and he thought he should take a **portrait** of her at that spot. ⑪ Behind the waterfall was a dark **cave**. ⑫ The **rays** of the sun made her look like she was glowing. ⑬ In fact, it looked almost like **magic**. ⑭ It was a great portrait of her in **nature**.

◎ 語法・構文・表現

② **a holy site**「聖地」

③ **ask 〜 where to do**「どこで…すべきか〜に尋ねる」

⑤ **nearby**「近くの」

⑥ **humid**「湿気の多い」
   three days into the journey「旅に出て３日で」

⑦ **other forms of 〜**「他の形態 [種類] の〜」
   rather than 〜「〜よりもむしろ」

📁 日常生活 [旅行]

① 何年も前，ある写真家がある女性とインド旅行に出かけた。② 彼はプロの写真家で，聖地の写真を撮りたいと思っていた。③ どこで写真を撮るのがよいかガイドに聞くと，ガイドは１ついい場所があるが，その場所は最寄りの都市から５日間かかる旅だと言った。④ 彼らはそのツアーに行くことに決めた。

⑤ 彼らは近くの野外キャンプで寝なければならなかった。⑥ ジャングルの気候はあまりに蒸し暑かったので，旅の３日目で，彼女は旅をキャンセルしたいと思った。⑦ 自分はジャングルよりもむしろ都会で，何か他の娯楽の方が好きだということに気付いたからだ。⑧ しかし，彼はどうしても聖地へのツアーを続けたいと言った。

⑨ 翌日，彼らは滝にたどり着いた。⑩ そこの景色は美しかったので，彼はその場所で彼女の写真を撮るべきだと思った。⑪ 滝の後ろには暗い洞窟があった。⑫ 太陽の光で，彼女は柔らかく輝いているように見えた。⑬ 実際，まるで魔法のように見えた。⑭ それは本来の彼女の姿をとらえた素晴らしい写真だった。

---

⑧ **insist that S do [S should do]**「S が…することを（強く）要求する」 ▶that 節内の動詞は原形。

⑪ **behind ～ was ...**「～の後ろには…があった」

⑫ **glow**「ぼんやりと光り輝く」

⑬ **in fact**「実際に」
look like ～「～のように見える」

📖 単語の意味を確認しよう。

796

tour
発 [tuər]

名 **(周遊) 旅行**, ツアー；見学
go on a tour (of ~) 「(~への) ツアーに出かける」
▶ a package tour 「パックツアー」

動 を旅行する；(を) 見学して回る
□ tóurism 名 観光業
□ tóurist ➡610

797

professional
[prəféʃənəl]

形 **プロの** (⇔amateur [ǽmətʃuər] 「アマチュアの」)；
熟練した；専門職の

名 プロ；専門家

798

photograph
アク [fóutəgræf]

名 **写真** (=photo, picture)
take a photograph (of ~) 「(~の) 写真を撮る」
□ photógrapher 名 写真家

799

guide
発 [gaɪd]

名 **ガイド**, 案内人；案内書；指針

動 を案内する
▶ a guided tour 「ガイド付きツアー」

800

journey
[dʒə́ːrni]

名 **旅行**；**旅程**；(~への) 道のり
make [have] a journey 「旅をする」
▶ 比較的長い旅や, 地点の移動について言う。
▶ a 2-hour train journey 「2時間の列車移動」

801

camp
[kæmp]

名 **キャンプ**, 合宿；野営地
have (a) summer camp 「サマーキャンプ [夏合宿] が
ある」
▶ at (the) camp 「キャンプで」

動 キャンプする
▶ go camping in ~ 「~にキャンプに行く」
□ cámping 名 「キャンプ (をすること)」

802

climate
[kláɪmət]

名 **気候**
a warm [mild / dry / cold] climate 「温暖な [穏やか
な／乾燥した／寒い] 気候」
▶ climate は特定地域の一般的な「気候」を指す。weather は
ある地域の一時的な「天気」を表す。

| 0 | 300 | 600 | 900 | 1200 |

803
cancel
[kǽnsəl]

動 (を) 取り消す，中止する（＝call off ～）
cancel *one's* [the] order 「注文をキャンセルする」
名 取り消し

804
entertainment
[èntərtéinmənt]

名 娯楽，気晴らし
for entertainment 「娯楽で，気晴らしに」
□ entertáin 動 を楽しませる；をもてなす

805
landscape
[lǽndskèip]

名 (見渡せる陸地の) 風景，景色

806
portrait
発 ア [pɔ́:rtrət]

名 肖像画，肖像写真；(詳しい) 描写
paint a portrait 「肖像画を描く」
▶ a self-portrait 「自画像」

807
cave
[keiv]

名 洞窟
inside the cave 「洞窟の中で」

808
ray
[rei]

名 光線
the sun's [moon's] rays 「太陽 [月] の光」
▶ ultraviolet rays 「紫外線」

809
magic
ア [mǽdʒik]

名 手品；魔法；不思議な力
do [perform] magic 「手品をする」
□ magícian 名 マジシャン
□ mágical 形 不思議な (力を持つ)

810
nature
[néitʃər]

名 自然，自然界；性質
▶ in nature 「本質的に」
▶ by nature 「生まれつき」
□ nátural 形 自然の

筆者の妻が踊る日本舞踊とはどのようなものだろうか？

① My wife performs traditional Japanese dance at a very high **level**. ② The **pattern** on her *yukata* has the symbol of the Tachibana School. ③ The founder of her school, Yoshie Tachibana, dances with the highest **degree** of skill. ④ The dance is a family **tradition** started by her father. ⑤ The **origin** of the dance is *kabuki* theater. ⑥ The **themes** of the dances are often about the lives of Japanese villagers. ⑦ The **concept** of telling stories through dance is very old. ⑧ The **cycle** of the seasons is also part of the dance. ⑨ Traditional Japanese dancers do not move to the **rhythm** of the music. ⑩ The movements are very **smooth**. ⑪ The **correct** movements for the dances are written down on old papers. ⑫ Special **figures** and symbols show how the dances should be done. ⑬ My wife's reasons for dancing are very **personal**. ⑭ She enjoys the **simple** act of moving to music. ⑮ For her, dance is an **ideal** way to relax.

語法・構文・表現

① **perform**「〜を演じる」

② **Tachibana School**「橘流」▶school はここでは「〜流，〜派」の意味。

③ **founder**「創始者，創設者」
　with the highest degree of skill「最高水準の技術で」

⑥ **villagers**「村人，村民」

日本舞踊

英文レベル
☆☆ **155** words

📁 文化［音楽・芸術・文学］

① 私の妻は，伝統的な日本舞踊を非常に高い<u>レベル</u>で踊る。② 彼女の ゆかたの<u>柄</u>は橘流の象徴である。③ 流派の創始者である橘芳慧さんは， 最高<u>水準</u>の技術で踊る。④ この踊りは，彼女の父親が始めた家の<u>伝統</u>だ。 ⑤ この踊りの<u>起源</u>は歌舞伎である。⑥ 踊りの<u>テーマ</u>は，多くの場合，日 本の村人の生活についてである。⑦ 踊りを通じて物語を伝えるという<u>概 念</u>は非常に古い。⑧ 季節の<u>移り変わり</u>も踊りの一部だ。⑨ 伝統的な日本 の舞踊家は音楽の<u>リズム</u>に合わせて動くのではない。⑩ その動きはとて も<u>滑らか</u>だ。⑪ 踊りの<u>正しい</u>動きは古い紙に記されている。⑫ 特殊な<u>図 形</u>や記号によって，正しい踊り方が示されている。⑬ 私の妻が舞踊をす る理由はとても<u>個人的な</u>ものだ。⑭ 音楽に合わせて体を動かすという<u>単 純な</u>行為を楽しんでいるのだ。⑮ 彼女にとって，日本舞踊はリラックス する<u>理想的な</u>方法なのだ。

---

⑧ part of 〜「〜の一部」
⑪ *be* written down on 〜「〜に書き記されている」
⑫ how the dances should be done「どのように踊りが行われるべきか」
⑬ *one's* reasons for *doing*「〜が…する理由」
⑮ an ideal way to *do*「…する理想的な方法」

📙 単語の意味を確認しよう。

811

level
ア [lévəl]

名 水準，<u>レベル</u>；程度；(ある基準点からの)高さ
　a high [low] level of ～ 「高い [低い] レベルの～」
▶ the water level 「水位」
▶ at chest level 「胸の高さで」

形 水平な

動 を平らにする

812

pattern
ア [pǽtərn]

名 模様，<u>図柄</u>；パターン，型

813

degree
[dɪgríː]

名 <u>程度</u>；(温度・経緯度などの) 度；学位
　to some [a (certain)] degree 「ある程度 (まで)」
▶ by degrees 「徐々に」

814

tradition
ア [trədíʃən]

名 伝統；しきたり
　have a (long) tradition of ～ 「～の(長い)伝統がある」
▶ by tradition 「慣例により」
☐ tradítional 形 伝統的な

815

origin
ア [ɔ́(:)rɪdʒɪn]

名 起源；(の) 生まれ，家系
　in origin 「もともとは」
☐ original 形 当初の，本来の；独創的な

816

theme
発 [θiːm]

名 <u>テーマ</u>，主題
　the major theme (of ～) 「(～の) 主要テーマ」
▶ a theme park 「テーマパーク」

817

concept
ア [ká(:)nsèpt]

名 <u>概念</u>
　the concept of ～ 「～の概念」
▶ have no concept of ～「～の見当がつかない」

818

cycle
[sáɪkl]

名 周期；<u>循環</u>
▶ the life cycle of ～「～(製品など)の寿命, ライフサイクル」
▶ the cycle of the seasons 「季節の移り変わり」

動 英 自転車に乗る
☐ cycling 名 英 サイクリング

825

819 rhythm (発) [ríðm]	名 <u>リズム</u> to the rhythm of 〜 「〜のリズムに合わせて」
820 smooth (発) [smuːð]	形 <u>滑らかな，すべすべした</u>（⇔rough →210）；<u>平</u> <u>らな</u>；<u>円滑な</u> keep 〜 smooth 「〜を滑らかに保つ」 動 を滑らかにする，平らにする
821 correct [kərékt]	形 <u>正しい</u>；<u>適切な</u> the correct answer 「正解」 ▶ (That's) *Correct*.「その通りです」(≒That's right.) 動 を訂正する ☐ corréction 名 訂正；添削
822 figure [fígjər]	名 〔通例〜s〕<u>数（値）</u>；<u>数字</u>；<u>姿</u>；<u>図</u> ▶ See *Figure* [*Fig.*] 2.「図2をご覧ください」 動 <u>だと考える</u>；を理解する ▶ figure out 〜「〜を理解する，解決する」
823 personal [pə́ːrsənəl]	形 <u>個人の，個人的な</u> ☐ personálity 名 性格，人格 ☐ pérson →1100
824 simple [símpl]	形 <u>簡単な</u>；<u>質素な</u> ▶ simple but elegant「簡素だが品のある」 ☐ símply 副 単に；簡単に →259
825 ideal (発)(ア) [aidíːəl]	形 <u>理想的な</u> ideal (A) for B 「B にとって理想的な (A)」 名 理想

🔍 我々にとって，本当に必要なものとは何だろうか？

① Do you ever think about how much stuff we all have? ② It seems like we have become nothing more than customers. ③ We have made it a habit to buy more things every day. ④ According to fossil evidence, humans used to have much less stuff. ⑤ Do we have more freedom with stuff, or were we freer when we didn't have as many things? ⑥ Whenever I have to carry my own baggage, I'm reminded of how much stuff I own. ⑦ We praise people for having things instead of for who they are. ⑧ I believe we should enjoy the sunlight on a summer day, or enjoy swimming in the waves in the ocean. ⑨ The turning colors of the leaves in fall are another free thing we can enjoy. ⑩ It helps me to remember that if I just sit and breathe, I have everything I need. ⑪ As a passenger on planet Earth, I don't have to buy more junk. ⑫ I would rather collect friends and experiences than fancy clothes or furniture.

🎯 語法・構文・表現 〰〰〰〰〰〰〰〰〰〰〰〰〰〰〰

① **Do you ever *do*?**「…することがありますか？」▶ever は現在形の文では「ふだん，いつも」の意味。

② **it seems like ...**「…であるように思える」
nothing more than ～「～でしかない」

③ **make it a habit to *do***「…するのを習慣にする」

④ **according to ～**「～によると」
used to *do*「（以前は）…した［であった］ものだ」▶現在とは違う過去の状態を表す。

⑤ **when we didn't have as many things**「それほど（＝今ほど）多くの物を持っていなかったとき」

⑥ **whenever ...**「…するときはいつも」
be reminded of how ...「どれほど…かということを思い出す［思い起こされる］」

物への執着

英文レベル ☆☆

167 words

📁 文化［思想・哲学・宗教］

① 我々がみなどれだけの物を持っているか，考えたことがあるだろうか？ ② 我々はただの客になってしまったようだ。 ③ 我々は毎日より多くの物を買うことが習慣になっている。 ④ 化石の証拠によると，かつて人間は持つ物がずっと少なかった。 ⑤ 我々は物を持っている方が自由なのだろうか，あるいは，今ほど物を持っていないときの方が自由だったのだろうか？ ⑥ 自分の荷物を持ち運ばなければならないとき，私はいつも自分がどれだけ多くの物を持っているかを思い知らされる。 ⑦ 我々は他人のことを，その人となりではなく，その人が持っている物のことで褒める。 ⑧ 我々は，夏の日の日差しを楽しんだり，海で波に乗って泳ぐのを楽しんだりするべきだ。 ⑨ 秋に葉が色づくのも無料で楽しめることの1つだ。 ⑩ そう考えると，ただ座って息をするだけで，必要なものはすべて持っているということを思い出させてくれる。 ⑪ 地球という惑星の乗客として，これ以上がらくたを買う必要はない。 ⑫ おしゃれな服や家具よりも，友達や経験を集めたいものだ。

---

own「～を所有する」

⑦ instead of for who they are「彼らが誰かということでよりも」

⑨ the turning colors of ～「～の色が変わること」
another free thing we can enjoy「我々が無料で楽しめるもう1つのこと」

⑩ help ～ to remember that ...「～に…ということを思い出させてくれる」

⑪ a passenger on planet Earth「地球という惑星の乗客」（地球の長い歴史から見ると，人間はそこに一時的に滞在してすぐに去っていく「乗客」のようなものだというたとえ。）
junk「ジャンク，がらくた」

⑫ would rather collect ～ than ...「…よりもむしろ～を集めたい」
fancy「おしゃれな，高級な」

233

🔖 単語の意味を確認しよう。

☐☐☐ **826** **stuff** [stʌf]	名 (漠然と) 物，こと；〔one's ~〕持ち物 **all that stuff** 「そんな物 [こと] すべて」 ▶ 特に口語で用いられる，thing よりもくだけた表現。 ▶ **pack** one's **stuff** 「荷物をまとめる [詰める]」 動 を詰め込む
☐☐☐ **827** **customer** [kʌ́stəmər]	名 (店の) 客，顧客 **a regular customer** 「常連客」 ▶ one's **best** [**biggest**] **customer** 「得意客，大口顧客」
☐☐☐ **828** **habit** [hǽbɪt]	名 (個人の) 習慣，癖 **from** [**out of**] **habit** 「習慣で，癖で」 ▶ **have a habit of** doing 「…する習慣 [癖] がある」
☐☐☐ **829** **evidence** [évɪdəns]	名 証拠 **the evidence that ...** 「…という証拠」 ☐ **évident** 形 明白な
☐☐☐ **830** **freedom** [fríːdəm]	名 自由 **freedom to** do 「…する自由 (な権利・状態)」 ▶ **freedom of expression** [**speech**] 「表現 [言論] の自由」 ▶ **liberty** →1092
☐☐☐ **831** **praise** 発 [preɪz]	動 を褒める，賞賛する **praise** A **for** B 「A を B のことで褒める [賞賛する]」 名 賞賛 (の言葉)
☐☐☐ **832** **sunlight** [sʌ́nlàɪt]	名 日光 **in the bright sunlight** 「明るい日の光で」 ▶ 太陽から注ぐ光に焦点。
☐☐☐ **833** **wave** [weɪv]	名 波；(急な) 高まり，増加 ▶ **gentle** [**calm**] **waves** 「穏やかな波」 動 (合図などで) (手・旗など) を振る

0	300	600	900	1200

834

ocean
[óuʃən]

名〔the ~〕海;〔通例 Ocean〕大洋
go *doing* in the ocean 「海に…しに行く」
▶ the Pacific Ocean 「太平洋」

835

leaf
[li:f]

名 葉
autumn [fall / colored] leaves 「紅葉」
▶ fallen leaves 「落ち葉」

836

everything
[évriθìŋ]

代 すべての物 [こと]
▶ everything が主語のとき,動詞は単数で受ける。

837

passenger
⑦ [pǽsɪndʒər]

名 乗客

838

earth
発 [ə:rθ]

名〔the ~ / (the) E-〕地球;地面,地上
▶ on (the) Earth 「地球上 [世界中] で」

839

collect
[kəlékt]

動 を集める,収集する
collect ~ as a hobby 「~を趣味で収集する」
☐ colléction 名 収集;収集物

840

furniture
発 [fɔ́:rnɪtʃər]

名 家具
a piece [an item] of furniture 「家具1点」

🔑 火災時の安全について考えてみよう。

① Many people are alive today because they took fire safety seriously. ② For example, whenever you travel to a new destination, there are certain things you can do to be safe. ③ Please consider the following tips. ④ Make sure there is a fire-alarm system in the hotel. ⑤ It will wake you up with a loud noise if there is smoke at night. ⑥ Before you go to bed, be sure to clear the space between you and the door. ⑦ You may be surprised by how often fires occur in hotels as a result of drinking. ⑧ Alcohol consumption is deeply related to accidental fires. ⑨ That's because people fall asleep while smoking after drinking.

⑩ I also suggest that you keep a fire extinguisher in your kitchen. ⑪ Fire extinguishers perform very well on grease fires. ⑫ Whatever the cause, putting out a serious fire should be left to professionals. ⑬ It's very brave of firefighters to run into burning buildings and risk their lives.

語法・構文・表現

① **take ～ seriously**「～を真剣に受け止める」

② **whenever ...**「…ときにはいつも」
　things you can do to be safe「安全であるためにあなたができること」

③ **tips**「助言，ヒント」

④ **make sure**（that）**...**「…（ということ）を確かめる」

⑤ **wake ～ up with ...**「～を…で起こす」

⑥ **clear**「～を片付ける［空けておく］」

⑦ *be* **surprised by how often ...**「いかに頻繁に…かということに驚く」

⑧ **alcohol consumption**「アルコールの摂取，飲酒」
　accidental「偶然の，思いがけない」

火災時の安全対策

自然［災害・天変地異］

① 火災への安全対策を重視してきたおかげで，今も多くの人が生きている。② 例えば，初めての目的地に行くときには，安全のためにできることがいくつかある。③ 以下のヒントを参考にしてほしい。④ ホテルに火災警報システムがあるか，確認してほしい。⑤ 夜中に煙が出たら大きな音で起こしてくれるだろう。⑥ 寝る前に，ドアまでのスペースを空けておこう。⑦ ホテルで飲酒の結果どれほど頻繁に火災が起きているか，驚くかもしれない。⑧ 飲酒は失火と深い関係がある。⑨ 酒を飲んだ後，タバコを吸いながら寝てしまうからだ。

⑩ また，台所に消火器を置いておくこともお勧めしたい。⑪ 油火災では消火器が非常によく機能する。⑫ 原因が何であれ，大きな火災の消火はプロに任せるべきだ。⑬ 燃えている建物に命をかけて飛び込む消防士はとても勇敢だ。

⑨ **that's because ...**「それは…だからだ」
　while *doing*「…をしながら」

⑩ **fire extinguisher**「消火器」

⑪ **grease fire**「油火災」

⑫ **whatever the cause**「原因が何であれ」
　put out ～「～を消す」
　～ should be left to ...「～は…に任せられるべきだ」▶**leave ～ to ...**「～を…に任せる」

⑬ **it's brave of ～ to** *do*「…するとは～は勇敢だ」
　firefighter「消防士」
　risk *one's* **life**「命を危険にさらす」

📁 単語の意味を確認しよう。

841
alive
発 [əláɪv]

形 生きて（いる）；生き生きして

be (still) *alive* 「（まだ）生きている」
▶ 限定用法では live [laɪv] や living を用いる。live animals 「生きている動物」/ all living things 「すべての生き物」

842
destination
[dèstɪnéɪʃən]

名 目的地, 行き先

a tourist destination 「観光地」
▶ reach [arrive at] *one's* destination 「目的地に着く」

843
certain
[sə́ːrtən]

形 ①ある, 例の；いくぶん

for a certain reason 「ある理由で, 都合により」
② (人が) 確信して, 確かで

be certain (that) ... 「…ということを確信している」
▶ *be* certain about [of] ~「~を確信している」
▶ *be* certain to *do*「確実に…する」
□ cértainly 副 確かに；もちろん

844
following
[fá(:)louɪŋ]

形 〔the ~〕次の, 以下の

名 〔the ~〕以下のこと [物・人]

□ fóllow 動 の後について行く [来る]；に従う
▶ ~ is [are] as follows: ...「~は次の通りだ。…」

845
system
[sístəm]

名 (体系的) 方法, 方式；制度；体系, 系統

a system for [of] ~「~の方式 [方法]」
▶ a system of education 「教育制度」
▶ the subway system 「地下鉄網」

846
noise
[nɔɪz]

名 騒音；物音, 音

(a) loud [a lot of] noise 「大きな音 [騒音]」
□ nóisy 形 うるさい, 騒々しい

847
space
[speɪs]

名 (空いている) 場所, 空間；宇宙；(字・行) 間

(a) space for ~「~のための場所」
▶ a blank space 「空欄」
▶ in space 「宇宙 (空間) で」

| 0 | 300 | 600 | 900 | 1200 |

848
occur
(発)(ア)[əkə́:r]

動 (予期せず) 起こる；(場所・状況などに) 存在する，ある

▶ It occurs to ~ (that) ....「…という考えが～に思い浮かぶ」

849
result
(発)[rizʌ́lt]

名 結果
as a result of ~「～の結果として」
動〔result in ~ で〕～という結果になる

850
related
[riléitid]

形 関連して；親類関係で
be related to ~「～に関連している」

851
asleep
[əslí:p]

形 眠って
fall asleep「寝入る」
▶ be fast [sound] asleep「ぐっすり眠っている」

852
suggest
[səgdʒést]

動 を示す，暗示する；を提案する
suggest (that) ...「…だと示している」
▶ 主語は研究・調査・証拠・統計など。
▶ suggest (to ~) that S' do [should do]「S' が…してはどうかと (～に) 提案する」
□ suggéstion 名 提案

853
perform
[pərfɔ́:rm]

動 うまくいく，機能する；を演じる；を行う
perform well [badly / poorly]「うまくいく [うまくいかない]」
□ perfórmance 名 実行；性能；上演，演奏；実績，成績
□ perfórmer 名 演奏者，役者，出演者

854
whatever
(ア)[hwʌtévər]

代 何が [を]…しようとも；…するものは何でも

▶ She bought me whatever I needed.「彼女は私が必要とするものは何でも買ってくれた」

855
brave
[breiv]

形 勇敢な
It is brave (of ~) to do.「…するとは (～は) 勇気がある」

以前住んでいたサンフランシスコを追憶する筆者。再訪した筆者が見たものは？

① When I was young, I rented a room in San Francisco. ② I loved it there so much that I eventually moved there. ③ I loved riding my bike by the bay. ④ There was a bike path along the shore. ⑤ I also rode across the Bay Bridge, with beautiful views of the horizon. ⑥ After my ride, I took a ferry back to the port in downtown San Francisco. ⑦ From there, I would ride in from the coast, toward a public square. ⑧ It was a lonely, but wonderful feeling to be a stranger in a new city. ⑨ I particularly enjoyed watching the sunset from my window on quiet evenings. ⑩ One thing I missed was thunder. ⑪ The storms in Northern California were different from those in Michigan, where I grew up. ⑫ In the summers, every day the forecast called for fog. ⑬ On those cold summer days, I loved to watch a film in a cozy, old theater.

⑭ It's been a while since I moved to New York. ⑮ The last time I visited San Francisco, I was surprised by all the trash. ⑯ Seeing the trash on the ground made me a little mad.

語法・構文・表現

② **eventually**「ついに，結局」

③ **ride *one's* bike**「自転車に乗る」

④ **bike path**「自転車専用道」

⑤ **ride across ～**「自転車で～を渡る」

⑥ **take a ferry back to ～**「フェリーに乗って～に戻る」

⑦ **ride in from ～**「～から（内陸の方へ）自転車で行く」

⑩ **one thing I missed**「私がなくて寂しく思った1つのこと」

サンフランシスコの思い出

📁 自然 [地理・地形]

① 若い頃, サンフランシスコで部屋を借りていた。② そこがとても気に入ったのでついに引っ越したのだ。③ 湾岸沿いを自転車に乗って走るのが大好きだった。④ 海岸沿いに自転車専用道があった。⑤ 水平線の美しい景色を眺めながら, ベイブリッジも渡った。⑥ 自転車を降りた後, サンフランシスコのダウンタウンの港までフェリーに乗って戻った。⑦ そこからは, 海岸から公共広場に向かってまた自転車に乗った。⑧ 新しい街によそ者として初めてやって来るのは, 寂しくも素晴らしい気分だ。⑨ 静かな夜に自宅の窓から夕日を眺めるのは特に好きだった。⑩ 1つなくて寂しく思ったのは雷だ。⑪ 北カリフォルニアの嵐は, 私が育ったミシガンのものとは違った。⑫ 夏には, 毎日天気予報で霧が予想された。⑬ そんな寒い夏の日には, 私は居心地のいい古い映画館で映画を見るのが大好きだった。

⑭ ニューヨークに引っ越してきてからしばらく経つ。⑮ この前サンフランシスコを訪れたとき, ごみの多さに驚いた。⑯ 地面にごみが落ちているのを見て, 私は少し腹が立った。

---

⑪ *be* different from ～「～とは異なる」
   ～, where I grew up「～, そこで私は育った」
⑫ call for ～「～を予測 [予報] する」
⑬ cozy「居心地のいい」
⑭ it's been a while since ...「…して以来しばらく経っている」
⑮ the last time ...「最後に…したとき」
⑯ Seeing ～ made me a little mad.「～を見て私は少し腹が立った」

📘 単語の意味を確認しよう。

856 **rent** [rent]	動 (有料で) を借りる；(有料で) を貸す rent A from B 「A を B から借りる」 ▶ rent A (out) to B 「A を B に貸す」 名 賃貸料 ▶ ~ for rent [hire] 「賃貸用の~」 □ réntal 名 賃貸 [使用] 料 形 賃貸の
857 **bay** [beɪ]	名 湾，入り江 across the bay 「入り江の向こうに」 ▶ Tokyo Bay / the Bay of Tokyo 「東京湾」
858 **shore** [ʃɔːr]	名 岸 on the shore (of ~) 「(~の) 岸で」 ▶ on shore 「上陸して，船から降りて」 ▶ off shore 「岸を離れて」
859 **horizon** 発 [həráɪzən]	名 〔the ~〕地平線，水平線 above [below] the horizon 「地 [水] 平線より上に [下に]」 ▶ on the horizon 「地 [水] 平線上に」
860 **port** [pɔːrt]	名 港 in port 「入港して」 ▶ leave [come into] port 「出港 [入港] する」
861 **coast** 発 [koʊst]	名 海岸，沿岸 along the coast 「海岸沿いに」 ▶ the town on the coast 「沿岸の町」
862 **square** 発 [skweər]	名 (四角い) 広場；正方形 the main square 「中央広場」 形 正方形の；平方の ▶ a square sheet of paper 「正方形の紙」
863 **stranger** [stréɪndʒər]	名 (その土地に) 不案内な人；見知らぬ人 be a stranger 「(場所に) 不案内だ」 ▶ a complete stranger 「まったく知らない人」

870

| 0 | 300 | 600 | 900 | 1200 |

864

sunset
[sánsèt]

名 日没 (⇔ sunrise「日の出」);夕焼け
watch a sunset 「夕焼けを見る」
▶ at sunset「日没時に」

865

thunder
[θʌ́ndər]

名 雷, 雷鳴
hear thunder 「雷が聞こえる」
▶ líghtning 名 稲妻

866

storm
[stɔːrm]

名 嵐
a heavy [violent] storm 「激しい嵐」
□ stórmy 形 嵐の

867

forecast
⑦ [fɔ́ːrkæst]

名 予報, 予測
the weather forecast says (that) ... 「天気予報によると…」
動 を予報 [予測] する

868

surprised
[sərpráizd]

形 驚いて
be surprised at [by] ～ 「～に驚く」
□ surprísing 形 驚くべき
▶ It's not surprising (that) ....「…は驚くに当たらない」
□ surpríse 動 を驚かす 名 驚き;驚くべきこと

869

trash
[træʃ]

名 ごみ, (紙) くず;〔the ～〕ごみ箱
clean up the trash 「ごみを片付ける」
▶ 主に紙類やがらくたなどを指す。
▶ put ～ in the trash「～をごみ箱に捨てる」

870

ground
[graund]

名 地面
on [under / in] the ground 「地面の上 [地下/地中] に」

---

59 Old Folks' Home

筆者の母親が暮らす老人ホームの生活をのぞいてみよう。

① My mother lives with other seniors in a retirement community. ② When I visit on holidays, the dining room can be a heartwarming sight. ③ Some people no longer have their teeth. ④ I find that most old people are not shy. ⑤ Some don't know how to use e-mail. ⑥ They still write letters and write the addresses on the envelopes. ⑦ One of the residents there used to be an executive in an oil company. ⑧ I often wonder how much gas he sold over the years. ⑨ Volunteers at the community sit on a committee that decides what events to hold. ⑩ For example, retired professors who live there give free lectures to everyone. ⑪ The building has a gym for people to build their muscles and work on their balance. ⑫ If you're in your 70s, you're a junior member of the community. ⑬ There are housecleaners who clean up the dust and wash the bed sheets every week. ⑭ A van drives people to the market every Saturday so that they can enjoy shopping.

語法・構文・表現

① **retirement community**「(退職者向け) 高齢者用居住施設」

③ **no longer ~**「もはや~ない」

④ **find that ...**「…ということが分かる」

⑤ **don't know how to do**「…の仕方が分からない」

⑦ **resident**「居住者」
used to be ~「(以前は)~であった」
executive「重役, 役員」

⑧ **wonder how much ...**「どれほど多くの…だろうかと思う」
over the years「長年にわたり」

老人ホーム

📁 日常生活 [健康・医療]

① 私の母は，退職者用老人ホームで他の<u>高齢者</u>たちと一緒に暮らしている。② 休日に訪れると，ダイニングルームではほのぼのとした<u>光景</u>が見られる。③ 中にはもう<u>歯</u>がない人もいる。④ お年寄りのほとんどは<u>恥ずかしがり屋</u>ではない。⑤ <u>電子メール</u>の使い方を知らない人もいる。⑥ 彼らは今でも手紙を書き，<u>封筒</u>に<u>住所</u>を書いている。⑦ そこの住人の1人は，以前は<u>石油</u>会社の重役だった。⑧ 彼は長年にわたりどれだけの量の<u>ガソリン</u>を売ったのだろうか。⑨ 地域のボランティアは，どのようなイベントを開催するかを決める<u>委員会</u>のメンバーである。⑩ 例えば，そこで暮らしている退職した<u>大学教授</u>は，みんなに無料で講義をしている。⑪ 建物内には，<u>筋肉</u>を鍛えたりバランス感覚を養うためのジムがある。⑫ 70歳代であれば，このコミュニティーの<u>若手</u>メンバーだ。⑬ 施設には，毎週<u>ほこり</u>を掃除したり，ベッドのシーツを洗ったりする清掃スタッフがいる。⑭ 毎週土曜日には，ワゴン車が人々を<u>市場</u>に連れて行ってくれるので，買い物を楽しむことができる。

---

⑨ sit on ～「～（委員会など）の一員 [委員] である」
decide what events to hold「どんなイベントを催すかを決める」

⑩ give free lectures to ～「～に無料で講義をする」

⑪ work on ～「～（の改善）に取り組む」

⑫ be in *one's* 70s「70歳代である」

⑬ clean up ～「～を掃除する」

⑭ drive ～ to ...「～を…まで車で送る」
so that ～ can *do*「～が…できるように」

59 Old Folks' Home

📗 単語の意味を確認しよう。

871 **senior** [síːnjər]	名 〔*one's* ～〕年長者，<u>高齢者</u>；(地位などが) 上位の人，先輩 *be* X year(s) ～'s senior 「～の X 歳年上だ」 (≒ *be* ～'s senior by X year(s)) ▶ a senior citizen「(特に退職している) 高齢者」(＝a senior) 形 (地位などが) 上位の，先輩の；高齢者の ▶ *be* senior to ～「～より地位が上だ，～の先輩だ」
872 **sight** 発 [saɪt]	名 視力；見ること；視界；<u>光景</u> have good [poor] sight 「視力がよい [悪い]」 ▶ lose *one's* sight「視力を失う」 ▶ at the sight of ～「～を見て」
873 **tooth** [tuːθ]	名 <u>歯</u> brush *one's* teeth 「歯を磨く」 ▶ 複 teeth ▶ tóothache 名 歯痛
874 **shy** [ʃaɪ]	形 <u>恥ずかしがりの</u> *be* shy to *do* 「…するのが恥ずかしい」 ▶ *be* shy with ～「～に人見知りする」
875 **e-mail** [íːmèɪl]	名 <u>E [電子] メール</u> by e-mail 「E メールで」 動 に E メールを送る ▶ mail 名 郵便 動 を郵送する
876 **address** アク [ədrés]	名 <u>住所，アドレス</u>；演説 ▶ *one's* e-mail address「E メールアドレス」 動 に演説する；〔通例受け身形に〕宛名 [宛先] を書く
877 **envelope** [énvəlòup]	名 <u>封筒</u> on the back of an envelope 「封筒の裏側に」

885

878
oil
[ɔil]

名 石油，原油；(食用) 油，オイル

be made from oil 「石油から作られる」
▶ cooking [olive] oil「食用油 [オリーブオイル]」

879
gas
[gæs]

名 ガス，米 ガソリン；気体

city [town] gas 「都市ガス」
▶ gréenhouse gas「温室効果ガス」

880
committee
[kəmíti]

名 委員会，(全) 委員

be on a committee 「委員会の一員だ」
▶ 委員の個々人を指すときは a committee member や a member of the committee で表す。

881
professor
[prəfésər]

名 教授

a professor of ～ 「～を教える教授」

882
muscle
発 [mʌ́sl]

名 筋肉

build (*one's*) muscle(s) 「筋肉を付ける，鍛える」
▶ relax (*one's*) muscle(s)「筋肉をほぐす」

883
junior
[dʒúːnjər]

名 〔*one's* ～〕年少者；(地位などが) 下位の人，後輩

be X year(s) ～'s junior 「～の X 歳年下だ」
(≒*be* ～'s junior by X year(s))
▶ junior high school「中学校」

形 (地位などが) 下位の，後輩の

▶ *be* junior to ～「～より地位が低い，～の後輩だ」

884
dust
[dʌst]

名 ほこり

be covered in [with] dust 「ほこりにまみれている」

動 のほこりを払い落とす

885
market
[máːrkət]

名 市場

at the market 「市場で」
▶ a fish [vegetable] market「魚 [野菜] 市場」

247

60 Farmers' Market

ファーマーズ・マーケットの特徴とは？　筆者は何を楽しみにしているか？

① It is possible to get fresh vegetables in the inner city. ② Farmers grow the vegetables somewhere in the countryside and then bring them to farmers' markets. ③ Chefs are grateful indeed for the fresh food. ④ Any recipe that requires vegetables can be easily made. ⑤ Moreover, farmers make good money. ⑥ Many new markets like this have opened in recent years. ⑦ I love having plenty of fresh food nearby. ⑧ The market near my house has a section for lettuce, potatoes, carrots and corn. ⑨ To deliver the food, the farmers leave their homes before midnight. ⑩ The market was started by a man who had a vision of bringing healthy food to city people. ⑪ Now there are markets like these in neighborhoods across the city. ⑫ Fresh food is a great business. ⑬ A healthy diet has the power to improve your life. ⑭ I can't wait to buy a pile of carrots and corn.

語法・構文・表現

① **it is possible to do** 「…することが可能だ」
② **in the countryside** 「田舎で」
③ **be grateful for ～** 「～に感謝している，～をありがたく思う」
④ **Any recipe that requires ～** 「～を必要とするどんな料理も」
⑤ **make good money** 「大金を稼ぐ」

248

📁 産業［農業・漁業］

① 都心でも新鮮な野菜を手に入れることができる。② 農家は野菜を田舎のどこかで栽培し，それをファーマーズ・マーケットに運んでくる。③ レストランの料理人たちは，この新鮮な食材に本当に感謝している。④ 野菜が必要などんなレシピも簡単に作れるからだ。⑤ さらに，農家はたくさんのお金を稼ぐ。⑥ 近年，このような新しいマーケットがたくさんできている。⑦ 私は近くでたくさんの新鮮な食材が手に入るのがとても気に入っている。⑧ 自宅近くのマーケットには，レタス，ジャガイモ，ニンジン，トウモロコシの売場がある。⑨ 食材を配達するために，農家の人たちは夜中の 12 時前に家を出る。⑩ このようなマーケットは，健康的な食材を都会の人々に届けたいというビジョンを持つ 1 人の男性によって始められた。⑪ 今では，このようなマーケットが街中にある。⑫ 生鮮食品はすばらしいビジネスだ。⑬ 健康的な食事には，生活を向上させる力がある。⑭ 私は，ニンジンやトウモロコシを山のように買うのが待ち切れない。

⑦ **nearby**「近くで，近所で」
⑪ **across the city**「街中で」
⑬ **improve** *one's* **life**「生活を向上［改善］する」
⑭ **can't wait to** *do*「…するのが待ち切れない」

📙 単語の意味を確認しよう。

☐☐☐ **886** **vegetable** [védʒtəbl]	名 <u>野菜</u> ▶ green and yellow vegetables 「緑黄色野菜」 ☐ vegetárian 名 菜食者 形 菜食主義の
☐☐☐ **887** **inner** [ínər]	形 内部の，<u>中心部の</u>（⇔outer「外側の」）
☐☐☐ **888** **somewhere** ⑦ [sʌ́mhwèər]	副 どこかに [へ，で] somewhere in ~ 「~（の中）のどこかに」 ▶ somewhere else 「どこか他に [へ，で]」 ▶ ~ or somewhere 「~かどこか」 代 どこか ▶ somewhere to do 「どこか…する場所」
☐☐☐ **889** **indeed** [ɪndíːd]	副 確かに，<u>本当に</u>；実に
☐☐☐ **890** **easily** [íːzɪli]	副 たやすく，<u>簡単に</u>（≒with ease「容易に」） *be* easily understood 「理解しやすい」 ▶ get tired easily 「疲れやすい」 ☐ éasy 形 容易な，簡単な；気楽な ☐ ease 名 容易さ；気楽さ
☐☐☐ **891** **moreover** 発 ⑦ [mɔːróuvər]	副 その上，<u>さらに</u>
☐☐☐ **892** **recent** 発 ⑦ [ríːsənt]	形 <u>最近の</u> in recent years 「近年では」 ☐ récently ➡541
☐☐☐ **893** **plenty** [plénti]	名 <u>たくさん</u> plenty of ~ 「たくさんの~」 ▶ "~" は不可算名詞，または名詞の複数形。 There were *plenty* of soft drinks in the fridge. 「冷蔵庫にはたくさんの清涼飲料があった」 ▶ plenty to do 「…する [すべき] たくさんのこと」

894	
section [sékʃən]	名 節；区分；部門 ▶ the fruit section in the supermarket「スーパーの果物売り場」 ▶ chápter ➡964

895	
deliver [dilívər]	動 を配達する；(演説・講演など) をする deliver A to B「A を B に配達する」 ▶ deliver a speech「演説をする」 ☐ delívery 名 配達 (物)

896	
midnight ⑦ [mídnàit]	名 夜の12時 at midnight「夜の12時に」 ▶「深夜に，真夜中に」は in the middle of the night (➡98)。

897	
vision [víʒən]	名 展望，理想像；視力 have a vision of ～「～の展望 [ビジョン] を持つ」 ▶ have normal [good / poor] vision「視力が正常だ [よい／弱い]」 ☐ vísual 形 視覚の；目に見える

898	
business 発 [bíznəs]	名 仕事，商売；会社，店舗 on business「仕事で，商用で」 ▶「会社，店舗」の意味では可算名詞。 a family business「家業」 ▶ búsinessperson「実業家」(複 businesspeople) ▶ (Is your trip (for)) *Business* or pleasure?「(ご旅行は) 仕事ですか，観光ですか？」

899	
power [páuər]	名 力；能力；エネルギー；電力 have a power to *do*「…する力を持っている」 ▶ wind power「風力」 ☐ pówerful 形 力のある

900	
pile [pail]	名 (同種のものの) 山 a pile of ～「～の山」 ▶ put ～ in a pile「～を積み重ねて置く」 ▶ a pile of ～ / piles of ～「たくさんの～」 動 を積み重ねる

医療技術の進歩とアメリカの医療が抱える問題について考えてみよう。

① We have made many advances in medicine over the years. ② For example, doctors invented a machine to help people breathe. ③ The machine gives the patient oxygen through a tube. ④ There are other examples of medical technology as well. ⑤ One such machine treats a heart attack. ⑥ It gives an automatic shock of electricity to the heart. ⑦ It runs off a very small, but powerful battery. ⑧ Some of these devices are very simple to operate. ⑨ Doctors have performed many experiments on animals to create these devices. ⑩ Since the first student entered medical school, we have been inventing medical devices. ⑪ Medical treatment doesn't come cheap, though. ⑫ In the United States, hospitals charge a lot of money for treatment. ⑬ For people who can't afford medical bills, some charity organizations will pay for medical care. ⑭ A hospital visit can cost over $10,000 if you don't have an insurance.

語法・構文・表現

① **in medicine**「医学 (分野) において」
  over the years「長年にわたって」
④ **there are other 〜 as well**「他の〜もまたある」
⑤ **heart attack**「心臓発作」
⑦ **run off 〜**「〜で作動する」
⑧ **device**「機器, 装置」
⑨ **perform an experiment on 〜**「〜で実験を行う」
⑩ **medical school**「医大, 医学部」

① 私たちは長年にわたって医学を進歩させてきた。② 例えば，医師たちは呼吸するのを助ける機械を発明した。③ その機械はチューブを通して，患者に酸素を供給する。④ 医療技術の例は他にもある。⑤ そのような機械の１つは，心臓発作の治療をする。⑥ その機械では自動的な 電気ショックが心臓に与えられる。⑦ それは非常に小さいが強力なバッテリーで作動する。⑧ これらの装置の中には，操作が非常に簡単なものもある。⑨ 医師たちはこれらの装置を作るために，多くの動物実験を行ってきた。⑩ 最初の学生が医学部に入学して以来，私たちは医療機器を発明してきた。⑪ だが，治療を受けるのは安くない。⑫ アメリカでは，病院は治療に対して多額の費用を請求する。⑬ 治療費を払う余裕のない人のために，医療費を払う慈善団体もある。⑭ 通院すると，もし保険に入っていなければ，１万ドル以上かかることもある。

⑪ not come cheap「安くない，高くつく」

⑫ charge 〜 for ...「…に対して〜を請求する」

⑬ can't afford 〜「〜を払う余裕がない」
  organization「団体，機関」
  pay for 〜「〜の代金を払う」
  medical care「医療」

⑭ a hospital visit「病院にかかること，通院」
  insurance「保険」

📕 単語の意味を確認しよう。

901 **advance** [ədvǽns]	名 <u>進歩；前進</u> 　**make an advance in ~** 「~において進歩する」 　▶ **in advance** 「あらかじめ，~前に」 動 進歩する，を進歩させる；進む，を推進する 形 事前の 　▶ **an advance ticket** 「前売り券」 　☐ **advánced** 形 先進的な；上級の
902 **invent** ⑦ [ɪnvént]	動 <u>を発明する</u> 　☐ **invéntion** 名 発明 　☐ **invéntor** 名 発明した人，発明家
903 **machine** 発 [məʃíːn]	名 <u>機械（装置）</u> 　**a vending machine** 「自動販売機」 　▶ **a washing [ticket] machine** 「洗濯機 [券売機]」 　▶ **by machine** 「機械で」
904 **breathe** 発 [briːð]	動 <u>呼吸する</u>；を吸い込む 　**breathe deeply** 「深呼吸する」 　▶ **breathe some [the] fresh air** 「新鮮な空気を吸う」 　☐ **breath** [breθ] 名 呼吸
905 **patient** 発 [péɪʃənt]	名 <u>患者</u> 　**the patient's condition** 「患者の容体」 形 忍耐強い 　▶ **pátience** 名 忍耐（力）
906 **oxygen** [á(ː)ksɪdʒən]	名 <u>酸素</u>
907 **technology** ⑦ [tekná(ː)lədʒi]	名 <u>科学技術，テクノロジー</u> 　**the latest technology** 「最新技術」 　▶ 「科学技術」は science and technology とも表す。 　☐ **technológical** 形 科学技術の

908
automatic
[ɔ:təmǽtɪk]

形 自動（式）の（⇔manual「手動の」）
fully automatic「全自動（式）の」
□ automátically 副 自動的に

909
electricity
アク [ɪlèktrísəti]

名 電気，電力
the electricity is off「電気が止まって[停電して]いる」
□ eléctric 形 電気の

910
battery
[bǽtəri]

名 バッテリー，電池
the battery is low [dead]「バッテリーが残り少ない[切れている]」

911
operate
アク [á(:)pərèɪt]

動 を操作する；作動する；手術する
□ operátion 名 手術；作動；作業
□ óperator 名 操作者

912
experiment
アク [ɪkspérɪmənt]

名 実験
do [carry out] an experiment (on [with] ～)「(～の) 実験をする」
動 [ɪkspérɪmènt] 実験をする

913
enter
[éntər]

動 に入学する，加入する；(に) 入る
enter (a) school [university / college]「学校 [大学] に入学する」
▶ enter the room「部屋に入る」(≒go [come] into the room)
□ éntry 名 入ること；参加；加入
□ éntrance ➡641

914
charity
[tʃǽrəti]

名 慈善行為 [事業]；慈善団体
give ～ to charity「～(金) を慈善活動に寄付する」
▶ to charities なら「慈善団体に」。

915
cost
発 [kɔ:st]

動（金額・費用）がかかる
It costs (O_1) O_2 to *do*.「…するのに (O_1 (人) に) O_2 (金額) がかかる」→「(O_1 は) …するのに O_2 かかる」
▶ 活用：cost - cost - cost
名 費用；犠牲

62 City Living

都会での生活が環境にもたらす利点とは何だろうか？

①One of the **merits** of living in a large city is that it is better for the environment. ②For one thing, goods and services are provided on a more efficient **scale**. ③Also, city people drive less, which does less **harm** to the environment. ④Cars spew **poison** into the air. ⑤That's why environmentalists are making an **appeal** to people to stop living in the countryside. ⑥Some people can't **bear** living in the city. ⑦They don't want to **adopt** a new way of life. ⑧People who love the planet are **protesting** the way we live now. ⑨Living a better life **consists** of making sacrifices. ⑩If <u>taking care of</u> the Earth is one of your **principles**, you might consider walking <u>instead of</u> driving. ⑪It is estimated that, on average, city people use a **quarter** of the resources that country people use. ⑫If you do live in the country, however, global warming is not entirely your **fault**. ⑬Wherever we live, we do have to fix our environmental problems **somehow**. ⑭We can't live this way **forever**. ⑮If we change now, we can work **toward** a better future.

語法・構文・表現

② **for one thing**「1つの理由には」

③ **~, which does less harm to ...**「～，それは…に与える害もより少ない」

④ **spew ~ into the air**「空気中に～を吐き出す」

⑤ **environmentalist**「環境保護論者」
　make an appeal to ~ to do「～に…するように訴える」

⑧ **the way we live now**「私たちの現在の生活の仕方」

⑨ **make sacrifices**「犠牲を払う」

⑩ **take care of ~**「～を大切にする」

256

都会での生活

📁 自然 [自然・環境]

① 大都会に住む<u>利点</u>の１つは，環境によいことだ。② １つには，商品やサービスがより効率的な<u>規模</u>で提供される。③ また，都会の人は車を運転することがより少なく，環境への<u>害</u>も少ない。④ 車は大気中に<u>有害物質</u>を噴出する。⑤ だから，環境保護論者たちは，田舎に住むのをやめるよう人々に<u>訴え</u>ているのだ。⑥ 都会での生活に<u>耐え</u>られない人もいる。⑦ このような人たちは新しい生活様式を<u>取り入れ</u>たがらない。⑧ 地球を愛する人々は，私たちの現在の暮らしぶりに<u>反対し</u>ている。⑨ よりよい生活を送ることとは，犠牲を払うことで<u>成り立っている</u>のだ。⑩ 地球を大切にすることが<u>信条</u>の１つなら，車を運転する代わりに歩くことを検討するのもよい。⑪ 都市の人々が使う資源は平均して，田舎の人々の<u>４分の１</u>程度と推定されている。⑫ しかし，もしあなたが田舎に住んでいるとしても，地球温暖化は必ずしもあなたの<u>責任</u>ではない。⑬ どこに住んでいるにしても，環境問題は<u>何とかして</u>解決しなければならない。⑭ 私たちは<u>永遠に</u>今のように暮らしていけるわけではない。⑮ 私たちが今変われば，よりよい未来<u>に向かって</u>進むことができる。

---

consider *doing* **instead of** *doing*「～する代わりに…することを検討する」

⑪ **a quarter of the resources that ～ use**「～が使う資源の４分の１」

⑫ **if you do live in ～**「もしあなたが実際に～に住んでいるとしても」 ▶do は強調の助動詞。
global warming「地球温暖化」
***be* not entirely ～**「完全に［必ずしも］～というわけではない」 ▶部分否定。

⑬ **we do have to** *do*「我々は何とかして…しなければならない」 ▶do は強調の助動詞。

⑭ **not ～ forever**「永遠に［ずっと］～というわけではない」 ▶部分否定。

⑮ **work toward ～**「～に向けて努力する」

📖 単語の意味を確認しよう。

916

merit
[mérət]

名 長所，利点（≒good points）
have the merit of ~ 「~という長所 [利点] がある」
▶ demérit 名「短所，欠点」

917

scale
発 [skeɪl]

名 規模；段階，基準；目盛り
on a large [small] scale 「大 [小] 規模で」
▶ on a scale of [from] 1 to 10「10段階 [10点満点] のうちで」

動 の大きさを変える

918

harm
[hɑːrm]

名 害，危害；悪意
do harm to ~ / do ~ harm 「~に害を与える」

動 を害する，傷つける
☐ hármful 形 有害な
☐ hármless 形 無害の

919

poison
[pɔ́ɪzən]

名 毒；害悪

動 を汚染する；に悪影響を与える；に毒を盛る
☐ póisonous 形 有毒な
▶ poisoning 名 中毒
food poisoning「食中毒」

920

appeal
[əpíːl]

名 訴え，要求；魅力
an appeal to ~ 「~ (人) への懇願」
▶ an appeal for ~「~を求めての懇願」

動 訴える；懇願する

921

bear
発 [beər]

動 に耐える；(重さ・負荷) を支える；(子) を産む
can't bear ~ 「~に耐えられない」
▶ bear fruit「実を結ぶ」
▶ 活用：bear - bore [bɔːr] - born(e) [bɔːrn]
▶ born 動 (be born で) 生まれる
I *was* born in Chiba.「私は千葉で生まれた」

名 クマ

930

922 **adopt** [ədá(:)pt]	動 (考え・提案など)を採用する；を養子にする ▶ an adopted child「養子」
923 **protest** 発 ア [prətést]	動 抗議する，異議を唱える protest against ~「~に抗議する」 名 [próʊtest] 抗議，異議
924 **consist** ア [kənsíst]	動 成り立つ；ある consist of ~「~から成る」 ▶ consist in ~「~にある，基づいている」 ☐ consístent 形 一貫した；一致した
925 **principle** [prínsəpəl]	名 信条；原理 against *one's* principles「信条に反して」 ▶ on principle「信条として」 ▶ in principle「理論的には；原則として」 ▶ the basic principles (of ~)「(~の)基本原理」
926 **quarter** 発 [kwɔ́:rtər]	名 4分の1；15分 a quarter of ~「~の4分の1」 ▶ three quarters of ~「~の4分の3」 ▶ (a) quarter of [to] nine「9時15分前」
927 **fault** 発 [fɔːlt]	名 責任，罪；欠点 It is ~*'s* fault (that) ....「…なのは~のせいだ」 ▶ for all *one's* fault「~に欠点[不備]はあるものの」 ▶ find fault with ~「~のあらを探す」
928 **somehow** ア [sámhàʊ]	副 何とかして；〔文修飾〕どういうわけか
929 **forever** [fərévər]	副 永遠に；とても長い間 last forever「永遠に続く」
930 **toward** 発 [tɔːrd]	前 ~の方向へ，~に向けて；~に対する

🔑 携帯電話やスマートフォンの普及によって変わったこととは？

① Smartphones are a vital medium of communication. ② Just about every task at work requires access to a smartphone. ③ Before mobile phones became popular, the only things that men carried were their keys and their wallets. ④ It was difficult to imagine having something that was always linked to the Internet in our pockets. ⑤ Some people call cell phones "mobile phones," or even just "mobiles." ⑥ We put our phone in plastic or leather cases to protect them. ⑦ The price of a new smartphone is beyond what many people can afford. ⑧ It is said that in some countries, they copy the technology in phones. ⑨ It is also reported that the people who mine the materials inside smartphones are treated like slaves. ⑩ Most of them live in countries with a huge hunger problem. ⑪ The rare earth metals used in phones exist beneath the ground. ⑫ Even those of us who are against slavery still buy smartphones. ⑬ Maybe that is because the people who are being mistreated live outside of our countries. ⑭ It is possible that they will be treated better within the next few years.

◎ 語法・構文・表現

① **vital**「非常に重要な」

② **just about every ～**「ほとんどすべての～」
at work「職場で」
access to ～「～を利用すること」

③ **the only things that men carried**「男性が持ち歩いた唯一の物」

④ **imagine** *doing*「…することを想像する」

📁 科学・技術 [通信・メディア]

① スマートフォンは重要な通信<u>手段</u>である。② 職場でのほとんどすべての<u>仕事</u>が，スマートフォンの使用を必要とする。③ 携帯電話が普及する前は，男性が持ち歩いていたのは，<u>鍵</u>と<u>財布</u>だけだった。④ ポケットの中に常にインターネットに<u>つながっている</u>ものがあるというのは，想像しがたいことだった。⑤ 携帯電話を「mobile phone（携帯電話）」，あるいは単に「mobile（<u>携帯</u>）」と呼ぶ人もいる。⑥ 携帯電話を保護するために，プラスチックや<u>革</u>のケースに入れる。⑦ 新型のスマートフォンの価格は，多くの人にとって払える額を<u>超えて</u>いる。⑧ 携帯電話の技術を<u>模倣して</u>いる国もあると言われている。⑨ また，スマートフォンの内部の材料を採掘する人たちは，<u>奴隷</u>のように扱われているという報告もある。⑩ このような人たちの多くは，大きな<u>飢餓</u>問題を抱えた国に住んでいる。⑪ 携帯電話に使われている希土類（レアアース）金属は，地<u>下</u>に存在する。⑫ 我々のうち奴隷制度に<u>反対する</u>人でさえ，スマートフォンを買っている。⑬ それは，酷使されている人たちが私たちの国<u>の外</u>に住んでいるからかもしれない。⑭ 今後数年<u>のうちに</u>，彼らがもっとよく扱われるようになるかもしれない。

---

⑦ *be* beyond what ~ can afford「~が買える額を超えている」

⑨ mine「~を採掘する」

⑪ rare earth metals used in ~「~（の内部）に使われるレアアース金属」

⑫ those of us who ...「私たちのうち…する人々」
　　slavery「奴隷状態」

⑬ *be* mistreated「虐待［酷使］される」

63 The Cost of Smartphones

単語の意味を確認しよう。

931

medium
発 [mí:diəm]

名 媒体，手段；情報伝達手段

a medium of ~ 「~の手段」
▶ 複 media（意味によっては mediums）
▶ media 名 マスメディア，マスコミ
social media 「ソーシャルメディア，SNS」

形 中間の，中くらいの

932

task
[tæsk]

名 (するべき) 仕事，(困難な) 作業，課題

do [perform] a task 「仕事を行う，遂行する」

933

key
[ki:]

名 鍵；手がかり

a key to ~ 「~の鍵」
▶ a door key 「ドアの鍵」

形 重要な
▶ key points 「主要な点」

934

wallet
[wá(:)lət]

名 財布

▶ 主に紙幣やカード類を入れる折りたたみ式の財布を指す。
▶ purse は「ハンドバッグ」や 英「(主に女性用) 財布」を指す。

935

link
[lɪŋk]

動 を結びつける，関連づける

be linked to [with] ~ 「~につながっている」
▶ link A and B 「A を B と関連づける」

名 つながり，関連
▶ a link between A and B 「A と B との関連」

936

mobile
発 [móʊbəl]

名 携帯電話

on one's mobile 「携帯電話に」
▶ 米 cell (phone), 英 mobile phone とも言う。
▶ smártphone 名 スマホ

形 移動式の

937

leather
[léðər]

名 革

a leather jacket [bag] 「革のジャケット [かばん]」

262

| 0 | 300 | 600 | 900 | 1200 |

938

beyond
[bɪɑ́(ː)nd]

前 ～の向こうに；(限界・範囲)を越えて
▶ beyond *one's* control「～の手には負えない」
▶ *be* beyond me「私の理解を越えて」

939

copy
[kɑ́(ː)pi]

動 の写しをとる，コピーする；をまねる
▶ 複写機で「(を)コピーする」は phótocopy とも言う。

名 写し，コピー；複製；(印刷物の)部，冊
▶ make a copy of ～「～のコピーをとる」

940

slave
[sleɪv]

名 奴隷

941

hunger
[hʌ́ŋɡər]

名 飢え；空腹(感)
▶ die of [from] hunger「餓死する」
□ húngry 形 空腹の

942

beneath
[bɪníːθ]

前 ～の下に[の]

943

against
[əɡénst]

前 ～に反対して；～に反して；～に対抗して
be against ～「～に反対だ」
▶ Are you for or against ～?「あなたは～に賛成ですか，反対ですか」
▶ against the rules [law]「規則[法律]に反して」
▶ against the enemy「敵に対抗して」

944

outside
[àʊtsáɪd]

前 ～の外に[で]

副 外側に[で]
▶ go outside「外へ出る」

形 外側の

名〔the ～〕外側，外部

945

within
⑦ [wɪðín]

前 ～以内に；～の範囲内に
▶ within reach「手の届く所に」

トランスジェンダーの人々についてどのような議論があるだろうか？

① There is a lot of talk in the U.S. about gender lately. ② Some people say that clear gender roles have an important function in society. ③ However, the traditional gender roles seem to be gradually changing, as more and more transgender people come out. ④ Some people who were born with a male body say they are actually women. ⑤ They say that while they were male at birth, they are actually female. ⑥ They felt this way since childhood. ⑦ The adults in their lives never understood their situation.

⑧ People used to say that transgender people were mentally ill. ⑨ The social pressure put them under a great deal of stress. ⑩ Their parents were shocked; some of them were in a real panic and didn't know what to do with them. ⑪ However, people are more accepting in recent days. ⑫ Some of these transgender people are so famous that large crowds come to hear them speak. ⑬ They want to feel free to express themselves the way they are. ⑭ Also, they don't want other people to define who they are. ⑮ They just want to be themselves.

語法・構文・表現

① **There is a lot of talk about ~ lately.** 「最近~について多くの議論がある」

② **have an important function in ~** 「~において重要な機能がある」

④ **be born with ~** 「~を持って生まれる」
actually 「実際には」

⑤ **while ...** 「…ではあるが」

⑧ **used to do** 「(以前は) …したものだ」

トランスジェンダーの人々

📁 社会 [社会問題]

① 最近，アメリカではジェンダーに関して多くの議論がある。② 男女の役割をはっきりと分けることが社会で重要な機能を果たしていると言う人もいる。③ しかし，伝統的な男女の役割は，トランスジェンダーだと公言する人々の増加に伴い，徐々に変化してきている。④ 男性の体で生まれた人の中には，自分は実際には女性だと言う人もいる。⑤ 生まれた時は男性だったが，実際には女性だと言うのだ。⑥ 彼らは子供の頃からそう感じてきた。⑦ 周囲の大人たちは彼らの状況を理解しなかった。

⑧ 以前は，トランスジェンダーの人は精神疾患を患っていると言われた。⑨ そうした社会からの圧力で彼らは大きなストレスを受けていた。⑩ 彼らの親たちはショックを受け，中にはどうしていいかわからず，パニックになる人もいた。⑪ しかし，最近では人々はより寛容になってきている。⑫ トランスジェンダーの人の中にはとても有名な人もいて，大勢の人が彼らの話を聞きに来る。⑬ 彼らはありのままの自分を表現したいと思っている。⑭ また，自分が誰であるかを他人に定義してほしくはないのである。⑮ ただありのままの自分でいたいのだ。

---

be mentally ill「精神的に病んでいる，心の病気である」

⑨ under a great deal of stress「大きなストレスを受けて」

⑬ feel free to *do*「自由に…する」
the way they are「ありのままに」

⑭ define who they are「彼らが誰であるかを定義する」

📖 単語の意味を確認しよう。

---

946 **gender** [dʒéndər]	名 <u>ジェンダー</u>，性 **gender differences** 「(社会的・文化的) 性差，男女差」 ▶ gender equality 「男女平等」 ▶ a gender gap 「男女間の格差」
947 **role** [roʊl]	名 <u>役割</u>；(映画・劇などでの) 役 **play a key [major / leading / an important] role in ～** 「～で中心的 [重要] な役割を果たす」 ▶ play the role of ～ 「～の役を演じる」 ▶ role play 「ロールプレイ，役割演技」
948 **function** [fʌ́ŋkʃən]	名 <u>機能</u>，働き **body function** 「身体機能」 動 機能する
949 **male** [meɪl]	形 <u>男性の</u>，雄の 名 男性；雄
950 **birth** [bəːrθ]	名 <u>誕生</u>；出産 **at birth** 「出生時に」 ▶ give birth to ～ 「～を出産する」
951 **female** 発 アク [fíːmeɪl]	形 <u>女性の</u>，雌の 名 女性；雌
952 **childhood** [tʃáɪldhʊd]	名 <u>子供時代</u> **have a happy [normal] childhood** 「幸せな [普通の] 子供時代を過ごす」 ▶ in (one's) childhood 「子供の頃に」(=when S was a child)
953 **adult** [ədʌ́lt]	名 <u>大人</u>，成人 **for adults** 「大人用に」 形 成人の，大人の

954
ill
[ɪl]

形 英 病気で，気分が悪い（≒米 sick）
feel ill 「気分 [具合] が悪い」
▶ *be* [become / get] ill「病気だ [病気になる]」
▶ 活用：ill - worse [wə:rs] - worst [wə:rst]

副 悪く

955
stress
[stres]

名 (精神的) ストレス；(語・音声の) 強勢
under stress 「ストレスを受けて」

動 を強調する
□ stréssful 形 ストレスの多い

956
shocked
[ʃɑ(:)kt]

形 衝撃 [ショック] を受けた
be shocked by [at] ~ 「~に衝撃を受ける」
▶ *be* shocked to *do*「…して衝撃を受ける」
□ shócking 形 衝撃的な □ shock 動 に衝撃を与える

957
panic
[pǽnɪk]

名 パニック，(突然の) 恐怖心
in (a) panic 「うろたえて，慌てて」

動 うろたえる
▶ Don't *panic.*「慌てないで」

958
crowd
[kraʊd]

名 群衆，人混み
crowds [a crowd] of ~ 「大勢の~」

動 (に) 群がる
□ crówded 形 混雑した；ぎっしりの
▶ *be* crowded with ~「~で混雑している」

959
express
[ɪksprés]

動 を言い表す
express *oneself* 「考え [感情] を表現する」

名 急行 (列車・バス)；速達

形 急行の；速達の
□ expréssion 名 表現；表情；言い回し

960
define
[dɪfáɪn]

動 を定義する；を明確にする
define *A* as *B* 「*A* を *B* と定義する」
□ definítion 名 定義

(65) Colonizing Space

🧍 人間が他の惑星に住むようになったら…?

①Some scientists say that humans need a home away from Earth. ②In a recent article, one scientist said that if we populate other planets, our race has a better chance of survival. ③A scientific journal published the article. ④It may be that the next chapter of human history is on other planets. ⑤To colonize Mars, we would need thousands of new astronauts. ⑥From Mars, we could begin to explore the rest of the universe. ⑦There will not be any coal on Mars to burn for energy. ⑧Colonies on Mars could use nuclear energy for power. ⑨Maybe they could build their homes out of steel. ⑩They could mine asteroids for other metals as well. ⑪The rocks in space near us are filled with valuable resources. ⑫Martian colonists would need to recycle all the materials that they use. ⑬They may even find ways to create artificial life using computers. ⑭I wonder if they will discover new elements in space.

🎯 語法・構文・表現

①**away from Earth**「地球から離れた」

②**populate**「~に居住する」
　have a better chance of ~「~の可能性が高くなる」

④**it may be that ...**「…ということかもしれない」

⑤**colonize**「~に移住する，~を植民地化する」
　Mars「火星」*cf.* Martian「火星の，火星人」
　we would need ~「~が必要となるだろう」▶would には「もし火星に移住したら」という仮定の意味が含まれている。

⑥**explore**「~を探索する」
　the rest of ~「~の残り（の部分）」

268

宇宙へ移住

📁 自然［宇宙・地球］

① 人間は地球から離れた場所に家が必要だと一部の科学者は言う。② 最近の論文で，ある科学者は，人間が他の惑星に住むようになれば，人類の生存の可能性が高くなると述べている。③ その論文は科学雑誌に掲載された。④ 人類の歴史の次の章は，他の惑星で始まるのかもしれない。⑤ 火星に移住するには，何千人もの新しい宇宙飛行士が必要になるだろう。⑥ 火星から，宇宙の他の部分の探索を始めることができるかもしれない。⑦ 火星には，エネルギーを得るために燃やす石炭はないだろう。⑧ 火星の移住者は動力源として原子力を使うことができる。⑨ 鋼鉄で家を建てられるかもしれない。⑩ 小惑星を採掘して，他の金属類が得られるかもしれない。⑪ 地球の近くの隕石には貴重な天然資源がいっぱい含まれている。⑫ 火星の移住者たちは，使用するすべての材料をリサイクルする必要があるだろう。⑬ コンピューターを使って，人工生命を作り出す方法も見つかるかもしれない。⑭ 宇宙では新しい元素が発見されるだろうか。

---

⑨ **build ~ out of ...**「…で~を建設する」 ▶out of ~ は「~（材料）で」。

⑩ **mine ~ for ...**「~を掘って…を採取する」
   asteroid「小惑星」

⑪ ***be* filled with ~**「~でいっぱいである」

⑬ **find ways to *do***「…する方法を見つける」
   create ~ using ...「…を使って~を創造する」 ▶分詞構文で，ここでは「手段」を表す。

⑭ **I wonder if ...**「…だろうかと思う」

■ 単語の意味を確認しよう。

961

article
[ɑ́ːrtɪkl]

名 記事, 論文；品物；冠詞

an article on [about] ~ 「~についての記事」

962

planet
[plǽnɪt]

名 惑星；〔the ~〕地球, 世界

on a planet 「惑星（上）に」
▶「地球」の意味は, 特に環境の話題において用いる。

963

journal
[dʒə́ːrnəl]

名 専門誌；定期刊行物

a medical [science] journal 「医学 [科学] 誌」
□ jóurnalism 名 ジャーナリズム, 報道関連の業界
□ jóurnalist 名 ジャーナリスト, 記者

964

chapter
[tʃǽptər]

名 章

read a chapter 「一章を読む」
▶ séction ➡ 894

965

astronaut
発 ア [ǽstrənɔ̀ːt]

名 宇宙飛行士

966

universe
ア [júːnɪvə̀ːrs]

名 〔the ~〕宇宙；全世界

the origin [beginning] of the universe 「宇宙の起源 [始まり]」
□ univérsal 形 全世界の；普遍的な

967

coal
発 [koʊl]

名 石炭

968

energy
発 ア [énərdʒi]

名 エネルギー；活力

save energy 「エネルギーを節約する」
▶ wind [solar] energy 「風力 [太陽] エネルギー」
▶ be full of energy 「元気いっぱいだ」
□ energétic 形 精力的な, 活発な

---

969 **nuclear** [njú:kliər]	形 核エネルギーの，原子力の；核兵器の nuclear energy 「核エネルギー，原子力」 ▶ a nuclear power station [plant]「原子力発電所」 ▶ atómic 形 原子（力）の
970 **steel** [sti:l]	名 鋼鉄
971 **metal** [métəl]	名 金属 a precious metal 「貴金属」
972 **resource** [rí:sɔ:rs]	名〔~s〕資源；資料 natural resources 「天然資源」 ▶ human resources「人的資源，人材」
973 **material** [mətíəriəl]	名 材料，原料；資料；生地 recycled materials 「再生材料」 ▶ raw material(s)「原料，原材料」 形 物質の；物質的な
974 **artificial** ⑦ [ὰ:rtɪfíʃəl]	形 人工の artificial colors [flavors] 「人工着色料 [香味料]」 ▶ artificial intelligence (=AI)「人工知能」 ▶ an artificial heart [leg]「人工心臓 [義足]」
975 **element** [élɪmənt]	名 元素；要素，要因 a chemical element 「化学元素」 ▶ a key element in [of] ~「~の重要な要素」

筆者夫婦が見た短編映画のストーリーとは？

① Last weekend my wife **requested** that we watch all the Oscar nominated short films. ② I thought we'd be bored, but the films **proved** to be fantastic. ③ There were films from several different **nations**. ④ I <u>found out</u> on the **Web** that my least favorite film won the Oscar. ⑤ I **disagreed** with their choice. ⑥ I wonder who the **judges** were. ⑦ One of the films was about a Moroccan man who married a woman from Syria. ⑧ His father was **disturbed** to learn that his son had fought in a war. ⑨ Another film was about a boy who hoped to **earn** a lot of money by **selling** cocaine. ⑩ Before he could sell the cocaine, his little brother used the white powder to mark the lines on a soccer field. ⑪ The **audience** really enjoyed the movies. ⑫ I wondered if either of the films was adapted from a **novel**. ⑬ Another film **referred** to a tragedy that happened in Guatemala. ⑭ It's difficult to **describe**, but in the story many young girls were trapped in a fire. ⑮ I was **upset** to learn that the story had actually happened. ⑯ My **heart** broke for those poor girls.

◎語法・構文・表現 ◇◇

② *be* **bored**「退屈する」
　fantastic「素晴らしい」

④ **find out** that ...「…ということがわかる [を知る]」
　one's least favorite ～「一番好きでない～」

⑧ *be* **disturbed** to *do*「…して困惑する」

⑫ *be* **adapted** from ～「～から脚色 [改作] される」

📁 文化［音楽・芸術・文学］

① 先週末，私の妻は，オスカー賞にノミネートされた短編映画をすべて見ようと<u>提案し</u>てきた。② 私は退屈するだろうと思ったが，どの映画も素晴らしいと<u>分かっ</u>た。③ いくつかの異なる<u>国</u>の映画があった。④ 私は<u>ウェブ</u>で，私の一番嫌いな映画がオスカーを取ったことを知った。⑤ 私は彼らの選定には<u>反対</u>だった。⑥ 誰が<u>審査員</u>だったのだろうか。⑦ 映画の１つは，シリア出身の女性と結婚したモロッコ人男性についてだった。⑧ 彼の父親は，息子が戦争で戦ったことを知って<u>困惑した</u>。⑨ また別の映画は，コカインを<u>売っ</u>て大金を<u>稼ぎ</u>たいと思っている少年についてだった。⑩ コカインを売る前に，彼の弟はその白い粉を使ってサッカー場のラインを引いた。⑪ <u>観客</u>はそれらの映画をとても楽しんだ。⑫ その映画のどちらかは<u>小説</u>から脚色されたのだろうかと思った。⑬ また別の映画は，グアテマラで起こった悲劇のことに<u>触れ</u>ていた。⑭ <u>説明する</u>のは難しいが，物語の中で多くの少女たちが火の中に閉じ込められていた。⑮ その話が実際に起こったことだと知って，私は<u>動揺した</u>。⑯ この気の毒な女の子たちに，<u>胸</u>が張り裂けそうだった。

---

⑬ **tragedy**「惨事，悲劇的な出来事」

⑭ **be trapped in 〜**「〜に閉じ込められる」

⑮ **be upset to do**「…して動揺する」
the story had actually happened「その話は実際に起きていた」▶ was upset よりもさらに過去のことを表す。

⑯ **one's heart breaks for 〜**「〜を思って心が痛む」
poor「かわいそうな，気の毒な」

📘 単語の意味を確認しよう。

976 **request** [rıkwést]	動 を頼む，要請する request that S' do [should *do*] 「S' が…するよう要請する[頼む]」 ▶ request ～ to *do* 「～に…するよう要請する[頼む]」 名 依頼，要請；頼み事 ▶ make a request (for ～)「(～を求めて)要請する」
977 **prove** (発) [pru:v]	動 と判明する；を証明する prove to be ～ 「～だとわかる[判明する]」 ▶ prove O C 「O を C だと証明する」 ▶ 活用：prove - proved - proved [proven [prú:vən]] □ proof 名 証明；証拠
978 **nation** [néıʃən]	名 国家，国；〔the ～〕国民 □ nátional 形 国家の；全国的な
979 **web** [web]	名 〔the Web〕ウェブ (=the World Wide Web / WWW)；クモの巣 on the Web 「ウェブ上で」
980 **disagree** (ア) [dìsəgrí:]	動 意見が異なる，異議を唱える disagree with A (on B) 「A (人・考えなど)と (B (事)について) 意見が異なる」 □ disagréement 名 意見の不一致[相違]
981 **judge** (発) [dʒʌdʒ]	名 裁判官；(コンテストなどの) 審査員 a lay [citizen] judge 「裁判員」 動 (を) 判断する；(に) 判決を下す □ júdgment 名 判決，裁判；判断 (力)
982 **disturb** [dɪstə́:rb]	動 を邪魔する；を動揺させる；(平穏など) を乱す (I'm) Sorry to disturb you, but .... 「お邪魔してすみませんが，…」 ▶ Do not *disturb*. 「起こさないでください」(ホテルなどでのドア掲示) □ distúrbance 名 騒動；妨害

| 0 | 300 | 600 | 900 | 1200 |

983
earn
[ə:rn]

動 (働いて)(お金) を得る；(名声など) を得る
earn money 「お金を稼ぐ」
► earn a [one's] living 「生計を立てる」
□ éarnings 名 所得，賃金

984
sell
[sel]

動 を売る；売れ行きが〜だ
sell O₁ O₂ (for 〜) 「O₁(人)に O₂ を(〜の値段で)売る」
► sell out / be sold out 「(が) 売り切れ(てい)る」
► 活用：sell - sold [sould] - sold

985
audience
[ɔ́:diəns]

名 聴衆，観客
(a) large [small] audience 「大勢の [少ない] 聴衆」
► 可算名詞。動詞は単数形で通例受けるが，複数形の場合もある。

986
novel
[ná(:)vəl]

名 (長編) 小説
形 斬新な
► a novel idea 「斬新なアイデア」

987
refer
⑦ [rifə́:r]

動 〔refer to 〜〕に言及する；を参照する
A is referred to as B 「A(のこと)は B と呼ばれている」
► refer to A as B 「A のことを B と称する」
► refer to a dictionary 「辞書を参照する」
□ réference 名 言及；参照

988
describe
[dɪskráɪb]

動 の特徴を述べる；だと表現する，称する
describe A to B 「A (の特徴) について B(人) に説明する」
► describe A as B 「A のことを B だと称する」
□ descríption 名 説明，描写

989
upset
⑦ [ʌ̀psét]

形 取り乱して，動転して
be upset about [by / at / with] 〜 「〜に動転している」
動 を動揺させる
► 活用：upset - upset - upset

990
heart
⑱ [hɑːrt]

名 心臓；心；〔the 〜〕中心
one's heart beats 「心臓が鼓動する」
► a heart attack 「心臓発作」
► have a good [kind] heart 「優しい心を持っている」

🔎 虫のいない生活とはどのようなものになるのだろうか？

① Have you **ever** thought of **what** life would be like without bugs? ② There has been news **lately** that insects are disappearing. ③ While that is not a problem **yet**, it could become a big issue. ④ Last year at this time, there were **twice** as many bumblebees in North America. ⑤ Drivers in Europe say it has been a while since anyone had to clean bugs off their windshields. ⑥ The population of bugs has **decreased** worldwide. ⑦ **Wherever** scientists look in the world, they see a decline in the bug population. ⑧ It is not clear what is **causing** the disappearance of the insects. ⑨ Governments are trying to **prevent** further loss by banning the use of certain pesticides. ⑩ The businesses that **produce** these chemicals claim that it's not their fault. ⑪ The **lack** of bugs can **lead** to the loss of the birds who eat them. ⑫ It's possible that we will all be **affected** by the loss of bugs. ⑬ Soon, we will **reach** the point where saving the insects is impossible. ⑭ We need to <u>take</u> better <u>care</u> of our environment. ⑮ I guess we can **add** insect loss to the long list of things we have to worry about.

🎯 語法・構文・表現

① **think of ～**「～のことを考える」
what life would be like without ～「～がなかったら生活はどのようになるか」

③ **a big issue**「大きな問題」

④ **bumblebee**「マルハナバチ」

⑤ **it has been a while since ...**「…してからしばらく経つ」
clean ～ off *one's* **windshields**「車の窓ガラスから～を除去する」

⑦ **decline in ～**「～の減少」

⑨ **further loss**「さらなる減少［消滅］」

虫のいない生活

英文レベル ☆☆☆

📁 自然［動物・植物］

　① 虫のいない生活がどのようなものか，<u>これまで</u>考えたことがあるだろうか。② <u>最近</u>，虫がいなくなっているというニュースがある。③ 今は<u>まだ</u>問題ではないが，大きな問題になる可能性もある。④ 昨年の今頃，北米にはマルハナバチが今の<u>2倍</u>いた。⑤ ヨーロッパで車を運転する人たちは，ここしばらくは車のフロントガラスについている虫を除去する必要がなくなったと言う。⑥ 虫の数は世界中で<u>減少し</u>ている。⑦ 科学者たちが世界の<u>どこに</u>目を向けても，虫の数が減少しているのがわかる。⑧ 何がこの昆虫の消失の<u>原因となって</u>いるかは不明である。⑨ 政府は，特定の農薬の使用を禁止することで，虫がさらに減少するのを<u>防ご</u>うとしている。⑩ これらの化学薬品を<u>製造し</u>ている企業は，それは自分たちの責任ではないと主張している。⑪ 虫が<u>いなくなる</u>と，それを食べる鳥もいなくなることに<u>つながる</u>かもしれない。⑫ 虫の消滅によって，私たちみんなが<u>影響を受ける</u>可能性もある。⑬ やがて，虫を救うことが不可能な段階に<u>達する</u>だろう。⑭ 私たちは環境にもっと<u>注意</u>を払う必要がある。⑮ 心配すべき数多くのことに，虫の消滅も<u>加え</u>ていいかもしれない。

pesticide「殺虫剤，農薬」

⑩ claim that ...「…だと主張する」

⑪ the lack of 〜「〜が（十分）ないこと」
　the loss of 〜「〜が消滅［減少］すること」

⑬ reach the point where ...「…である段階に達する」

⑭ take better care of 〜「〜をよりよく世話する」

⑮ I guess ...「…だろうと思う」
　things we have to worry about「我々が心配すべきこと」

67 Life Without Bugs

■ 単語の意味を確認しよう。

991 **ever** [évər]	副 <u>これまでに，かつて；ずっと</u> ▶ ... than ever「これまでになく…」(比較級・最上級と共に) ▶ ever since ～「～以来ずっと」
992 **lately** [léɪtli]	副 <u>(ここ)最近</u> ▶ 完了(進行)形の文で通例用いられる。
993 **yet** [jet]	副〔否定文で〕<u>まだ(～ない)</u>；〔疑問文で〕<u>もう</u> ▶ Have you seen her *yet*?「彼女にはもう会いましたか」 接 けれども
994 **twice** [twaɪs]	副 <u>2度[回]；2倍</u> ▶ twice a day「1日に2度」 ▶ twice as many [much] as ～「～の2倍(の数[量])」
995 **decrease** ⑦ [dì:krí:s]	動 <u>減る</u>；<u>を減らす</u> **decrease by ～**「～だけ減少する」 ▶ decrease from *A* to *B*「*A* から *B* に減少する」 名 [dí:kri:s] 減少
996 **wherever** ⑦ [hweərévər]	接 <u>…する所ならどこでも</u>；<u>どこで[へ]…しようとも</u>
997 **cause** ⑨ [kɔːz]	動 <u>を引き起こす</u> **cause ～ to do**「(物・事が)～に…させる」→「(物・事が原因で)～は…する」 ▶ cause *O₁ O₂*「*O₁*(人)に *O₂* をもたらす」 名 原因；理由
998 **prevent** ⑦ [prɪvént]	動 <u>を防ぐ</u>；<u>を妨げる</u>；<u>中止させる</u> **prevent ～ from doing**「(物・事が)～が…するのを妨げる」→「(物・事のせいで)～は…できない」

278

0	300	600	900	1200

999

produce
⑦ [prədjúːs]

動 を引き起こす, もたらす；を生産[製造]する；を制作する

□ próduct 名 製品；成果, 産物
□ prodúction 名 生産 (量), 製造；制作

1000

lack
[læk]

名 不足, ないこと

for lack of ～ 「～の不足のために, ～がないために」

動 を欠いている

1001

lead
[liːd]

動 至る；(を) 導く；(を) リードする

lead to ～ 「～に至る, つながる」
▶ lead ～ to do 「～を…するようにさせる」
▶ 活用：lead - led [led] - led
□ léading 形 主要な；先頭の

1002

affect
[əfékt]

動 に影響する；(人) の心を痛める

be affected by ～ 「～に影響を受ける；～に心を痛める」
□ afféction 名 愛情, 行為

1003

reach
[riːtʃ]

動 に届く, 達する；に着く；(手) を伸ばす

reach an agreement [a decision] 「合意 [結論] に達する」
▶ reach (out) for ～ 「(取ろうとして) ～に手を伸ばす」

名 (届く) 範囲

▶ within [out of] one's reach 「～の手の届く [届かない] 所に」

1004

care
[keər]

名 注意；世話, 介護

with care 「注意して」
▶ take care of ～ 「～の世話をする」

動 (に) 関心がある, 気にかける

▶ care about ～ 「～のことを気にする」
▶ care for ～ 「～の世話をする；～のことが好きだ」

1005

add
[æd]

動 を加える；(数字など) を足す

add A to B 「A を B に加える」
□ addítion 名 追加；足し算
▶ in addition (to ～) 「(～に) 加えて, さらに」
□ addítional 形 追加の

68 Army Medic

① When I was in the Army, I drove an Army ambulance.
② I remember driving at night with a patient in the back.
③ He was in a lot of pain because his back was broken.
④ Like many of the patients, he injured himself during
training. ⑤ He was shouting at me to drive slowly on the
bumpy road. ⑥ Earlier that day, I had helped a man with a
broken ankle. ⑦ Sometimes soldiers would cut themselves
and there would be a lot of blood. ⑧ When there was an
emergency, I didn't feel any emotions until afterward. ⑨ It
was important to keep my mind clear so that I could do
my job. ⑩ However, I found it difficult to watch people
suffer in pain. ⑪ I tried to be gentle with injured people.
⑫ I would pat their hand and tell them they would be OK.
⑬ It was also my job to hand out sunscreen to protect
soldiers' skin from sunburn, or give out cough syrup to
soldiers with sore throats. ⑭ Once I had someone who had
broken his toe by kicking a huge rock. ⑮ The worst thing I
ever saw was a traumatic brain injury from a soldier who
hit his head.

●語法・構文・表現 ◇◇◇◇◇◇◇◇◇◇◇◇◇◇◇◇◇◇◇◇◇◇◇◇◇◇◇◇◇◇◇◇◇◇◇

② **remember** *doing*「…したことを覚えている」
　with ～ in the back「～を後部座席に乗せて」

④ **injure** *oneself*「けがをする」

⑤ **shout at ～ to** *do*「～に…するように叫ぶ」
　bumpy「でこぼこの」

⑥ **earlier that day**「その日のもっと早い時間に」

⑦ **cut** *oneself*「切り傷を負う」

⑧ **not ... until afterward**「後になって初めて…」

280

陸軍衛生兵

📁 産業［職業・労働］

①陸軍にいたとき，私は陸軍の<u>救急車</u>を運転していた。②患者を後ろに乗せて夜間に運転したのを覚えている。③彼は背骨を骨折して，ひどい<u>痛み</u>を訴えていた。④患者の多くがそうであるように，彼も訓練中に<u>けがをした</u>。⑤でこぼこ道ではゆっくり運転してくれと，彼は私に叫んでいた。⑥その日の昼間，私は<u>足首</u>を骨折した男性を助けていた。⑦兵士が切り傷を負って，大量に出<u>血</u>していることもあった。⑧緊急事態が発生したときは，私は後になるまで何の<u>感情</u>も感じなかった。⑨仕事がきちんとできるように，<u>頭</u>をはっきりさせておくことが大切だった。⑩しかし，人々が痛みで<u>苦しんで</u>いるのを見るのは難しいと感じた。⑪私はけが人に<u>優しく</u>接しようとした。⑫彼らの手を<u>軽くたたいて</u>，大丈夫だと言ってあげた。⑬日焼けから兵士の<u>肌</u>を<u>守る</u>ために日焼け止めを配ったり，<u>喉</u>が痛い兵士に咳止めシロップを渡すのも私の仕事だった。⑭以前，大きな岩を蹴って<u>足の指</u>を骨折した人がいた。⑮私がこれまで見た中で最悪だったのは，頭を打った兵士の外傷性<u>脳</u>損傷だ。

---

⑨ **so that ～ can *do***「～が…できるように」

⑩ **find it difficult to *do***「…するのが難しいと分かる」
watch ～ *do*「～が…するのを見守る」

⑬ **hand out ～**「～を配る」
sunscreen「日焼け止め」
give out ～「～を渡す」

⑮ **the worst thing I ever saw**「これまでに見た最悪のもの」
traumatic brain injury「脳挫傷，外傷性脳損傷」▶traumatic「外傷(性)の」

📗 単語の意味を確認しよう。

1006
ambulance
[ǽmbjələns]

名 救急車
by ambulance 「救急車で」
► call an ambulance 「救急車を呼ぶ」

1007
pain
[peɪn]

名 痛み；苦痛
feel (a) pain in ~ 「~(体の部位)に痛みがある」
□ páinful 形 痛みを伴う；つらい

1008
injure
[índʒər]

動 を傷つける，痛める
► be [get] injured 「けがをしている [する]」
□ ínjury 名 負傷；傷害

1009
ankle
[ǽŋkl]

名 足首，くるぶし
break one's ankle 「足首を骨折する」

1010
blood
発 [blʌd]

名 血液；血統
give blood 「献血する」
► blood type 「血液型」
□ bleed 動 出血する

1011
emotion
[ɪmóʊʃən]

名 感情，感動
show (one's) emotion 「感情を表す」
► hide one's emotion 「感情を隠す」
□ emótional 形 感情の；感情的な

1012
mind
[maɪnd]

名 心，精神；意見
in one's mind 「心の中に」
► on one's mind 「(物・事が)~の気になって」
What's on your mind? 「どうしたの？[何か気になっているの？]」
► keep [bear] ~ in mind 「~を心に留めておく」
► make up one's mind 「決心する」

動 を気にする，嫌がる
► mind doing 「…するのを気にする」

1013 **suffer** [sʌ́fər]	動 苦しむ；(苦痛など) を経験する suffer from ~ 「~(病気など) にかかっている，患っている」 ▶ suffer a heart attack 「心臓発作を起こす」(一時的な苦痛・けが・症状を被るときは他動詞) □ súffering 名 苦しみ
1014 **gentle** [dʒéntl]	形 優しい；穏やかな *be* gentle with ~ 「~に優しい」 □ géntly 副 優しく，穏やかに
1015 **pat** [pæt]	動 (手のひらで) を (軽く) たたく pat *A* on the *B* 「*A* (人) の *B* (体の部位) を軽くたたく」 名 軽くたたくこと
1016 **protect** [prətékt]	動 を守る，保護する protect *A* from [against] *B* 「*A* を *B* から守る」 □ protéction 名 保護
1017 **skin** [skɪn]	名 皮膚，肌；(動物の加工用)(野菜・果物類の) 皮 rough skin 「荒れた肌」 ▶ skíncare 名 肌の手入れ
1018 **throat** [θroʊt]	名 喉 have a sore throat 「喉が痛む」
1019 **toe** 発 [toʊ]	名 (足の) 指；つま先 hit *one's* toe on [against] ~ 「(足の) 指を~にぶつける」 ▶ the big [little] toe 「足の親指 [小指]」 ▶ stand on *one's* toes 「つま先立ちをする」
1020 **brain** [breɪn]	名 脳；〔~s〕頭脳；〔~s〕優秀な人 brain function 「脳の働き」 ▶ use *one's* brains 「頭を使う」

69 Religious Conflict

宗教に対する筆者の考えは？

① Isn't it strange that people of different religions fight each other? ② In the Bible, for example, there is a sentence that tells Christians to love their enemies. ③ It seems like most religious leaders do not want their followers to be violent. ④ They tell us to pray for peace. ⑤ They beg us to be kind to each other. ⑥ However, some believe that their religion is true, and all the others are false. ⑦ They think their understanding is pure.

⑧ I admire the leaders who find ways to bring people together. ⑨ I think it's normal for people to disagree, but we should respect each other, even those with different beliefs. ⑩ We all have an equal right to believe, or not to believe, in a religion.

⑪ I like the vivid colors of religious paintings. ⑫ Michelangelo was the chief artist at the Vatican. ⑬ He turned a blank ceiling into a beautiful work of art. ⑭ What if beauty is the highest stage of religious expression?

語法・構文・表現

① **Isn't it strange that ...?**「…というのは変ではないだろうか？」
fight each other「争い合う，戦い合う」

② **tell ~ to do**「～に…するように言う」

③ **it seems like ...**「…であるように思える」
want ~ to do「～に…してほしいと思う」
followers「信奉者」

⑤ **beg ~ to do**「～に…するように懇願する」
be **kind to each other**「お互いに親切にする」

284

📁 文化［思想・哲学・宗教］

　① 宗教の違う人々が争い合うのは変ではないだろうか。② 例えば，聖書には，キリスト教徒に敵を愛するように言っている文がある。③ ほとんどの宗教指導者は，信者が暴力的になることを望んではいないようだ。④ 指導者たちは平和を祈るように言う。⑤ お互いに親切にするよう求めている。⑥ しかし，自分たちの宗教が正しく，ほかの宗教はすべて間違っていると信じる人もいるのだ。⑦ このような人たちは自分たちの理解が純粋だと思っている。

　⑧ 私は，人々を結び付ける方法を見つけようとする指導者たちを尊敬している。⑨ 人々の意見が合わないのは普通のことだと思うが，たとえ信仰の異なる相手であっても，お互いを尊重すべきだ。⑩ 私たちは皆，宗教を信じたり，あるいは信じなかったりする平等な権利を持っている。

　⑪ 私は宗教画の鮮やかな色が好きだ。⑫ ミケランジェロはバチカンの首席画家であった。⑬ 彼は何もない天井を美しい芸術作品に変えた。⑭ 美が宗教的表現の最高段階だとしたらどうだろうか？

---

⑥ **all the others**「他のすべてのもの」

⑧ **find ways to** *do*「…する方法を見つける」
　bring ~ together「～を結び付ける［団結させる］」

⑩ **right to believe, or not believe, in ~**「～を信じる，あるいは信じない権利」

⑬ **turn ~ into ...**「～を…に変える」
　ceiling「天井」

⑭ **What if ...?**「もし…だとしたらどうなるだろうか？」

📖 単語の意味を確認しよう。

1021 **religion** [rɪlídʒən]	名 宗教 □ relígious 形 宗教 (上) の
1022 **sentence** [séntəns]	名 文；判決；刑 ▶ páragraph 名 段落
1023 **enemy** [énəmi]	名 敵
1024 **violent** [váɪələnt]	形 暴力的な，乱暴な；激しい ▶ violent crime「凶悪犯罪」 ▶ a violent storm「すさまじい嵐」 □ víolence 名 暴力
1025 **pray** 発 [preɪ]	動 切に願う；祈る **pray for ~**「~ (の実現) を切に願う」 ▶ pray for rain「雨乞いする」 □ prayer 名 [preər] 祈り；[préɪər] 祈る人
1026 **beg** [beg]	動 (を) 懇願する **beg A for B**「A (人) に B を懇願する」 ▶ beg for help「助けを求める」 ▶ I *beg* your pardon?「もう一度言っていただけますか」(文尾は上がり調子で)
1027 **false** [fɔːls]	形 間違った；本物でない，偽の ▶ a false name「偽名」
1028 **pure** [pjuər]	形 純粋な；汚れていない **pure white**「純白 (の)」 ▶ 100% pure cotton [orange juice]「綿 100% [果汁 100% のオレンジジュース]」 ▶ pure water「きれいな水」

| 0 | 300 | 600 | 900 | 1200 |

1029

admire
[ədmáiər]

動 を賞賛する，に感嘆する；に見とれる
admire A for B 「A を B のことで賞賛する」
□ admirátion **名** 賞賛

1030

normal
[nɔ́:rml]

形 普通の；標準の
It is normal (for ~) to *do*. 「(~にとって) …するのは普通だ」

名 標準
▶ above [below] normal 「標準以上 [以下] で」

1031

equal
発 アク [íːkwəl]

形 等しい，同等の；平等の
be equal to ~ 「~に等しい，相当する」
▶ equal rights 「平等の権利」

動 に等しい；に匹敵する
□ equálity **名** 平等
□ équally **副** 平等に

1032

vivid
[vívid]

形 鮮やかな
▶ vivid memories 「鮮明な記憶」

1033

chief
[tʃiːf]

形 最高 (位) の；主要な
the chief cook [chef] 「料理長」
▶ the chief problem [reason] 「主な問題 [原因]」

名 (組織の) 長

1034

blank
[blæŋk]

形 白紙の，空白の，空の
a blank page [space] 「白紙のページ [空白のスペース]」

名 空欄，空所

1035

stage
[steidʒ]

名 段階；舞台
▶ at this stage 「この段階において」
▶ in the early stages (of ~) 「(~の) 初期において」

① Travelers coming from **abroad** to Japan, **especially** those <u>looking for</u> adventure, have a new option. ② Working on a farm in Japan is a way to gain experience and <u>at least</u> make a little extra money. ③ Even those with no work experience can learn farm work in **detail**, from planting **seeds** to the **harvest** of vegetables.

④ I remember my first day on the job. ⑤ I met the farm owner with my hand extended, as he **bowed**. ⑥ I felt embarrassed by my action, but it helped to **raise** my awareness of the cultural differences. ⑦ I quickly realized farm work is not for everyone. ⑧ After an hour, my **elbows** and legs were sore, and my **stomach** was growling from hunger. ⑨ I <u>did my best</u> to block out the pain, and even started to sing out of **tune**, which was painful to everyone else. ⑩ I could get used to it by the second week, and after a month, I **felt** like a pro. ⑪ I could keep **track** of all my tasks and completed them without an **issue**. ⑫ On my last day, the family that I worked for **reacted** with sadness to see me leave.

語法・構文・表現

① **those** looking for 〜「〜を探している人々」▶those の後に who are の省略。those who ...「…する人々」。

③ **those with no work experience**「仕事の経験がまったくない人々」

⑤ **with** *one's* **hand extended**「手を伸ばして」▶〔付帯状況〕を表す。
as「…ときに」

⑥ **help to** *do*「…する助けとなる」
one's **awareness of** 〜「〜に対する認識」

⑦ **realize**（that）...「…ということに気付く」
not for everyone「万人向きでない」

288

📁 日常生活［旅行］

　① 海外から日本にやって来る旅行者，特に冒険を求める人たちには，新しい選択肢がある。② 日本の農場で働くことが，経験を得て，少なくとも少しは小遣いを稼ぐ方法だ。③ 仕事の経験がまったくなくても，種まきから野菜の収穫まで，農作業を詳しく学ぶことができる。

　④ 初めて仕事を始めた日のことを私は覚えている。⑤ 私が農場主に手を差し出すと，彼は私にお辞儀をした。⑥ 私は自分のしたことに戸惑ったが，そのことで文化の違いに対する自分の認識を高めることができた。⑦ 農作業は万人向けではないということに，私はすぐに気付いた。⑧ 1時間もすると，肘と脚が痛くなり，空腹でおなかがグーグー鳴っていた。⑨ 私は必死に痛みを抑えようとし，音程を外した歌まで歌い始めたが，みんなは聞くに堪えないようだった。⑩ 2週目には仕事に慣れることができ，1か月後にはプロ並みになった気がした。⑪ すべての仕事を把握し，すべて問題なく完了することができた。⑫ 最後の日，私が働いていた農家の人たちは，私が去っていくのを見て悲しげな反応を見せた。

⑧ sore「痛い」
　growl「うなる，（おなかが）グーグー鳴る」

⑨ do one's best to do「最善を尽くして…する」
　block out ~「~を抑える［遮る］」

⑩ get used to ~「~に慣れる」

⑫ the family that I worked for「私が働いて［雇われて］いた家族」 ▶work for ~「~のために働く」
　to see me leave「私が去っていくのを見て」 ▶see ~ do「~が…するのを見る」

289

70 Working on a Japanese Farm

📖 単語の意味を確認しよう。

1036

abroad
(発) [əbrɔ́ːd]

副 外国に [で]

study abroad 「留学する」
▶ go [travel] abroad「外国に行く [旅行する]」
▶ have been abroad「外国に行ったことがある」

1037

especially
[ɪspéʃəli]

副 特に，とりわけ；(理由を強調して) 特に (〜のため)

▶ 文頭には置かず，強調する語 (句) や節の前に通例置く。主語の修飾では，主語の後に置くことに注意。
　We all miss you. He *especially* wants to see you.「私たちは皆あなたがいなくて寂しいです。特に彼はあなたに会いたがっています」
▶ especially for 〜「特別に〜のために」

1038

least
[liːst]

副 最も〜でない；最も少なく (…する)

名 最小 (の数・量)

▶ at least「少なくとも」

形 〔the least 〜〕最も〜でない

1039

detail
[díːteɪl, dɪtéɪl]

名 細部；〔〜s〕詳細 (な情報)

in detail 「詳細に」
▶ for further details「詳細については」(案内などで)
□ détailed 形 詳細な

1040

seed
[siːd]

名 種

plant seeds 「種をまく」
▶ grow 〜 from seed「〜を種から育てる」

1041

harvest
(ア) [háːrvɪst]

名 収穫 (物)；収穫期

a good [bad] harvest 「豊作 [不作]」
▶ a harvest time「収穫時期」

動 を収穫する

1042

bow
(発) [baʊ]

動 おじぎをする，頭を下げる

名 おじぎ；[boʊ] 弓

| 0 | 300 | 600 | 900 | 1200 |

1043

raise
発 [reɪz]

動 を上げる；を育てる，養う；(お金) を集める
- ▶ raise taxes「増税する」
- ▶ be born and raised in ～「～で生まれ育つ」

1044

elbow
[élbou]

名 肘
- place [put] one's elbow(s) on ～ 「～に肘をつく」

動 (人) を押しのける

1045

stomach
発 アク [stʌ́mək]

名 胃；腹部
- on an empty stomach 「胃が空っぽで，空腹状態で」
- (⇔on a full stomach 「満腹状態で」)
- ▶ stómachache 名 胃痛，腹痛

1046

tune
[tju:n]

名 (正しい) 音調；曲
- in [out of] tune 「音程が合って [外れて]」

動 (楽器) を調律する；(be ～d)(チャンネルなどに) 合って

1047

feel
[fi:l]

動 を感じる；(の) 感じがする；だと思う
- feel ～ do 「～が…するのを感じる」
- ▶ feel ～ doing「～が…しているのを感じる」
- ▶ 活用：feel - felt [felt] - felt
- □ féeling 名 感情，気持ち

1048

track
[træk]

名 (人などが通ってできた) 小道；(～s) 通った跡，足跡；トラック競技
- keep [lose] track of ～ 「～の成り行きを把握している [見失う]」

1049

issue
[íʃu:]

名 問題 (点)；発行；発行物
- discuss an issue 「問題を議論する」
- ▶ raise [consider] an issue「問題を提起する [検討する]」
- ▶ the date of issue「発行日付」
- ▶ the latest [current] issue「最新号」

1050

react
[riǽkt]

動 反応 [対応] する
- react to ～ 「～に反応 [対応] する」
- □ reáction 名 反応

---

⑦1 The Deserts of New Mexico

ニューメキシコ州の砂漠はどんな場所か？ そこで気を付けるべきこととは？

①New Mexico is a state in the U.S. with beautiful deserts. ②The white sand stretches for miles. ③Sometimes it rains and the fine sand of the desert turns into mud. ④There are also beautiful rock formations in New Mexico. ⑤If we hope to enjoy the natural beauty, we must protect the environment. ⑥For example, we should recycle plastics and not throw them on the ground. ⑦If we allow the desert to become polluted, it would be a disaster. ⑧It is important not to hike in the rain, because people have drowned in flash floods in the past. ⑨If you are trapped in a flood, it will be impossible to rescue you. ⑩Fortunately, there are no earthquakes in New Mexico. ⑪Some people have found fossils from dinosaurs in the sand there. ⑫Large spiders called tarantulas build nests in the desert sand. ⑬Tiny frogs live in the bushes. ⑭Occasionally, grass grows there as well. ⑮When hiking in the desert, it is important to drink water before you feel thirsty.

◎語法・構文・表現

②**stretch for miles**「何マイルも広がる」

③**turn into ～**「～に変わる」

④**rock formations**「岩層」

⑦**allow ～ to become polluted**「～が汚染されるままにしておく」

⑧**it is important not to** *do*「…しないことが重要だ」
　drown「溺れる，溺死する」
　flash flood「鉄砲水」

292

📁 自然［地理・地形］

① ニューメキシコ州は，<u>砂漠</u>が美しいアメリカの州だ。② 白い<u>砂</u>が何マイルも広がっている。③ 時々雨が降って，砂漠の細かい砂が<u>泥</u>に変わる。④ ニューメキシコには美しい岩層もある。⑤ 自然の美しさを楽しみたいなら，我々は<u>環境</u>を守らなければならない。⑥ 例えば，私たちはプラスチックを<u>リサイクルする</u>べきであり，地面に捨てるべきではない。⑦ 砂漠の汚染をそのままにすれば，<u>惨事</u>になるだろう。⑧ 雨のときはハイキングをしないことが重要だ。過去に，鉄砲水（＝急激な<u>洪水</u>）で人が溺死したことがあるからだ。⑨ 洪水に巻き込まれると，<u>救助する</u>のは不可能だ。⑩ <u>幸い</u>，ニューメキシコ州には<u>地震</u>はない。⑪ そこの砂の中に<u>恐竜</u>の化石を見つけた人がいる。⑫ タランチュラと呼ばれる大型のクモが，砂漠の砂の中に<u>巣</u>を作る。⑬ ごく小さなカエルが<u>茂み</u>に住んでいる。⑭ 時折，<u>草</u>が生い茂ることもある。⑮ 砂漠でハイキングするときは，<u>喉が渇く</u>前に水を飲むことが大切だ。

---

in the past「過去に，これまでに」
⑨ *be* trapped in 〜「〜に閉じ込められる，〜（危険な状態）に陥る」
⑪ fossil「化石」
⑬ tiny「とても小さな」
⑭ occasionally「時折，たまに」
　 as well「〜もまた」

📖 単語の意味を確認しよう。

1051 **desert** ⑦ [dézərt]	名 砂漠 in the desert 「砂漠で」
1052 **sand** [sænd]	名 砂；〔～s〕砂地，砂浜 in the sand 「砂に」 ▶ play in the sand 「(砂場で) 砂遊びをする」 ▶ play on the sand(s) 「砂浜で遊ぶ」
1053 **mud** [mʌd]	名 泥，ぬかるみ *be* covered in [with] mud 「泥だらけだ」
1054 **environment** 発 [ɪnváɪərənmənt]	名 〔the ～〕(自然) 環境；(生活・社会) 環境 damage the environment 「(自然) 環境を破壊する」 ▶ *be* friendly to the environment 「環境に優しい」 ▶ a learning [working] environment 「学習 [労働] 環境」 □ environméntal 形 環境上の
1055 **recycle** [rì:sáɪkl]	動 を再 (生) 処理する，リサイクルする recycle *A* into *B* 「*A* を *B* に再生利用する」 □ recýcling 名 再 (生) 処理，リサイクル ▶ reuse 動 [rì:jú:z] を再利用する 名 [rì:jú:s] 再利用
1056 **disaster** [dɪzǽstər]	名 (大) 災害；惨事 a natural disaster 「自然災害」 □ disástrous 形 災害を招く；悲惨な
1057 **flood** 発 [flʌd]	名 洪水 in flood 「(川が) 増水して，氾濫して」 動 (場所が) 水浸しになる；(川などが) 氾濫する

| 0 | 300 | 600 | 900 | 1200 |

1058

rescue
[réskju:]

動 を救助する
rescue A from B 「A を B から救助する」
名 救助

1059

fortunately
[fɔ́:rtʃənətli]

副 幸運にも (⇔unfortunately「不幸にも」)
▶ 文修飾。

1060

earthquake
[ɔ́:rθkwèik]

名 地震 (=quake)
a major [great] earthquake 「大地震」
▶ áftershock 名 余震

1061

dinosaur
[dáinəsɔ̀:r]

名 恐竜

1062

nest
[nest]

名 巣
build [make] a nest 「巣を作る」

1063

bush
[buʃ]

名 茂み；低木
in the bushes 「茂みの中に」

1064

grass
[græs]

名 〔the ～〕芝生；草
keep off the grass 「芝生に立ち入らない」
▶ weed 名 雑草

1065

thirsty
発 [θɔ́:rsti]

形 喉の渇いた
feel [be] thirsty 「喉が渇いている」
□ thirst 名 喉の渇き；脱水状態

地球温暖化を止めるために我々にできることは何だろうか？

① Scientists are saying that we must reduce our carbon emissions. ② Their research is available online and in journals. ③ It indicates that we are running out of time. ④ They are trying to promote renewable energy sources such as solar or wind energy, instead of coal. ⑤ The world seems divided on this issue. ⑥ In the U.S., many people are preparing for climate change. ⑦ The dry climate in Australia is causing forest fires. ⑧ The past year has been the warmest on record. ⑨ It is common to read stories about flooding. ⑩ Some say we are supposed to take this issue more seriously. ⑪ I wish we could do more to stop climate change. ⑫ A few years ago, my street in New York was filled with water because of a hurricane. ⑬ I believe that we can overcome this challenge if we work together. ⑭ However, we must seek solutions. ⑮ It does not matter how much it costs: we must try. ⑯ Since humanity has achieved many great things in the past, we can overcome this challenge as well.

◎ 語法・構文・表現 ∘∘∘∘∘∘∘∘∘∘∘∘∘∘∘∘∘∘∘∘∘∘∘∘∘∘∘∘∘∘∘∘∘

① **carbon emissions**「二酸化炭素の排出量」

③ **run out of time**「時間がなくなる」

④ **instead of ~**「~の代わりに」

⑤ **on this issue**「この問題に関して」

⑧ **on record**「記録上」

⑩ **take ~ seriously**「~を深刻に受け止める」

地球温暖化

英文レベル ☆☆☆ 170 words

科学・技術 [資源・エネルギー]

① 科学者たちは，我々は二酸化炭素の排出量を減らさなければならないと言っている。② その研究は，インターネットや専門誌で見ることができる。③ その研究が示しているのは，我々にはもう時間が残り少ないということだ。④ 科学者たちは，石炭の代わりに，太陽エネルギーや風力エネルギーのような再生可能なエネルギー源を促進しようとしている。⑤ この問題に関して，意見が分かれているようだ。⑥ 米国では，多くの人々が気候変動に備えている。⑦ オーストラリアの乾燥した気候が，森林火災を引き起こしている。⑧ この1年は観測史上最も気温が高かった。⑨ 洪水の記事を読むのも普通のことだ。⑩ この問題をもっと深刻に受け止めなければならないと言う人もいる。⑪ 気候変動を止めるために我々ができることがもっとあればいいのにと思う。⑫ 数年前，ニューヨークの私が住んでいる通りはハリケーンで水浸しになった。⑬ このような試練は，私たちが協力すれば乗り越えられると私は信じている。⑭ しかし，解決策を模索しなければならない。⑮ どれだけ費用がかかるかは問題ではない。やってみなければならないのだ。⑯ 人類は過去に多くの偉大なことを成し遂げてきたのだから，この試練も乗り越えることができるはずだ。

⑪ **do more to** *do*「…するためにもっと努力する」
⑫ *be* **filled with ～**「～でいっぱいである」
⑬ **work together**「共に努力する，協力する」
⑮ **how much it costs**「いくら費用がかかるか」
⑯ **since ...**「…なのだから」
　humanity「人類」

📖 単語の意味を確認しよう。

1066
reduce
[rɪdjúːs]

動 を減らす，減る
reduce the number of ~ 「~の数を減らす」
☐ redúction 图 減少，削減

1067
available
🄓 [əvéɪləbl]

形 利用できる，手に入る；(時間があり) 会える，話せる
be available to [for] ~ 「~に利用 [入手] できる」
▶ I'm not *available* this evening. 「今晩は都合が悪いです」

1068
indicate
🄐🄒 [índɪkèɪt]

動 を示す；を指し示す；の徴候を示す
indicate (that) ... 「…であることを示す」

1069
promote
🄐🄒 [prəmóut]

動 を促進する；〔主に受け身で〕を昇進させる
☐ promótion 图 昇進；販売促進 (活動)；推奨

1070
divide
[dɪváɪd]

動 を分ける，分かれる
divide (A) into B 「(A を) B に分ける；B に分かれる」
☐ divísion 图 分割，分配；割り算；部門

1071
prepare
🄐🄒 [prɪpéər]

動 (を) 準備 [用意] する；(食事) を作る
prepare for ~ 「~の準備をする」
▶ prepare to *do* 「…する準備をする」
☐ preparátion 图 準備

1072
dry
[draɪ]

形 雨の少ない，乾燥した；乾いた
動 を乾かす，乾く
☐ dried 形 乾燥した，干した
▶ dried fruit 「ドライフルーツ」

1073
past
[pæst]

形 過ぎたばかりの，この前の；過去の
for [over] the past ~ 「過去 [この] ~の間」
图 過去
前 ~を (通り) 過ぎて
副 (場所を・時が) 過ぎて

| 0 | 300 | 600 | 900 | 1200 |

---

common
[ká(:)mən]

1074

形 よくある，普通の；共通の

It is common (for ~) to do. 「(~にとって) …するのはよくあることだ」

名 〔次の表現で〕 ▶ in common with ~ 「~と同じように」

---

suppose
[səpóuz]

1075

動 だと思う，考える

be supposed to do 「…することになっている；…するはず [べき] だ」

▶ 否定文は「…してはいけない (ことになっている)」の意味。

▶ It is supposed (that) .... 「…だと考えられている」

---

wish
[wíʃ]

1076

動 (を) 願う；を祈る

I wish (that) S' did [could do]. 「S' は…すれば [できれば] よいのだけど」

▶ 実態とは異なること・実現不能なことへの願望や後悔を表す。

▶ wish to do 「…したいと思う」(want to do より堅い表現)

名 願い (事)；〔~ es〕 祝福の言葉

▶ (With) Best wishes. 「ご多幸をお祈りします」(手紙の結び)

---

overcome
⑦ [òuvərkʌ́m]

1077

動 を克服する，に打ち勝つ

overcome one's difficulties [fear / problems] 「困難 [恐怖／問題] を克服する」

▶ 活用：overcome - overcame [òuvərkéim] - overcome

---

seek
[síːk]

1078

動 (を) 追い求める；を得ようとする；(助け・情報など) を求める

▶ seek help [advice] 「助け [助言] を求める」

▶ 活用：seek - sought [sɔ́ːt] - sought

---

matter
[mǽtər]

1079

動 (が) 重要 [問題] だ

It doesn't matter (to ~) what .... 「(~にとって) 何が…かは問題ではない」

名 (対処すべき) 事，問題；事態；困難

▶ What's the matter (with you)? 「どうしたのですか」

---

achieve
[ətʃíːv]

1080

動 を達成する；を獲得する；成功を収める

achieve one's goal (of ~) 「(~という) 目標を達成する」

□ achievement 名 達成，成就；業績，功績

---

(73) **Peace in the Middle East**

① After the failed U.S. occupation of Iraq, the nation **became** known for civil war. ② Formerly peaceful areas **turned** violent. ③ Many cities like Falluja were destroyed by American **bombs**. ④ Many neighboring countries sent **weapons** to the country. ⑤ Some parts of Iraq **remained** in Iraqi control, while others fell to the Islamic State. ⑥ The Islamic State defeated the Iraqi **army** in several cities. ⑦ The Kurds took **military** action against the Islamic State. ⑧ The entire region was at **war** for years. ⑨ **President** Trump pulled U.S. **soldiers** out of Syria and abandoned the Kurds. ⑩ People are worried that the Islamic State will **spread** to other countries. ⑪ People in the Islamic State had no religious **liberties**. ⑫ They were not allowed to hold an **election** to **vote** for their leaders. ⑬ The **capital** of the Islamic State was a city called Raqqa. ⑭ In the near future, there will be some talk about what must be done in the Middle East.

🎯 語法・構文・表現 〰〰〰〰〰〰〰〰〰〰〰〰〰〰〰〰〰〰〰〰〰

① the failed U.S. occupation of ～ 「米国の～占領の失敗」
　civil war 「内戦」

② formerly 「以前は」

④ neighboring countries 「近隣諸国」

⑤ remain in ～'s control 「～の支配下のままでいる」
　fall to ～ 「～（の支配下）に落ちる」

⑥ defeat 「～を打ち破る［負かす］」

中東和平

📁 社会 [国際関係]

① 米国によるイラク占領が失敗に終わった後，その国は内戦で知られるようになった。② 以前は平和だった地域が暴力的になった。③ ファルージャなどの多くの都市が，アメリカの爆弾によって破壊された。④ 多くの近隣諸国がその国に武器を送った。⑤ イラクの一部はイラクの支配下に置かれたままだが，他の地域はイスラム国の手に落ちた。⑥ イスラム国はいくつかの都市でイラク軍を撃破した。⑦ クルド人はイスラム国に対して軍事行動をとった。⑧ その地域全体が何年間も戦争状態にあった。⑨ トランプ大統領はシリアから米軍の兵士を撤退させ，クルド人を見捨てた。⑩ イスラム国が他の国にも広がるのではないかと懸念されている。⑪ イスラム国の人々には宗教的自由がなかった。⑫ 彼らは，選挙を行って指導者を選ぶ投票をすることを許されなかった。⑬ イスラム国の首都は，ラッカと呼ばれる都市だった。⑭ 近い将来，中東で何をすべきかについての話し合いがなされるだろう。

⑧ entire「全体の」

⑨ pull 〜 out of ...「〜を…から引き上げる [撤退させる]」
　 abandon「〜を見捨てる」

⑫ be allowed to do「…することが許され [認められ] ている」
　 hold an election「選挙を行う」

⑭ some talk about 〜「〜についての話し合い」
　 what must be done「何がなされるべきか」

📖 単語の意味を確認しよう。

1081 **become** [bɪkʌm]	動 **になる** ▶ become an engineer 「エンジニアになる」 ▶ 活用：become - became [bɪkéɪm] - become
1082 **turn** 発 [təːrn]	動 **になる，変わる**；**回る，を回す**；（を）**曲がる**；**振り向く** ▶ turn sour 「(すえて) 酸っぱくなる」 名 **方向転換**；**曲がり角**；〔one's ~〕**順番** ▶ It's your turn. 「あなたの番だよ」
1083 **bomb** 発 [bɑ(:)m]	名 **爆弾** an atomic [a nuclear] bomb 「原子 [核] 爆弾」 動 **を爆撃する** □ bómbing 名 爆撃
1084 **weapon** 発 [wépən]	名 **武器，兵器** chemical [biological] weapons 「化学 [生物] 兵器」 ▶ nuclear weapon 「核兵器」(≒nuke) ▶ carry a weapon 「武器を携帯する」
1085 **remain** [rɪméɪn]	動 **のままである**；**にとどまる** ▶ Please remain seated. 「(座席に) 座ったままでいてください」 名 〔~s〕**残り (物)**
1086 **army** [ɑ́ːrmi]	名 **(地上) 軍隊**；〔the ~〕**陸軍** ▶ join [go into] the army 「(陸軍に) 入隊する」 □ arm 名 〔~s〕武器，兵器 動 を武装させる
1087 **military** [mílətèri]	形 **軍 (隊) の，軍用の** take military action 「軍事行動をとる」 ▶ (a) military power 「軍事力；軍事大国」 名 〔the ~〕**軍隊**
1088 **war** 発 [wɔːr]	名 **戦争 (状態)**；**争い，戦い** be at war 「戦争状態にある」 ▶ World War I [II] (=the First [Second] World War) 「第一次 [二次] 世界大戦」 ▶ a trade war 「貿易戦争」

| | 0 | 300 | 600 | 900 | 1200 |

1089
president
[prézɪdənt]

名 **大統領**，総統；社長；会長
- ▶ the President of France 「フランス大統領」
- ▶ the prime minister [Prime Minister] 「首相」

1090
soldier
発 [sóuldʒər]

名 **兵士**；(陸軍の) 軍人
- ▶ sáilor 名 (海軍の) 軍人，水兵；船員

1091
spread
発 [spred]

動 **を広げる；を広める；広がる**
- spread *A* on [over / across] *B* 「*A* を *B* に広げる」
- ▶ spread jam on (the) toast / spread (the) toast with jam 「ジャムをトーストに塗る」
- ▶ 活用：spread - spread - spread

名 増大，普及；範囲

1092
liberty
[líbərti]

名 **自由**
- civil liberty [liberties] 「市民の [市民的] 自由」
- ▶ liberty は，権力や政府に介入されずに生きられる「自由」のこと。freedom (→830) は，個人が他人に妨げられることなくやりたいことをできる「自由」。
- ▶ be at liberty to *do* 「…する自由 [権利] がある」

1093
election
[ɪlékʃən]

名 **選挙**
- hold [have] an election 「選挙を行う」
- ▶ run for election 「選挙に立候補する」(無冠詞)
- □ eléct 動 を選出する
- ▶ elect *A* (as) *B* 「*A* を *B* に選出する」

1094
vote
[vout]

動 **投票をする；を投票で決める**
- vote for [against] ～ 「～に賛成 [反対] の投票をする」
- ▶ vote to *do* 「…することを投票で決める」

名 投票，票；票決

1095
capital
[kǽpətəl]

名 **首都；(産業等の) 中心地；大文字；資本**
- ▶ in capitals 「大文字で」

形 大文字の

俳優について思い浮かぶままに綴る筆者が楽しみにしている番組とは？

① Would you rather see a movie at a **theater** or on TV? ② Hollywood **studios** mostly make movies about superheroes. ③ Famous actors have **agents** who help them find work. ④ Some people think that movie actors are better **artists** than TV actors. ⑤ It is easy to forget that a famous actor is just a **person**. ⑥ Sometimes we treat actors <u>as if</u> they are more than **human**, just because they are on the covers of **magazines**.

⑦ TV shows are usually short. ⑧ Many weekly shows are about 60 minutes and they go on for several months. ⑨ There is a popular TV show about the **royal** family of England. ⑩ They all wear very fancy **costumes**. ⑪ When they travel, they take a **flight** on their own private jet. ⑫ When the new **queen** is crowned, she has a ceremony in a huge **stadium**. ⑬ There is a line of people ten **blocks** long waiting to see her. ⑭ The princess has a boyfriend that she secretly meets in a **library**. ⑮ One day their relationship is discovered, and the boyfriend has to leave the **castle**. ⑯ The princess gets upset and decides to go with him. ⑰ It's a typical story line, but I <u>look forward to</u> the show every week.

語法・構文・表現

① **Would you rather ～ or ...?**「あなたは～あるいは…のどちらの方がいいですか？」

③ **help ～ find work**「～の仕事を見つける手助けをする」

⑥ **treat ～ as if ...**「～をまるで…であるかのように扱う」
just because ...「ただ…だからといって」

⑧ **go on for ～**「～の間続く」

⑫ ***be* crowned**「王位を授けられる，即位する」

📁 文化［音楽・芸術・文学］

① あなたは映画を劇場(映画館)あるいはテレビのどちらで見たいと思うだろうか。② ハリウッドの映画会社は，主にスーパーヒーローものの映画を作っている。③ 有名な俳優には，仕事を探してくれるエージェントがいる。④ 映画俳優の方がテレビ俳優よりも芸術家として優れていると考える人もいる。⑤ 忘れがちなのは，有名な俳優もただの人間だということだ。⑥ 雑誌の表紙に載っているからといって，私たちは役者をまるで人間以上の存在であるかのように扱うことも時にはある。

⑦ テレビの番組はたいてい短い。⑧ 週に1回の番組の多くは約60分で，数か月間続く。⑨ イギリスの王室を描いた人気のテレビ番組がある。⑩ みんなとてもおしゃれな服装だ。⑪ 移動するときには，自家用ジェットの飛行機に乗る。⑫ 新しい女王が即位するときには，巨大なスタジアムで式典を行う。⑬ 女王を一目見ようと，10ブロックに及ぶ列ができている。⑭ 王女には図書館でこっそり会っている彼氏がいる。⑮ ある日，2人の関係が発覚し，彼氏は城を出なければならなくなる。⑯ 王女は怒って，彼と一緒に出て行く決意をする。⑰ よくある話の展開だが，私は毎週この番組を楽しみにしている。

⑬ **there is ～ waiting to *do*** 「～が…するのを待っている」

⑭ **secretly** 「こっそりと，秘密に」

⑯ **get upset** 「怒る，取り乱す」

⑰ **story line** 「(映画・劇などの) 筋・構想」
look forward to ～ 「～を楽しみにする」

📖 単語の意味を確認しよう。

1096 **theater** (発) [θíːətər]	名 <u>劇場</u> **at the theater** 「劇場で」 ▶ **go to the theater** 「劇［芝居］を見に行く」
1097 **studio** (発) [stjúːdiòu]	名 スタジオ，（映画）撮影所 **a (movie [film]) studio** 「映画撮影所」 ▶ この意味では複数形でも用いられる。
1098 **agent** [éɪdʒənt]	名 代行業者；<u>代理人</u> □ **ágency** 名 代理店；（政府）機関 ▶ agent は「人」に，agency は「会社組織」に焦点がある。
1099 **artist** [áːrtəst]	名 芸術家；画家 □ **art** 名 美術；芸術
1100 **person** (発) [pə́ːrsən]	名 人，<u>人間</u>；〔複合語で〕…する人 **as a person** 「1人の人間として」 ▶ 複 は通例 people (→119)。公的文書などでは persons。 ▶ **a salesperson** 「販売員」(salesman の性差を避ける表現) ▶ **in person** 「自分で，直に」 □ **pérsonal** →823
1101 **human** [hjúːmən]	形 人間の；人間らしい **the human body** 「人体」 ▶ **human error** 「人為的ミス」 名 人間 (＝human being(s))
1102 **magazine** [mǽɡəzìːn]	名 雑誌 **a fashion magazine** 「ファッション誌」 ▶ **a weekly [monthly] magazine** 「週刊［月刊］誌」
1103 **royal** [rɔ́ɪəl]	形 国王の，<u>王室の</u> **the royal family** 「王室」 ▶ **the imperial family** 「皇室」

| 0 | 300 | 600 | 900 | 1200 |

1104
costume
[ká(:)stju:m]

图 (舞台などの) 衣装, 仮装;(国民・時代特有の) 服装
in ~ costume 「~の衣装 [仮装] で」

1105
flight
[flaɪt]

图 定期航空便, フライト;空の旅;飛行
a flight to ~ 「~行きの航空便」
► How was your *flight*? 「空の旅はいかがでしたか」

1106
queen
[kwi:n]

图 女王;王妃
► king 图 王, 国王

1107
stadium
(発) [stéɪdiəm]

图 競技場, スタジアム
► a baseball stadium 「野球場」
► the Olympic stadium 「オリンピックスタジアム」

1108
block
[blɑ(:)k]

图 (街の) 1区画, ブロック;大きな塊
X block(s) from ~ 「~から X ブロック離れて」
► a block of ice 「氷の塊」
働 をふさぐ;を妨害する

1109
library
[láɪbrèri]

图 図書館;蔵書, コレクション
a school [public] library 「学校 [公共] 図書館」
□ librárian 图 図書館員, 司書

1110
castle
(発) [kǽsl]

图 城
► a castle tower 「天守閣」
► a castle town 「城下町」

① Soccer, or football as the sport is known around the world, is one of the most popular sports in every **continent**. ② Supporters have a special **relationship** with their team. ③ They show support by waving **flags** and chanting. ④ Soccer is **mostly** played outside on a large field, but these days they often play in a large **indoor** stadium. ⑤ The crowd plays a key part in the matches, and the home team usually has the **advantage**. ⑥ The price of a ticket is expensive, though, as fans have **paid** over a thousand dollars to see a World Cup final live. ⑦ That doesn't include the cost of traveling **overseas** to support their team.

⑧ Stadium facilities offer special entrances for the disabled in **wheelchairs**, but fans **admitted** that access in stadiums needs to be improved. ⑨ Player safety is a concern, so **police** stand around the field to keep fans from entering the playing area. ⑩ Teams are not owned by the **public**; they are privately owned. ⑪ The owner of the Manchester United football club **explained** that making the fans happy is difficult. ⑫ There must be a **balance** between the price and level of entertainment. ⑬ This is an area that owners have **struggled** with in the past.

◎語法・構文・表現 ∞∞∞∞∞∞∞∞∞∞∞∞∞∞∞∞∞∞∞∞∞∞∞∞∞∞∞∞∞∞

① **as ~ is known around the world**「世界中で知られているように」

③ **chant**「(大声で繰り返し) 歌う」

⑤ **play a key part in ~**「～において重要な役割を果たす」

⑥ **as ...**「…ように」

⑧ **needs to be improved**「改善される必要がある」 ▶主語は access.

サッカーファン

📁 日常生活［スポーツ］

① サッカーは，あるいはフットボールは世界中で知られているスポーツだが，どの大陸でも最も人気のあるスポーツの１つだ。② サポーターたちは自分が応援するチームと特別な関係がある。③ 彼らは旗を振ったり大声で歌ったりして，チームを応援する気持ちを示している。④ サッカーはたいてい屋外の大きなグラウンドで行われるが，最近では大きな屋内スタジアムでの試合もよくある。⑤ 観客は試合において重要な役割を果たし，ふつうはホームチームが有利である。⑥ だが，チケットの値段は高く，ワールドカップの決勝を生で見るのにファンは 1,000 ドル以上も払っている。⑦ これには，チームを応援するために海外まで行く旅費は含まれていない。

⑧ スタジアムの施設には，車椅子の障害者用の特別な入り口があるが，スタジアム内のアクセスを改善する必要性についてはファンも認めている。⑨ 選手の安全を考慮して，ファンが競技場に入るのを防ぐために警官がグラウンドの周りに立っている。⑩ チームは公営ではなく，個人が所有している。⑪ マンチェスター・ユナイテッドのオーナーは，ファンを喜ばせるのは難しいことだと説明した。⑫ チケットの値段と娯楽のレベルとの間のバランスを考えなければならない。⑬ これは，オーナーたちが過去にも苦労してきた分野である。

---

⑨ **concern**「心配事，懸案事項」
　keep ～ from *doing*「～が…するのを防ぐ」
⑬ **an area that ～ have struggled with**「～が苦労［奮闘］してきた分野」
　▶ struggle with ～「～のことで苦労［奮闘］する」
　in the past「過去に，これまで」

75 Soccer Fans

単語の意味を確認しよう。

1111

continent

[ká(ː)ntənənt]

名 大陸

the North American continent 「北米大陸」
(= the continent of North America)

□ continéntal 形 大陸の

1112

relationship

[rɪléɪʃənʃɪp]

名 関係

have a good [close] relationship with ～ 「～と良い [親密な] 関係にある」

▶ a relationship between A (and B) 「A (と B) との関係」

1113

flag

[flæg]

名 旗, 国旗

wave a flag 「旗を振る」

▶ the Japanese flag / the flag of Japan 「日本の国旗」

1114

mostly

[móʊstli]

副 主に, たいてい

1115

indoor

[ìndɔ́ːr]

形 屋内の, 室内の (⇔outdoor 「屋外の」)

□ indóors 副 屋内で [に] (⇔outdoors 「屋外で [へ]」)

▶ stay indoors 「室内に (閉じこもって) いる」

1116

advantage

発 アク [ədvǽntɪdʒ]

名 有利な点 (⇔disadvantage 「不利な点」), 強み; 長所

have an advantage of ～ 「～の強み [利点] がある」

□ advantágeous 形 有利な

1117

pay

[peɪ]

動 (金) を支払う; 代金を支払う; (注意など) を払う

pay O_1 O_2 「O_1 (人) に O_2 (代金・給料など) を支払う」

▶ pay (A) for B 「(A (人) に) B の代金を支払う」

名 給料

□ páyment 名 支払い (金)

1118

overseas

[òʊvərsíːz]

副 海外へ [に, で] (≒abroad)

a student from overseas 「海外からの学生, 留学生」

▶ live [work] overseas 「海外に住む [で働く]」

形 海外の

| 0 | | 300 | | 600 | | 900 | | 1200 |

1119

wheelchair
[hwíːltʃèər]

名 車椅子
in a wheelchair 「車椅子で」
▶ wheelchair tennis 「車椅子テニス」

1120

admit
[ədmít]

動 (を)(しぶしぶ)認める
admit (that) ... 「…であることを認める」
▶ admit to ~ [(to) *doing*] 「~［…したこと］を認める」
□ admíssion 名 入ること，入学（許可），入場（料）

1121

police
発 ア [pəlíːs]

名 〔集合的に〕警察官；〔the ~〕警察
▶ 不可算名詞，複数扱い。警官1人を表すときは a police officer (→518) と言う。
▶ call the police 「警察を呼ぶ」
▶ a police box 「(日本の)交番，派出所」

1122

public
[pʌ́blɪk]

名 〔the ~〕大衆，一般の人々，公
in public 「公然と，人前で」
▶ the general public 「一般大衆」

形 大衆の；公共の；公然の；公的な

1123

explain
[ɪkspléɪn]

動 を説明する
explain to ~ that [why] ... 「~(人)に…であると[なぜ…であるかを]説明する」
▶ explain A to B 「A を B (人)に説明する」
□ explanátion 名 説明

1124

balance
ア [bǽləns]

名 バランス，均衡；(体の)平衡(感覚)；(預金)残高
balance between A (and B) 「A (と B)とのバランス」

動 (の)バランスをとる

1125

struggle
[strʌ́gl]

動 奮闘する；(人と)もみ合う
struggle to *do* 「…しようと奮闘する」
▶ struggle for ~ 「~を求めて奮闘する[必死になる]」

名 奮闘

🔍 最低所得補償とは何か？ また，それが必要だと考える理由は？

① Andrew Yang is a man **ahead** of his time. ② His idea of giving every American a universal basic income sets him **apart** from other politicians. ③ Most people think that giving people money for nothing is an **altogether terrible** idea. ④ Yang's **parents** came to the U.S. from Taiwan. ⑤ Yang met his **wife**, Evelyn, at Columbia University in New York City. ⑥ Many people think that he would make a great **leader**, although he has never worked in the **civil** service. ⑦ Yang thinks that raising children should be paid work, just like working in a **bank** or an office. ⑧ **Actually**, some say that raising children is the most important job in society. ⑨ Yang thinks it is terrible that some people can't afford to buy enough food. ⑩ It is **impossible** to <u>live on</u> minimum wage. ⑪ With robots taking jobs, maybe it would be **fair** to give everyone an income. ⑫ It can be difficult to survive in the **current** economy. ⑬ Opponents say that Yang's idea is **dangerous**. ⑭ They say that the government will have **trouble** paying for everyone to live.

🎯 語法・構文・表現

① **ahead of** *one's* **time**「時代を先取りした［の先を行く］」

② **universal basic income**「最低所得保障」
  set ~ apart from ...「~を…から際立たせる」

③ **for nothing**「無料で」

⑥ **make a great leader**「偉大な指導者になる」 ▶make は自動詞で「~に（ふさわしく）なる」。

⑦ **raise children**「子供を育てる」
  paid work「有給の［お金が支払われる］仕事」

⑨ **can't afford to** *do*「…する（金銭的）余裕がない」

312

📁 社会［政治］

①アンドリュー・ヤンは時代の<u>先を行く</u>人だ。②すべてのアメリカ人に最低所得保障を与えるという彼の考えは，他の政治家とは<u>違い</u>，際立っている。③ほとんどの人は，お金をただであげるのは<u>まったく ひどい</u>考えだと思っている。④ヤンの<u>両親</u>は台湾から米国にやって来た。⑤ニューヨーク市のコロンビア大学で，<u>妻</u>のエブリンと出会った。⑥彼は<u>官公庁</u>での仕事の経験はまったくないが，偉大な<u>指導者</u>になるだろうと多くの人は思っている。⑦ヤンは，<u>銀行</u>やオフィスで働くのと同じように，子育ても有給の仕事だと考えている。⑧<u>実際</u>，子育ては社会で最も重要な仕事だと言う人もいる。⑨十分な食料を買う余裕がない人がいるのはひどいことだと，ヤンは考えている。⑩最低賃金で生活するのは<u>不可能だ</u>。⑪ロボットが仕事を引き受けるようになれば，全員に収入を与えるのが<u>公平</u>なのかもしれない。⑫<u>現在の</u>経済で生き残るのは難しいかもしれない。⑬反対派は，ヤンの考えは<u>危険だ</u>と言う。⑭政府がすべての人に生活費を払うのは<u>大変なこと</u>だろうと彼らは言う。

---

⑩ live on ～「～で生計を立てる」
 minimum wage「最低賃金」

⑪ with ～ taking jobs「～が仕事を引き受けているので」▶〈with＋名詞＋分詞〉の〔付帯状況〕。
 it would be fair to *do*「…するのが公平であろう」

⑬ opponent「反対派」

⑭ pay for ～ to *do*「～が…するためのお金［費用］を払う」

📖 単語の意味を確認しよう。

1126 **ahead** [əhéd]	副 前方に (⇔behind「後ろに」)；**先に** **ahead of ~** 「~の前に」 ▶ (two days) ahead of schedule「予定より (2日) 早く」 ▶ go ahead「先に行く；(許可・承諾) どうぞ」
1127 **apart** [əpá:rt]	副 **離れて** **apart from ~** 「~から離れて」 ▶ apart [aside] from ~「〔文頭・文末で〕~を除いて；~に加えて」
1128 **altogether** [ɔ̀:ltəgéðər]	副 **まったく**, 完全に；全部で；概して
1129 **terrible** [térəbl]	形 **ひどい**, 恐ろしい (≒awful) ▶ You look *terrible.*「顔色が悪いよ」 □ térribly 副 ひどく；圏 とても
1130 **parent** [péərənt]	名 **親** ▶ grándparent 名 祖父, 祖母
1131 **wife** [waɪf]	名 **妻** ▶ 複 wives [waɪvz]
1132 **leader** [lí:dər]	名 **指導者**, リーダー ▶ léadership 名 指導者の地位；指導力 □ lead ➡ 1001
1133 **civil** [sívəl]	形 **民間の；市民の；国内の** **the civil service** 「官庁, 役所；(集合的に) 公務員」 ▶ the civil rights「公民 [市民] 権」 ▶ a civil servant「公務員」 ▶ civil war「内戦」
1134 **bank** [bæŋk]	名 **銀行**；土手；川岸 ▶ bank account「銀行口座」

0　　　　　　　300　　　　　　　600　　　　　　　900　　　　　　　1200

	1135
actually [ǽktʃuəli]	副 実際に；(いや) 実は，実のところ ▶ "Hi there, Satomi!"「あら，こんにちは，サトミ」"Hello. Ah... my name is Satoko, *actually*."「こんにちは。ええと，実は私の名前，サトコなの」 □ **áctual** 形 実際の，現実の
	1136
impossible [ɪmpá(:)səbl]	形 不可能な (⇔ possible → 708) It is impossible (for ~) to *do*.「(~が)…することは不可能だ」
	1137
fair [feər]	形 (状況的に) 妥当な，適正な；公平 [公正] な It is fair to *do*.「…するのが妥当だ [正しい]」 ▶ be fair to ~「~にとって公平だ」 名 見本市，フェア □ **fáirly** 副 かなり；公正に
	1138
current [kə́:rənt]	形 現在の，今の；最新の 名 流れ；電流；風潮 □ **cúrrently** 副 現在は，目下
	1139
dangerous [déɪndʒərəs]	形 危険な It is dangerous (for ~) to *do*.「(~にとって)…することは危険だ」 □ **dánger** 名 危険 (性)
	1140
trouble [trʌ́bl]	名 困難 (な事態)，困り事；面倒；もめ事 have trouble *doing* [with ~]「…するのに [~に] 苦労する」 ▶ be in trouble (with ~)「(~で) 困った事態にある」 ▶ get into trouble「困った事になる」 ▶ take the trouble to *do*「わざわざ…する」 動 を悩ます；に面倒をかける ▶ (I'm) Sorry to trouble you, but ....「ご面倒をおかけしますが，…」(依頼の丁寧な前置き)

(77) Living Well

🔑 健康的でバランスの取れた生活を送るために企業が従業員に提供していることは？

① Many large companies these days offer a **program** that helps employees live healthier and more balanced lives. ② These programs allow the employees to do **activities** together such as hiking. ③ They also allow them to discuss **topics** that they normally wouldn't talk about in the office. ④ For example, they may talk about their favorite **passage** in a piece of literature or recommend their favorite **author**. ⑤ On the **surface**, it may seem like a waste of time, but it is a positive distraction from the office environment. ⑥ There are other **varieties** of programs in a wide range of **fields**. ⑦ Many programs focus on teaching everyday life **skills**, like cooking healthy meals, or crafting things.

⑧ Having work always at the **center** of life can create stress. ⑨ The lighter **atmosphere** of doing creative and fun things outside of the office is helpful. ⑩ Eventually, these programs will **attract** more and more employees, and will expand in number. ⑪ It's important to **maintain** a healthy lifestyle to better **enable** people to do their job with less stress. ⑫ As I've **mentioned**, balance is the key to healthy living.

語法・構文・表現

① these days「近頃(は)，最近」

② allow ~ to *do*「～が…することを許す，～が…することができる」
　such as ~「～のような」

③ topics that they normally wouldn't talk about「普通は話さないような話題」
　▶would は「普通ならば」という「仮定」の意味を表す。

⑤ seem like ~「～のように思われる」
　distraction from ~「～の気晴らし」

よりよい生活を送ること

英文レベル ☆☆☆ 180 words

📁 日常生活 [健康・医療]

① 最近では，多くの大企業が，従業員がより健康でバランスの取れた生活を送れるように支援する<u>プログラム</u>を提供している。② これらのプログラムでは，従業員がハイキングなどの<u>活動</u>を一緒に行うことができる。③ また，通常はオフィスでは話さないような<u>話題</u>についても議論できる。④ 例えば，好きな文学作品の<u>一節</u>について話したり，好きな<u>作家</u>を推薦したりできる。⑤ <u>表面</u>的には時間の無駄のように見えるかもしれないが，職場環境からのよい気晴らしとなる。⑥ 他にも幅広い<u>分野</u>のさまざまなプログラムがある。⑦ 多くのプログラムは，健康的な食事を作ったり，物を手作りするなど，日常生活で必要な<u>技能</u>を教えることに重点を置いている。

⑧ 仕事が常に生活の<u>中心</u>にあると，ストレスになることもある。⑨ 職場の外で創造的で楽しいことをするという明るい<u>雰囲気</u>は，その助けとなる。⑩ やがては，これらのプログラムがより多くの従業員を<u>呼び込み</u>，その数も増えていくだろう。⑪ 健康的なライフスタイルを<u>維持する</u>ことは，人々がより少ないストレスで仕事が<u>できるようにする</u>ためにも重要である。⑫ 先ほど<u>述べ</u>たように，バランスが健康的な生活の鍵である。

---

⑦ **focus on ～**「～に集中する [焦点を合わせる]」

⑧ **having ～ at the center of ...**「～が…の中心にあること」

⑩ **eventually**「やがて，いずれは，結局は」
　expand in number「数が増加する」

⑪ **to better enable ～ to do**「～がよりよく…できるように」▶to 不定詞の to と動詞の間に better が入った形。

⑫ **key to ～**「～（成功・問題解決など）の鍵 [秘訣]」

📙 単語の意味を確認しよう。

1141
program
発 [próυgræm]

名 (活動) 計画，(教育) プログラム；番組；(演劇・コンピューター等の) プログラム

a training [learning / an exercise] program 「訓練 [学習／練習] プログラム」

動 をプログラムする；を計画する

□ prógramming 名 プログラミング

1142
activity
[æktívəti]

名 活動

outdoor [leisure / classroom] activities 「屋外 [レジャー／学級] 活動」

▶ これらの意味では通例複数形。

□ áctive→1192

1143
topic
[tá(:)pɪk]

名 話題，トピック；主題

a topic for [of] discussion 「議題」

▶ the main topic of conversation 「主な話題」

1144
passage
発 [pǽsɪdʒ]

名 (本・音楽などの) 一節；通路

a passage from [of] ～ 「～の一節」

▶ an underground passage 「地下通路」

1145
author
発 [ɔ́:θər]

名 著者，作者

the author of ～ 「～の著者 [作者]」

▶ a best-selling author 「ベストセラー作家」

1146
surface
発 ア [sɔ́:rfəs]

名 〔the ～〕外見，うわべ；表面

on the surface 「表面上は，見かけは」

形 表面の；表面的な

1147
variety
発 ア [vəráɪəti]

名 種類；いろいろ；変化 (に富むこと)

a variety [varieties] of ～ 「～の種類」

□ variátion 名 変化，変動

1148
field
[fi:ld]

名 分野，領域；畑；競技場

in [outside] the field of ～ 「～の専門分野において [専門外で]」

0	300	600	900	1200

1149

skill
[skɪl]

名 技能，技術；(熟練した) 技量，腕前
improve [develop] *one's* skills 「技能を高める [磨く]」
▶ skill in [at] ~ 「~の腕前」

1150

center
[séntər]

名 中心；中心施設；中心的存在；中心地 [街]
in the center of ~ 「~の中心に」
動 を中心に置く

1151

atmosphere
⑦ [ǽtməsfìər]

名 雰囲気；〔the ~〕大気
create a friendly [relaxed] atmosphere 「和やかな [くつろいだ] 雰囲気を創り出す」

1152

attract
[ətrǽkt]

動 (人・物) を引き寄せる；(関心など) を引く
attract A to B 「A を B に引きつける」
□ attráctive 形 魅力的な，関心を引く
□ attráction 名 引きつける物 [人]，呼び物
▶ a tourist attraction 「観光名所」

1153

maintain
[meɪntéɪn]

動 を維持する；(建物・機器類) を維持管理する
maintain contact [links] with ~ 「~との関係を維持する，~と連絡を取り続ける」
▶ maintain standards 「水準を保つ」
□ máintenance 名 保守，整備；維持

1154

enable
発⑦ [ɪnéɪbl]

動 (人) に (…すること) を可能にする
enable ~ to do 「(物・事が) ~に…するのを可能にする」
→「(物・事のおかげで) ~は…できる」

1155

mention
[ménʃən]

動 (のこと) を話に出す，言及する
as (I) mentioned earlier / as mentioned above 「すでに述べたとおり」
▶ not to mention ~ 「~は言うまでもなく」
▶ Don't *mention* it. 「どういたしまして」
名 言及

近所で起きた犯罪を表示できるアプリをダウンロードした筆者だが…。

① I recently downloaded an app that shows every **crime** committed in my neighborhood. ② One **benefit** of the app is that I can see what's going on around me. ③ However, it **consumes** all my attention. ④ Sometimes I learn about a **murder** in my neighborhood. ⑤ Before I went to bed last night, I learned that someone nearby had been **arrested**. ⑥ He had committed a terrible crime. ⑦ He fired a gun at a police officer and **shot** him in the leg. ⑧ The police officer had stopped the man because he had **stolen** someone's wallet. ⑨ It was the third time in a week that someone had been **robbed**. ⑩ The man belonged to a ring of **thieves** who stole wallets from drunk people at nearby bars. ⑪ Most of their **victims** were <u>too</u> drunk to remember what happened. ⑫ The thieves were also putting **drugs** in people's drinks. ⑬ Police are warning people to be on **guard** at night. ⑭ More details of the crimes will <u>come out</u> in **court**. ⑮ Some people claim that **poverty** causes crime, but there are many poor people who obey the law. ⑯ Others say that government **policies** should do more to create jobs.

語法・構文・表現 ◇◇◇◇◇◇◇◇◇◇◇◇◇◇◇◇◇◇◇◇◇◇◇◇◇◇◇◇◇◇

① *one's* neighborhood「～の近所」

② what's going on「何が起きているか」

④ learn about ～「～について知る」

⑤ learn that ...「…ということを（聞いて）知る」

⑦ fire a gun at ～「～に向けて発砲する」

⑩ belong to ～「～に属する」

近所の犯罪

📁 社会 [事件・犯罪・事故]

① 近所で起きた犯罪をすべて表示するアプリを最近ダウンロードした。② このアプリの1つの利点は，自分の周りで何が起きているかがわかることだ。③ しかし，それは私の注意力をすべて消費してしまう。④ 時々，近所で起きた殺人事件のことを知る。⑤ 昨夜寝る前に，近くの人が逮捕されたと聞いた。⑥ 彼は恐ろしい罪を犯したそうだ。⑦ 警官に向けて発砲し，彼の足を撃ったのだ。⑧ その警官は，その男が誰かの財布を盗んだという理由で彼を呼び止めていた。⑨ 誰かが強盗にあったのは1週間で3度目だった。⑩ その男は，近くのバーで酔っぱらいから財布を盗む泥棒の一味に属していた。⑪ 被害者のほとんどはかなり酔っぱらっていて，何が起きたか覚えていなかった。⑫ 泥棒たちは人々の飲み物に薬も入れていた。⑬ 警察は夜間に警戒するよう人々に注意を促している。⑭ 犯罪の詳細は法廷で明らかにされるだろう。⑮ 貧困が犯罪を引き起こすと主張する人もいるが，法に従っている貧しい人も数多くいる。⑯ また，政府の政策では雇用創出にもっと力を入れるべきだという意見もある。

---

a ring of ～「～の一味 [集団]」
⑪ *be* **too drunk to remember ...**「非常に酔っぱらっていて…を覚えていない」
⑬ **warn ～ to *do***「～に…するように警告 [注意喚起] する」
⑭ **come out**「(真実などが) 明らかにされる」
⑮ **claim that ...**「…と主張する」

📗 単語の意味を確認しよう。

1156

crime
[kraɪm]

名 犯罪
　commit a crime 「犯罪を犯す」
　□ críminal 名 犯人 形 犯罪の

1157

benefit
[bénɪfɪt]

名 利益, 恩恵
　for the benefit of ～ 「～のために」(= for ～'s benefit)
　▶ be to the benefit of ～ [to ～'s benefit] 「～の利益にかなう」
　▶ have the benefit of ～ 「～の恩恵を受ける」

動 利益を得る；のためになる
　□ benefícial 形 有益な, 役に立つ

1158

consume
[kənsjúːm]

動 を消費する
　□ consúmption 名 消費
　▶ consumption tax 「(日本の) 消費税」

1159

murder
発 [mɔ́ːrdər]

名 殺人 (事件)
　commit (a) murder 「殺人を犯す」

動 を殺害する
　□ múrderer 名 殺人者 [犯]

1160

arrest
[ərést]

動 を逮捕する
　arrest A for B 「A (人) を B (の罪) で逮捕する」

名 逮捕

1161

shoot
[ʃuːt]

動 (銃で)(を) 撃つ, (銃) を撃つ；シュートする
　shoot A in the B 「A (人) の B (体の部位) を撃つ」
　▶ shoot at ～ 「～を (銃で) 撃つ, (弓で) 射る」
　▶ 活用：shoot - shot [ʃɑ(ː)t] - shot
　□ shot 名 発砲；写真

1162

steal
発 [stiːl]

動 を盗む
　have ～ stolen 「～を盗まれる」
　▶ steal A from B 「A を B から盗む」
　▶ 活用：steal - stole [stoul] - stolen [stóulən]

0	300	600	900	1200

1163

rob
[rɑ(:)b]

動 (人など) を襲って奪う
rob A of B 「A (人・銀行など) から B を奪う」
□ róbbery 图 強盗 (行為・事件)

1164

thief
[θi:f]

图 泥棒
a car [jewel] thief 「自動車 [宝石] 泥棒」
▶ 覆 thieves

1165

victim
[víktɪm]

图 犠牲 [被害] 者
a victim of ～ 「～の被害 [犠牲・被災] 者」
▶ earthquake victims 「地震の被災者」

1166

drug
[drʌg]

图 薬物, 麻薬；薬
take [use] drugs 「薬物 [麻薬] を使用する」
▶ drug は良くも悪くも体に作用する「薬剤, 薬物」,
medicine は治療や予防などの「薬」一般の意で用いられる。

1167

guard
発 [gɑːrd]

图 警戒, 見張り；警備員；防護物
on guard 「(職務として) 警戒して, 監視して」
▶ on one's guard 「用心して」

動 を守る, 警護する, 監視する

1168

court
[kɔːrt]

图 法廷, 裁判所；(運動施設の) コート
take ～ to court 「～を裁判に訴える」
▶ a food court 「(ショッピングモール内の) フードコート」

1169

poverty
[pá(:)vərti]

图 貧乏, 貧困
live [grow up] in poverty 「貧しい状態で暮らす [成長
する]」
□ poor 形 貧しい

1170

policy
[pá(:)ləsi]

图 政策, 方針；(個人の) 主義
economic [foreign] policy 「経済 [外交] 政策」

---

⑦⑨ Things Get Better Over Time

♀ 人間の生活は時間の経過とともに，どのように向上してきたか？

① Life on Earth for humans tends to improve over time. ② This applies to people on every continent. ③ If you select almost any group and compare life now to centuries ago, you will see some improvements. ④ Most societies place a higher value on human life. ⑤ The rate of death by starvation has gone down. ⑥ Also, the influence of modern medicine has improved our quality of life. ⑦ The scientific method has played a key role in these improvements. ⑧ The scientific method is a process that helps us understand the world around us. ⑨ By using science, we can change our view of the world as new evidence appears. ⑩ It is interesting, because many of us have the sense that life is getting worse, not better. ⑪ Think about transportation, for example. ⑫ Hundreds of years ago, most people could not leave their local area to eat different food. ⑬ Now, breakfast is served on airplanes traveling over the oceans. ⑭ Many of us have the opportunity to see and do things that our ancestors could only dream of. ⑮ Public health is much better too, <u>thanks to</u> clean water. ⑯ Thanks to the Internet, we can form friendships with people from all over the world.

語法・構文・表現

① **over time**「時が経つにつれて」

③ **almost any ～**「ほとんどどの～でも」
   compare ～ to ...「～を…と比較する」

⑤ **starvation**「飢餓，餓死」
   go down「低下する」

⑦ **play a key role in ～**「～において重要な役割を果たす」

📁 科学・技術［科学技術］

① 人間の地球での生活は，時間の経過とともによくなる 傾向がある。② これはすべての大陸の人々に当てはまる。③ ほとんどどのグループを選んでも，現在の生活を数世紀前と比較すると，何らかの向上が見られる。④ ほとんどの社会は，人間の命により高い価値を置いている。⑤ 飢餓による死亡率は低下している。⑥ また，現代医学の影響は，私たちの生活の質を改善させてきた。⑦ 科学的方法がこれらの改善に重要な役割を果たしている。⑧ 科学的方法とは，私たちが周りの世界を理解するのに助けとなるプロセスだ。⑨ 科学を利用することで，何か新しい証拠が現れたときに，私たちは世界に対する見方を変えることができる。⑩ これは面白いことだ。なぜなら，私たちの多くは生活はよくなるどころか悪くなっているという感覚を持っているからだ。⑪ 例えば，交通機関について考えてみるとよい。⑫ 数百年前は，ほとんどの人は地元地域を離れて違う食べ物を食べることなどできなかった。⑬ 今では，海の上を飛ぶ飛行機で朝食が出されている。⑭ 私たちの多くは，祖先が夢見ることしかできなかったことを見たりしたりする機会がある。⑮ きれいな水のおかげで，公衆衛生もずっとよくなった。⑯ インターネットのおかげで，私たちは世界中の人々と友情を築くことができる。

⑨ **as ～ appears**「～の出現とともに［同時に］」
⑩ **have the sense that ...**「…という感覚を持っている」
⑬ **travel over the oceans**「海の上を飛行する」
⑮ **thanks to ～**「～のおかげで」
⑯ **from all over the world**「世界中からの」

📔 単語の意味を確認しよう。

1171 **tend** [tend]	動 〔tend to *do* で〕…する傾向がある，…しがち である □ téndency 名 傾向
1172 **improve** (発) [ɪmprúːv]	動 を改善する，向上させる；よくなる improve (the quality of) ~ 「~(の質)を向上させる [改善する]」 □ impróvement 名 改善，向上
1173 **apply** [əplái]	動 当てはまる；申し込む；を応用 [適用] する apply to ~ 「(規則・条件・意見などが) ~に当てはまる，適用される」 ▶ apply *A* to *B* 「*A* を *B* に適用 [応用] する」 ▶ apply to *A* for *B* 「*A* (組織・人) に *B* (職など) を申し込む」 □ applicátion 名 応用；申し込み；アプリ □ ápplicant 名 応募者
1174 **select** [səlékt]	動 を (慎重に) 選び出す select *A* for [as] *B* 「*A* を *B* に [*B* として] 選ぶ」 形 えり抜きの □ seléction 名 選択；選ばれた物 [人]
1175 **value** [vǽljuː]	名 価値；価格 place [put] a high value on ~ 「~を重んじる」 ▶ increase [fall] in value 「価値が上がる [下がる]」 動 を尊重する □ váluable 形 高価な；役に立つ 名 〔~s〕貴重品
1176 **rate** [reɪt]	名 割合，比率；速度，ペース a success [failure] rate 「成功 [失敗] 率」 ▶ at any rate 「とにかく；少なくとも」 動 を評価する；を (~と) 格付けする
1177 **influence** (アク) [ínfluəns]	名 影響；影響力；影響を与えた人 [物] have an influence on [over] ~ 「~に影響を及ぼす」 動 に影響を及ぼす

1178
process
㋐ [prá(:)ses]

名 過程；推移；工程
　in the process of *doing* 「…している過程 [最中] で」
動 を（加工）処理する

1179
science
[sáɪəns]

名 科学；理科
　□ scientífic 形 科学の，科学的な
　□ scíentist 名 科学者

1180
view
[vju:]

名 意見，考え；眺め；見方
　from ~ point(s) of view 「～の観点 [視点] から」
　▶ from *one's* point of view 「～の見方 [視点] では」
　▶ víewpoint 名 観点，見地
動 を考察する；を見る
　▶ view A as B 「A を B と考える [見なす]」

1181
sense
[sens]

名 感覚；意味；分別
　a sense of responsibility [duty] 「責任感 [義務感]」
　▶ a sense of smell [taste] 「嗅覚 [味覚]」
　□ sénsible 形 分別のある
　□ sénsitive 形 神経質な；敏感な

1182
transportation
[trænspərtéɪʃən]

名 交通 [輸送] 機関；輸送
　by public transportation 「公共交通機関で」
　▶ a means of transportation 「輸送 [交通] 手段」
　□ transport 動 [trænspɔ́ːrt] を輸送する，運ぶ
　　　　　　　名 [trǽnspɔːrt] 英 交通 [輸送] 機関；輸送

1183
local
㋪ [lóʊkəl]

形 地元の，現地の；各駅停車の
　a local custom 「地元 [現地] の風習 [習慣]」
　▶ at 2 p.m. local time 「現地時間で午後2時に」

1184
opportunity
㋐ [à(:)pərtjúːnəti]

名 機会，好機（≒chance）
　have an opportunity to *do* 「…する機会がある」

1185
friendship
[fréndʃɪp]

名 交友関係；友情；（国の）友好関係
　a friendship with ~ [between A and B] 「～との [A
　と B との] 交友関係，友情」

Twitter ユーザーの抱える問題について，筆者はどのように考えているか？

① Many celebrities are tired of the constant negativity and anger directed toward them on Twitter these days. ② Famous people getting negative attention is nothing new. ③ People should have a more relaxed approach when using social media and be more cheerful. ④ Celebrities often don't think about their own behavior, showing a lack of character. ⑤ Some of their tweets do display a great sense of humor and others are written in a frank way, getting directly to the point. ⑥ Either way, the number of active users on Twitter is a sight to see, and it is the preferred platform for lively political debate.

⑦ Unfortunately, debating on the Internet leads to lazy conversations with little or no fact-checking being done. ⑧ Sometimes the tension leads people to argue over the Internet. ⑨ These exchanges influence people in real life, too. ⑩ Some Twitter users have claimed that their actions have caused them to lose their jobs and insisted that it has ruined their chances to find new work. ⑪ What started as jokes became a bad situation. ⑫ It's been long predicted by some that social media will be the downfall of people.

●語法・構文・表現 ◇◇◇

① celebrity「有名人，著名人」
be tired of ～「～に飽きて [うんざりして] いる」
constant negativity「絶え間ない否定性，常に否定的なこと」
directed toward ～「～に向けられた」▶direct ～ to …「～を…に向ける」

③ have [take] a ～ approach「～なアプローチ [手法] を取る」

④ a lack of character「品性の欠如」

⑤ get (directly) to the point「要点を (単刀直入に) 言う，核心を突く」

⑥ a sight to see「見もの，見所，圧巻」

ツイッター好きな人

📁 社会 [社会問題]

　① 多くの有名人は，Twitter 上で常に自分たちに向けられる否定的な書き込みや<u>怒り</u>にうんざりしている。② 有名人が否定的な見方をされるのは，今に始まったことではない。③ ソーシャルメディアを使うときは，人々はもっと<u>落ち着いた</u>態度で，もっと<u>好意的に</u>なるべきである。④ 有名人は自分の言動についてよく考えずに，<u>品性</u>に欠けるような人もいる。⑤ 彼らのツイートの中には，<u>ユーモア</u>のセンスが非常に優れているものもあれば，<u>率直に</u>，すばり的を射たものもある。⑥ いずれにせよ，Twitter の<u>アクティブ</u>ユーザー（実際の利用者）の数は注目に値するものであり，<u>活発</u>な政治的<u>議論</u>の場として好まれる場である。

　⑦ 残念なことに，インターネット上での議論は，事実確認をほとんど，あるいはまったく行わない<u>怠惰な</u>会話になることが多い。⑧ 緊張感によって，インターネット上の<u>議論</u>につながることもある。⑨ これらのやり取りは実生活にも影響を与える。⑩ Twitter ユーザーの中には，自分の行動が仕事を失う原因になったと<u>主張し</u>，新しい仕事を見つけるチャンスを台無しにしたと<u>断言する</u>人もいる。⑪ <u>冗談</u>として始まったことが悪い状況になってしまったのである。⑫ 長い間<u>予測</u>されてきたように，ソーシャルメディアが人々を没落させるのだ。

---

　preferred platform for ～「～に相応しい [好ましい] 舞台」

⑦ **lead to ～**「～につながる」 ▶*cf.* lead ～ to *do*「～が…するように仕向ける」
　with little or no ～ being done「～がほとんどされることなく」

⑩ **cause ～ to *do***「～に…させる」
　ruin「～を損なう [台無しにする]」

⑪ **what started as ～**「～として始まったこと」 ▶what は先行詞を含む関係代名詞。

⑫ **it's（＝it has）been long predicted that ...**「…であると長い間予測されてきた」
　the downfall of ～「～の没落 [失脚，崩壊]」

📕 単語の意味を確認しよう。

1186 **anger** [ǽŋgər]	名 <u>怒り</u> **in anger** 「怒って」 ☐ ángry 形 怒った
1187 **relaxed** [rɪlǽkst]	形 <u>くつろいだ</u> **feel relaxed** 「くつろいでいる」 ☐ reláx 動 くつろぐ，をくつろがせる；落ち着く ☐ reláxing 形 ほっとする ☐ relaxátion 名 くつろぎ，息抜き
1188 **cheerful** [tʃíərfəl]	形 <u>元気な，陽気な</u>；心地よい ▶ in a cheerful voice 「元気な [陽気な] 声で」 ☐ cheer 動 ～を元気づける
1189 **character** ⑦ [kǽrəktər]	名 <u>性格，人格</u>；特徴；登場人物；文字 **have a ~ character** 「～の性格をしている」 ▶ the main character 「主人公」 ▶ a Chinese character 「漢字」 ☐ characterístic 形 特有の 名 特徴
1190 **humor** ⑨ [hjúːmər]	名 <u>ユーモア</u> **have a sense of humor** 「ユーモアのセンスがある」 ▶ full of humor 「ユーモアにあふれて」
1191 **frank** [frǽŋk]	形 <u>率直な</u> **to be frank (with you)** 「率直に言うと」 ☐ fránkly 副 率直に ▶ frankly (speaking) 「率直に言って」
1192 **active** [ǽktɪv]	形 <u>活動的な，活発な</u>；積極 [自発] 的な；活動中の ▶ take an active part in ~ 「～で積極的な役割を果たす」
1193 **lively** ⑨ [láɪvli]	形 <u>元気な，活発な</u>

1194

debate
[dɪbéɪt]

名 討論，ディベート
a debate about [on / over] 〜 「〜についての討論 [ディベート]」

動 (を) 討論する

1195

lazy
[léɪzi]

形 怠惰な；のんびりした
▶ a lazy afternoon 「のんびりした午後」

1196

argue
[áːrgjuː]

動 口論する，言い争う；〔argue that ...〕…だと主張する
argue with A (about [over] B) 「A (人) と (B について) 言い争う」
□ árgument 名 口論；論争；主張

1197

claim
[kleɪm]

動 を主張する；(所有物・権利として) を要求する
claim (that) ... 「…だと主張する」

名 主張；要求，請求
▶ baggage claim (area) 「(空港の) 手荷物引取所」

1198

insist
[ɪnsíst]

動 (を) 強く主張する；を要求する
insist on 〜 「〜を強く主張する [求める]」
▶ insist (that) ... 「…だと主張する」
□ insístence 名 主張，要求

1199

joke
[dʒoʊk]

名 冗談
tell [make] a joke 「冗談を言う」

動 冗談を言う
▶ You're [You must be] *joking*! 「冗談でしょう！」

1200

predict
⑦ [prɪdíkt]

動 を予測 [予言] する
be predicted to *do* 「…すると予想される」
□ predíction 名 予測，予言

A
B
C

D

D

E

G
H
I

338

M
N
O
P

R
S

U
V
W
Y
Z